Learn Odia through Hindi

व्याकरण सहित

हिन्दी-ओड़िआ बोलना सीखें

अनुवादक
अध्यापक डॉ. रविनारायण महारणा

V&S PUBLISHERS

Published by:

F-2/16, Ansari road, Daryaganj, New Delhi-110002
☎ 23240026, 23240027
✉ info@vspublishers.com • 🌐 www.vspublishers.com

 **Online Brandstore: amazon.in/vspublishers**

Regional Office : Hyderabad
5-1-707/1, Brij Bhawan (Beside Central Bank of India Lane)
Bank Street, Koti, Hyderabad - 500 095
☎ 040-24737290
✉ vspublishershyd@gmail.com

Follow us on:   

ISBN 978-93-505716-2-0
NewE dition

Printed at : Param Offsetters, Okhla, New Delhi–110020

प्रकाशकीय ପ୍ରକାଶକୀୟ (Publisher's Note)

जैसे ही हमने तेलुगु भाषी लोगों के लिये हिन्दी सीखने की पुस्तक को बाजार में प्रस्तुत किया, हमारे प्रकाशन में पाठकों के पत्रों का निरंतर आना शुरु हो गया। प्रत्येक पत्र में हिन्दी जानने / बोलने वालों के लिये तेलुगु सीखने की पुस्तक की माँग की गई थी। तेलुगु सीखने की पुस्तक की बढ़ती माँग को देखते हुये हमने हिन्दी से तेलुगु सीखने की पुस्तक प्रकाशित करने का निश्चय कर लिया। इसे हमे कई सफलता प्राप्त हुई। इसी क्रम में हमने भारत के अन्य प्रदेशों में हिन्दी और वहाँ की भाषा को हिन्दी भाषी क्षेत्र में पहुँचाने का निश्चय किया। इस क्रम में पहले हम ओडिआ भाषी लोगों के लिये हिन्दी और बाद में हिन्दी भाषी क्षेत्र में ओडिआ सीखने की पुस्तक भी प्रकाशित किया है। वास्तब में इस पुस्तक को छपने का श्रेय प्रकाशक से ज्यादा पाठकों को जाता है।

रैपिडेक्स के नाम एवं गुण से प्राय: सभी परिचित हैं। इसलिये अब इस पर ज्यादा चर्चा करना अतिशयोक्ति होगी। अब हम इस पुस्तक के गुणों पर विचार करते हैं। लेखक से पहले ही कह दिया गया था कि देश में हिन्दी के बाद तेलुगु सबसे ज्यादा बोली जाने वाली भाषा हैं और अपने यहाँ लोगों का एक दूसरे से मिलना और एक प्रांत से दूसरे प्रांत में आना जाना लगा रहता है। इसलिये एक ऐसी पुस्तक का लेखन प्रारंभ करें जो हिन्दी के जानकारों को तेलुगु भाषा आसानी से सीखा सके।

लेखक कालहस्ति गौरीनाथ ने हमारे विचारों को भली भांति समझा और जो पुस्तक प्रस्तुत किया वह अब आपके सामने है। इस पुस्तक में कठिन प्रतीत होने वाले व्याकरण को भी इतने सरल ढंग से प्रस्तुत किया गया है, जिससे साधारण बोलचाल की भाषा का प्रभेद न टूटे, अन्यथा लोग भाषा सीखने की प्रक्रिया से दूर होकर व्याकरण पर ही ज्यादा ध्यान देने लगेंगे। वैसे यह गलत तो नहीं होगा लेकिन हम अपने उद्देश्य से दूर हो जायेंगे। इस पुस्तक का अध्ययन करने से हिन्दी भाषी लोग ओडिआ भाषा के विद्वान तो नहीं कम से कम पढ़ना और बोलना अवश्य सीख सकते हैं।

इस पुस्तक में ओड़िआ भाषा-साहित्य के वरिष्ठ अध्यापक डॉ रविनारायण महारणा ने जहाँ तक संभव हुआ मूल तेलुगु संरचना को अपरिवर्तित रखने की कोशिश की। और आवश्यक स्थान पर जैसे व्याकरण और उच्चारण आदि के स्थान पर ओड़िआ भाषा के अनुसार परिवर्तन लाकर इस पुस्तक को प्रस्तुत किया। संयुक्ताक्षर ओड़िआ भाषा की लेखन शैली की एक प्रमुख विशेषता है, जिसे निर्धारित स्थान पर सूचित किया गया है।

आशा है इस पुस्तक की साज-सज्जा एवं पाठ्य सामग्री दोनों आपको अवश्य पसंद आयेगी।

प्रस्तावना / ପ୍ରସ୍ତାବନା (Preface)

भारत एक विशाल देश है । यहाँ कई भाषाएँ बोली जाती हैं, जिसकी गिनती करना संभव नहीं है। यहाँ लगभग हजार भाषायें बोली जाती हैं । भारत के संविधान के अनुसार 20 भाषायें ज्यादा प्रचलित है । ज्यादातर लोग हिन्दी में बात करते हैं, इसलिए भारत सरकार ने हिन्दी को देश की मातृभाषा का दर्जा प्रदान किया है ।

पिछले जमाने में अपने प्रांत के लोग प्रांत में रहते थे । इसीलिए वे जहाँ रहते थे वहाँ की ही भाषा बोलते थे । प्रांत में बनायी हुई वस्तुएँ उसी प्रांत में बेची, खरीदी और उपयोग में लायी जाती थी । एक छोटे समाज में उन्हे भाषा का महत्व नहीं मालूम था । लेकिन अब समाज बहुत बड़ा हो गया है, लोगों को एक जगह से दूसरी जगह जीविका उपार्जन के लिए जाना पड़ रहा है । खान-पान व्यवस्था बढ़ गयी है । चीजों की ताजगी परिरक्षण में सांकेतिक ज्ञान में बहुत वृद्धि हुई है । इसलिए एक जगह बनायी हुई वस्तुएँ बिक्री के लिए दूर-दूर तक भेजी जा रही हैं। इसलिए जो लोग उद्योग, व्यापारों में लिप्त हैं, उन्हे एक जगह से दूसरी जगह आना-जाना एक साधारण सी बात हो गई है । इस स्थिति में दूसरी भाषाओं का ज्ञान बेहद अनिवार्य हो गया है । हमारे देश में हिन्दी भाषी लोगों की संख्या सबसे ज्यादा है । उसके बाद अत्यधिक बात करने वाले लोग ओड़िआ भाषी हैं । इसिलिए हिन्दी भाषा भाषी लोगों के लिये ओड़िआ सीखना एक प्रमुख बात बन गयी है । दूसरी बात यह है कि दिनांक २०-०२–२०१४ में ओड़िआ भाषा को शास्त्रीय मान्यता मिल चुकी है। यह छठवाँ भारतीय भाषा है, जिसे शास्त्रीय मान्यता मिली है। यह एक प्रमुख ऐतिहासिक घटना है। अत: इस बात को ध्यान में रखते हुए हमने हिन्दी से ओड़िआ सीखने के लिए यह पुस्तक प्रस्तुत किया है।

आमतौर पर पुस्तकों में संभाषण और थोड़ा बहुत शब्दकोश दिया जाता है । लेकिन इस पुस्तक में हमने पाठको की सुविधा के लिए ज्यादा शब्दकोष के साथ व्याकरण भी दिया है । ताकि लोग व्याकरण सहित ओड़िआ भाषा सीख सकें। व्याकरण के बिना हम कोई भी भाषा शुद्ध रूप से नहीं सीखी जा सकती । इसी उद्देश्य से हमने हिन्दी और ओड़िआ वर्णमाला से इस पुस्तक को प्रारंभ कर व्याकरण से जुड़ी प्रत्येक जानकारी इस पुस्तक में दिया है।

आजकल अंग्रेजी भाषा बहुत ज्यादा प्रचलित है । इसलिए हिन्दी और अंग्रेजी बोलने वाले ओडिआ भाषी लोगों की दृष्टि से हमने शीर्षक (Headings) और उपशीर्षक (Sub-headings) अंग्रेजी में दिया है । ताकि लोग इन दो भाषाओं के साथ अंग्रेजी भी सीख सके ।

कोई भी भाषा व्यवहार में जैसी बोली जाती है वैसा सीखना अच्छा नहीं रहता । यदि ऐसा सिखाया जाए तो वह किताबी (Bookish) ज्ञान के जैसा लगता है । इसलिए नित्य व्यावहारिक भाषा के अतिरिक्त

व्याकरण सहित हिन्दी-ओडिआ भाषा कैसे बोली जाती है, इस किताब में सिलसिलेवार का ढ़ंग से सिखाया गया है ।

यह पुस्तक हिन्दी प्रवेशिका, माध्यमिका, विशारद, भूषण, पंडित परीक्षार्थियों, एवं इन्टरमीडियट, डिग्री में जिनकी दूसरी भाषा ओड़िआ है उनके लिए अत्यंत उपयुक्त है । पाठशाला में पढ़ने वाले विद्यार्थी भी अपने अकाडमी के साथ इस पुस्तक की मदद ले सकते हैं। जिसके कारण उनके भाषा के ज्ञान में और वृद्धि हो सके। इसके अलावा जिसे ओड़िआ भाषा थोडी बहुत आती हो उनके लिए यह पुस्तक बहुत उपयोगी होगी ।

पहले यह पुस्तक तेलुगु से हिन्दी जानने के लिए प्रस्तुत किया गया था। पंडित कालहस्ति गौरीनाथ इस पुस्तक के रचयिता थे। बाद में इस पुस्तक का मूल सिद्धान्त को अपरिबर्त्तित रख कर इसे कई भारतीय भाषा में रूपान्तरित किया गया। यह पुस्तक आपके सामने लाने का मुख्य श्रेय वी एण्ड एस पब्लिशर्स के प्रकाशक श्री साहिल गुप्ता जी और मेरे प्रिय मित्र श्री राघवेन्द्रावजी जो इस संस्था के साउथ इन्डिया मैनेजर (हैदराबाद) पद पर आसीन है, उन्हें जाता है । इसके अलावा मेरे गुरुतुल्य हिन्दी पंडित श्री पटेल नरेश रेड्डीजी जिन्होंने समय-समय पर सलाह देने का काम किया और मेरे दूसरे मित्र श्री ठाकुर सुदर्शन सिंह का भी मैं आभारी हूँ ।

इस श्रृखला में इस पुस्तक ओड़िआ के अनुरूप भाषान्तर और संपादना तथा अच्छी तरह से डी.टी.पी. करने वाले मेरे सहकर्मी तथा ओड़िआ भाषा-साहित्य का वरिष्ठ अध्यापक डॉ. रविनारायण महारणा (कटक, ओड़िशा) को धन्यवाद। इस काम में उनकी पत्नी श्रीमती कमलालता महारणा ने भी ज्यादा सहयोग किया हैं। उन्हें भी इस सिलसिले में धन्यवाद प्रकट करता हुँ। इस पुस्तक को डॉ महारणा ने त्रुटि रहित करने की जी जान से कोशिश की है। फिर भी इसमें थोड़ी बहुत त्रुटि रह गई हो तो उसे पुनर्मुद्रण में ठीक करने का प्रयास करेंगे।

लेखक

कालहस्ति गौरीनाथ

एम्.ए., एल.एल.वि

विषय सूची ବିଷୟ ସୂଚୀ (Contents)

Part - 4

Part - 5

(पृष्ठ संख्या 263 से 272 विषय-सामग्री ऑनलाइन उपलब्ध है।)

Part - 6

भाग - १

ଭାଗ - ୧

PART - 1

1. ओड़िआ वर्णमाला ଓଡ଼ିଆ ବର୍ଣ୍ଣମାଳା (Alphabet)

स्वर - ସ୍ୱର (Vowels)

किसी भाषा को सीखने के लिए सबसे पहले उस भाषा की वर्णमाला सीखनी चाहिए। हिन्दी भाषा में वर्णमाला के अनुसार **51** अक्षर है। इसी प्रकार **ओड़िआ** भाषा में भी अब **50** ही अक्षर हैं।

अ	आ	इ	ई	उ	ऊ	ऋ
ଅ	ଆ	ଇ	ଈ	ଉ	ଊ	ଋ

ए	ऐ	ओ	औ	अं	अः
ଏ	ଐ	ଓ	ଔ	ଅଂ	ଅଃ

याद रखिये : ओड़िआ भाषा में 'अं' और 'अ:' नहीं है।

व्यंजन - ବ୍ୟଞ୍ଜନ ବର୍ଣ୍ଣ (Consonants)

क	ख	ग	घ	ङ	'क' वर्ग
କ	ଖ	ଗ	ଘ	ଙ -	'କ' ବର୍ଗ
च	छ	ज	झ	ञ	'च' वर्ग
ଚ	ଛ	ଜ	ଝ	ଞ -	'ଚ' ବର୍ଗ

ट ठ ड ढ ण - 'ट' वर्ग

ଟ ଠ ଡ ଢ ଣ - 'ଟ' ବର୍ଗ

त थ द ध न - 'त' वर्ग

ତ ଥ ଦ ଧ ନ - 'ତ' ବର୍ଗ

प फ ब भ म - 'प' वर्ग

ପ ଫ ବ ଭ ମ - 'ପ' ବର୍ଗ

य र ल ळ व - 'य' वर्ग

ଯ ର ଲ ଳ ୱ - 'ଯ' ବର୍ଗ

श ष स ह

ଶ ଷ ସ ହ

संयुक्ताक्षर - ସଂଯୁକ୍ତାକ୍ଷର (Compound Letters)

क्ष (କ୍ଷ) त्र (ତ୍ର) ज्ञ (ଜ୍ଞ) श्री (ଶ୍ରୀ)

याद रखिए : हिन्दी भाषा में संप्रदायक वर्णमाला के अनुसार **51** अक्षर है । ओड़िआ भाषा में संप्रदायक वर्णमाला के अनुसार **50** अक्षर है ।हिन्दी भाषा में उपरोक्त **4** संयुक्ताक्षर है, लेकिन ओड़िआ भाषा में संयुक्ताक्षर **64** है। उसका जानकारी बाद में विस्तृत रूप में दी जायेगी।

व्यंजन और स्वर की मिलावट - चिन्ह

ବ୍ୟଞ୍ଜନ ଓ ସ୍ୱର ବର୍ଣ୍ଣର ମିଶ୍ରଣ ଚିହ୍ନ

(Joining of consonants and Vowels - symbols)

किसी भाषा में व्यंजन के अपने अर्थ नहीं होते। इसके साथ स्वर की मिलावट करना जरूरी है। यह कैसे होता है इसकी जानकारी के लिए नीचे कुछ नमुने दिये जा रहे हैं। इसका सावधानीपूर्वक अध्ययन करें।

ବ୍ୟଞ୍ଜନ (व्यंजन)	+	ସ୍ୱର (स्वर)	=	ସମ୍ମିଶ୍ରିତ ରୂପ (सम्मिश्रित रूप)
क	+	अ	=	क
କ୍	+	ଅ	=	କ
क	+	आ	=	का
କ୍	+	ଆ	=	କା
क	+	इ	=	कि
କ୍	+	ଇ	=	କି
क	+	ई	=	की
କ୍	+	ଈ	=	କୀ
क	+	उ	=	कु
କ୍	+	ଉ	=	କୁ
क	+	ऊ	=	कू
କ୍	+	ଊ	=	କୂ
क	+	ऋ	=	कृ
କ୍	+	ଋ	=	କୃ

क	+	ए	=	के
କ୍	+	ଏ	=	କେ
क	+	ऐ	=	कै
କ୍	+	ଐ	=	କୈ
क	+	ओ	=	को
କ୍	+	ଓ	=	କୋ
क	+	औ	=	कौ
କ୍	+	ଔ	=	କୌ

याद रखिए : इस तरीके से बचे हुए व्यंजनों के साथ **भी स्वर चिन्ह मिलाकर बारहखड़ियाँ सीख लेनी चाहिए ।**

व्यंजन और व्यंजन की मिलावट - चिन्ह

ବ୍ୟଞ୍ଜନ ଓ ବ୍ୟଞ୍ଜନ ବର୍ଣ୍ଣର ମିଶ୍ରଣ - ଚିହ୍ନ

(Joining of consonants and consonants - symbols)

बारहखडियाँ चिन्ह सीखे बिना इसे सीखना संभव नहीं है । इसलिए इन्हें सावधानी से पढ़िए ।

अक्षर / ଅକ୍ଷର	चिन्ह / ଚିହ୍ନ	अक्षर / ଅକ୍ଷର	चिन्ह / ଚିହ୍ନ
क	क्‍	एक व्यंज़न के साथ और एक दुसरा व्यंजन को संयोजित करने के वक्त हिन्दी में पहला अक्षर आधा और दुसरा अक्षर पूरा रहता है। इसिलिए हिन्दी का बारहखड़ियाँ का सीखना जरुरत है। उदाहरण देखिए।	
ख	ख्‍		
ग	ग्‍		
घ	घ्‍		
च	च्‍		
छ	छ		
ज	ज्‍		

अक्षर / ଅକ୍ଷର	चिन्ह / ଚିହ୍ନ
झ	झ्
ट	ट
ठ	ठ
ड	ड
ढ	ढ
ण	ण्
त	त्
थ	थ्
द	द
ध	ध्
न	न्
प	प्
फ	फ
ब	ब्
भ	भ्
म	म्
य	य्
र	्र
ल	ल्
व	व्
श	श्
ष	ष्
स	स्
ह	ह
क्ष	क्ष्

अक्षर / ଅକ୍ଷର	चिन्ह / ଚିହ୍ନ

उदाहरण : नमस्ते / "ନମସ୍ତେ"। नमस्ते शब्द का 'स्त' / ସ୍ତ को देखिए। स्त में पहला अक्षर 'स' / ସ और दुसरा अक्षर 'त' / ତ। अत: पहला 'स' से 'स' और दुसरा 'त' का पूरा मिल कर हुआ 'स्त' / ସ୍ତ।

लेकिन ओड़िआ में ऐसा नंहि होता। 'स्त' को लिखने के वक्त पहला अक्षर 'स' पूरा आता और दुसरा अक्षर 'त' का फला (୨) 'स' का निचे आकर 'स्त'/ ସ୍ତ होता।

निचे कुछ ऐसा संयुक्त ब्यंजन का दृष्टान्त दिआगया।

हिन्दी में :

क	+	त	=	क्त
स	+	त	=	स्त
स	+	थ	=	स्थ
म	+	ब	=	म्ब
म	+	भ	=	म्भ
श	+	च	=	श्च

ओड़िआ में :

କ	+	ତ	=	କ୍ତ
ସ	+	ତ	=	ସ୍ତ
ସ	+	ଥ	=	ସ୍ଥ
ମ	+	ବ	=	ମ୍ବ
ଶ	+	ଚ	=	ଶ୍ଚ

2. बारहखड़ियाँ /ବାରହଖଡିୟାଁ / (Groupings)

नीचे दिए गए बारहखडियों का सावधानी से अध्ययन करें । हर हिन्दी अक्षर के नीचे उसके संबन्धित अक्षर दिये गये है । हर अक्षर का स्वर चिन्ह कैसा है देखिए ।

क	का	कि	की	कु	कू	कृ	के	कै	को	कौ	कं	कः
କ	କା	କି	କୀ	କୁ	କୂ	କୃ	କେ	କୈ	କୋ	କୌ	କଂ	କଃ
ख	खा	खि	खी	खु	खू	खृ	खे	खै	खो	खौ	खं	खः
ଖ	ଖା	ଖି	ଖୀ	ଖୁ	ଖୂ	ଖୃ	ଖେ	ଖୈ	ଖୋ	ଖୌ	ଖଂ	ଖଃ
ग	गा	गि	गी	गु	गू	गृ	गे	गै	गो	गौ	गं	गः
ଗ	ଗା	ଗି	ଗୀ	ଗୁ	ଗୂ	ଗୃ	ଗେ	ଗୈ	ଗୋ	ଗୌ	ଗଂ	ଗଃ
घ	घा	घि	घी	घु	घू	घृ	घे	घै	घो	घौ	घं	घः
ଘ	ଘା	ଘି	ଘୀ	ଘୁ	ଘୂ	ଘୃ	ଘେ	ଘୈ	ଘୋ	ଘୌ	ଘଂ	ଘଃ
च	चा	चि	ची	चु	चू	चृ	चे	चै	चो	चौ	चं	चः
ଚ	ଚା	ଚି	ଚୀ	ଚୁ	ଚୂ	ଚୃ	ଚେ	ଚୈ	ଚୋ	ଚୌ	ଚଂ	ଚଃ
छ	छा	छि	छी	छु	छू	छृ	छे	छै	छो	छौ	छं	छः
ଛ	ଛା	ଛି	ଛୀ	ଛୁ	ଛୂ	ଛୃ	ଛେ	ଛୈ	ଛୋ	ଛୌ	ଛଂ	ଛଃ
ज	जा	जि	जी	जु	जू	जृ	जे	जै	जो	जौ	जं	जः
ଜ	ଜା	ଜି	ଜୀ	ଜୁ	ଜୂ	ଜୃ	ଜେ	ଜୈ	ଜୋ	ଜୌ	ଜଂ	ଜଃ
झ	झा	झि	झी	झु	झू	झृ	झे	झै	झो	झौ	झं	झः
ଝ	ଝା	ଝି	ଝୀ	ଝୁ	ଝୂ	ଝୃ	ଝେ	ଝୈ	ଝୋ	ଝୌ	ଝଂ	ଝଃ
ट	टा	टि	टी	टु	टू	टृ	टे	टै	टो	टौ	टं	टः
ଟ	ଟା	ଟି	ଟୀ	ଟୁ	ଟୂ	ଟୃ	ଟେ	ଟୈ	ଟୋ	ଟୌ	ଟଂ	ଟଃ
ठ	ठा	ठि	ठी	ठु	ठू	ठृ	ठे	ठै	ठो	ठौ	ठं	ठः
ଠ	ଠା	ଠି	ଠୀ	ଠୁ	ଠୂ	ଠୃ	ଠେ	ଠୈ	ଠୋ	ଠୌ	ଠଂ	ଠଃ
ड	डा	डि	डी	डु	डू	डृ	डे	डै	डो	डौ	डं	डः
ଡ	ଡା	ଡି	ଡୀ	ଡୁ	ଡୂ	ଡୃ	ଡେ	ଡୈ	ଡୋ	ଡୌ	ଡଂ	ଡଃ
ढ	ढा	ढि	ढी	ढु	ढू	ढृ	ढे	ढै	ढो	ढौ	ढं	ढः
ଢ	ଢା	ଢି	ଢୀ	ଢୁ	ଢୂ	ଢୃ	ଢେ	ଢୈ	ଢୋ	ଢୌ	ଢଂ	ଢଃ
ण	णा	णि	णी	णु	णू	णृ	णे	णै	णो	णौ	णं	णः
ଣ	ଣା	ଣି	ଣୀ	ଣୁ	ଣୂ	ଣୃ	ଣେ	ଣୈ	ଣୋ	ଣୌ	ଣଂ	ଣଃ
त	ता	ति	ती	तु	तू	तृ	ते	तै	तो	तौ	तं	तः
ତ	ତା	ତି	ତୀ	ତୁ	ତୂ	ତୃ	ତେ	ତୈ	ତୋ	ତୌ	ତଂ	ତଃ
थ	था	थि	थी	थु	थू	थृ	थे	थै	थो	थौ	थं	थः
ଥ	ଥା	ଥି	ଥୀ	ଥୁ	ଥୂ	ଥୃ	ଥେ	ଥୈ	ଥୋ	ଥୌ	ଥଂ	ଥଃ

द	दा	दि	दी	दु	दू	दृ	दे	दै	दो	दौ	दं	दः
ଦ	ଦା	ଦି	ଦୀ	ଦୁ	ଦୂ	ଦୃ	ଦେ	ଦୈ	ଦୋ	ଦୌ	ଦଂ	ଦଃ
ध	धा	धि	धी	धु	धू	धृ	धे	धै	धो	धौ	धं	धः
ଧ	ଧା	ଧି	ଧୀ	ଧୁ	ଧୂ	ଧୃ	ଧେ	ଧୈ	ଧୋ	ଧୌ	ଧଂ	ଧଃ
न	ना	नि	नी	नु	नू	नृ	ने	नै	नो	नौ	नं	नः
ନ	ନା	ନି	ନୀ	ନୁ	ନୂ	ନୃ	ନେ	ନୈ	ନୋ	ନୌ	ନଂ	ନଃ
प	पा	पि	पी	पु	पू	पृ	पे	पै	पो	पौ	पं	पः
ପ	ପା	ପି	ପୀ	ପୁ	ପୂ	ପୃ	ପେ	ପୈ	ପୋ	ପୌ	ପଂ	ପଃ
फ	फा	फि	फी	फु	फू	फृ	फे	फै	फो	फौ	फं	फः
ଫ	ଫା	ଫି	ଫୀ	ଫୁ	ଫୂ	ଫୃ	ଫେ	ଫୈ	ଫୋ	ଫୌ	ଫଂ	ଫଃ
ब	बा	बि	बी	बु	बू	बृ	बे	बै	बो	बौ	बं	बः
ବ	ବା	ବି	ବୀ	ବୁ	ବୂ	ବୃ	ବେ	ବୈ	ବୋ	ବୌ	ବଂ	ବଃ
भ	भा	भि	भी	भु	भू	भृ	भे	भै	भो	भौ	भं	भः
ଭ	ଭା	ଭି	ଭୀ	ଭୁ	ଭୂ	ଭୃ	ଭେ	ଭୈ	ଭୋ	ଭୌ	ଭଂ	ଭଃ
म	मा	मि	मी	मु	मू	मृ	मे	मै	मो	मौ	मं	मः
ମ	ମା	ମି	ମୀ	ମୁ	ମୂ	ମୃ	ମେ	ମୈ	ମୋ	ମୌ	ମଂ	ମଃ
य	या	यि	यी	यु	यू	यृ	ये	यै	यो	यौ	यं	यः
ଯ	ଯା	ଯି	ଯୀ	ଯୁ	ଯୂ	ଯୃ	ଯେ	ଯୈ	ଯୋ	ଯୌ	ଯଂ	ଯଃ
र	रा	रि	री	रु	रू	रृ	रे	रै	रो	रौ	रं	रः
ର	ରା	ରି	ରୀ	ରୁ	ରୂ	ରୃ	ରେ	ରୈ	ରୋ	ରୌ	ରଂ	ରଃ
ल	ला	लि	ली	लु	लू	लृ	ले	लै	लो	लौ	लं	लः
ଲ	ଲା	ଲି	ଲୀ	ଲୁ	ଲୂ	ଲୃ	ଲେ	ଲୈ	ଲୋ	ଲୌ	ଲଂ	ଲଃ
व	वा	वि	वी	वु	वू	वृ	वे	वै	वो	वौ	वं	वः
ୱ	ୱା	ୱି	ୱୀ	ୱୁ	ୱୂ	ୱୃ	ୱେ	ୱୈ	ୱୋ	ୱୌ	ୱଂ	ୱଃ
श	शा	शि	शी	शु	शू	शृ	शे	शै	शो	शौ	शं	शः
ଶ	ଶା	ଶି	ଶୀ	ଶୁ	ଶୂ	ଶୃ	ଶେ	ଶୈ	ଶୋ	ଶୌ	ଶଂ	ଶଃ
ष	षा	षि	षी	षु	षू	षृ	षे	षै	षो	षौ	षं	षः
ଷ	ଷା	ଷି	ଷୀ	ଷୁ	ଷୂ	ଷୃ	ଷେ	ଷୈ	ଷୋ	ଷୌ	ଷଂ	ଷଃ
स	सा	सि	सी	सु	सू	सृ	से	सै	सो	सौ	सं	सः
ସ	ସା	ସି	ସୀ	ସୁ	ସୂ	ସୃ	ସେ	ସୈ	ସୋ	ସୌ	ସଂ	ସଃ
ह	हा	हि	ही	हु	हू	हृ	हे	है	हो	हौ	हं	हः
ହ	ହା	ହି	ହୀ	ହୁ	ହୂ	ହୃ	ହେ	ହୈ	ହୋ	ହୌ	ହଂ	ହଃ
क्ष	क्षा	क्षि	क्षी	क्षु	क्षू	क्षृ	क्षे	क्षै	क्षो	क्षौ	क्षं	क्षः
କ୍ଷ	କ୍ଷା	କ୍ଷି	କ୍ଷୀ	କ୍ଷୁ	କ୍ଷୂ	କ୍ଷୃ	କ୍ଷେ	କ୍ଷୈ	କ୍ଷୋ	କ୍ଷୌ	କ୍ଷଂ	କ୍ଷଃ
त्र	त्रा	त्रि	त्री	त्रु	त्रू	त्रृ	त्रे	त्रै	त्रो	त्रौ	त्रं	त्रः
ତ୍ର	ତ୍ରା	ତ୍ରି	ତ୍ରୀ	ତ୍ରୁ	ତ୍ରୂ	ତ୍ରୃ	ତ୍ରେ	ତ୍ରୈ	ତ୍ରୋ	ତ୍ରୌ	ତ୍ରଂ	ତ୍ରଃ

3. द्वित्वाक्षर - संयुक्ताक्षर / ଦ୍ୱିତ୍ୱାକ୍ଷର – ସଂଯୁକ୍ତାକ୍ଷର

(Double Letters)

एक अक्षर (व्यंजन) के नीचे उसी अक्षर (व्यंजन) का चिह्न आया तो उसको द्वित्वाक्षर कहते है ।

क्क	ग्ग	च्च	ज्ज	ट्ट	त्त	न्न	प्प	ल्ल	य्य
କ୍କ	ଗ୍ଗ	ଚ୍ଚ	ଜ୍ଜ	ଟ୍ଟ	ତ୍ତ	ନ୍ନ	ପ୍ପ	ଲ୍ଲ	ୟ୍ୟ

उदा :

सुब्बय्या	ସୁବ୍ବୟ୍ୟା	बच्चा	ବଚ୍ଚା
एल्लय्या	ଏଲ୍ଲୟ୍ୟା	कच्चा	କଚ୍ଚା
पुल्लय्या	ପୁଲ୍ଲୟ୍ୟା	कद्दु	କଦ୍ଦୁ
अप्पाराव	ଅପ୍ପାରାଓ	उल्लू	ଉଲ୍ଲୁ

संयुक्ताक्षर / ସଂଯୁକ୍ତାକ୍ଷର (Compound Letters)

एक अक्षर की नीचे दूसरे अक्षर की चिह्न आये तो उसको संयुक्ताक्षर कहते है ।

क्व	त्स	ष्म	प्र	न्य	क्ल	ब्न	ह्य	व्य	द्व
କ୍ୱ	ତ୍ସ	ଷ୍ମ	ପ୍ର	ନ୍ୟ	କ୍ଲ	ବ୍ନ	ହ୍ୟ	ବ୍ୟ	ଦ୍ୱ

उदा : हिन्दी शब्द		ओड़िआ शब्द		ओड़िआ उच्चारण
ताम्र	....	ତମ୍ବା	....	तंबा
पुत्र	....	ପୁଅ	....	पुअ
क्या	....	କଣ	....	कण
व्यापार	....	ବେପାର	....	बेपार
अच्छा	....	ଭଲ	....	भल

हिन्दी शब्द		ओड़िआ शब्द		ओड़िआ उच्चारण
यारह	....	ଏଗାର	....	एगार
अष्ट	....	ଆଠ (ଅଷ୍ଟ)	....	आठ (अष्ट)
उल्लू	....	ପେଚା	....	पेचा
ज्वर	....	ଜ୍ୱର	....	ज्वर
द्वार	....	ଦ୍ୱାର (ଦୁଆର)	....	द्वार (दुआर)
व्यवस्था	....	ବ୍ୟବସ୍ଥା	....	ब्यबस्था
न्याय	....	ନ୍ୟାୟ	....	न्याय
कर्ण	....	କାନ	....	कान
ध्यान	....	ଧ୍ୟାନ	....	ध्यान
प्रार्थना	....	ପ୍ରାର୍ଥନା	....	प्रार्थना
सुवर्ण	....	ସୁନା (ସୁବର୍ଣ୍ଣ)	....	सुना (सुबर्ण)

सुंयक्ताक्षर लिखने के तरीके - ସଂଯୁକ୍ତାକ୍ଷର ଲିଖନ ଶୈଳୀ

(Process to write the Compound Letter)

हिन्दी अक्षर दो तरह है । **1. पाई वाले अक्षर** और **2. बेपाई वाले अक्षर** ।

पाई वाले: क, ख, ग, घ, च, छ, ज, झ, ञ, त, थ, ध, न, प, फ, ब, भ, म, य, व, श, ष, स

बेपाई वाले : ट, ठ, ड, ढ, द , र, ल, ळ, ह । **याद रखिए :** पाई वाले व्यंजन के बाजू में दूसरा व्यंजन आया तो पहलेवाले व्यंजन में पाई निकाल के दूसरा व्यंजन को मिलाना पडता है । **उदा :**क्यों?, क्या? गोश्त, बिस्तर जैसा शब्द । बेपाई वाले अक्षर के ऊपर दूसरा व्यंजन आया जब पहले अक्षर के नीचे दूसरा अक्षर लिखना । यदि ऐसा नहीं करें तो वह अक्षर आधा लिखकर बाजू में दूसरा अक्षर लिखना चाहिये । **उदा :** उल्लू, टिड्डी, बिल्ली, मट्ठा जैसा शब्द । मगर हमे यह याद रखना चाहिए कि हिन्दी के जैसा ओड़िआ में यह पाई

वाले या बेपाई वाले अक्षर नहीं होते। अत: जब संयुक्ताक्षर की बात आती है तो एक व्यंजन के नीचे और एक व्यंजन आ जाता है नहीं तो संयुक्ताक्षर के लिये ओडिआ में सामिल **64** स्वतंत्र संयुक्ताक्षर को प्रयोग किया जाता है। अब हम ओडिआ भाषा में प्रयोग किये जाने वाले **64** स्वतंत्र संयुक्ताक्षर में से कुछ प्रमुख संयुक्ताक्षर को ध्यानपूर्वक देखें।

संयुक्ताक्षर				ओड़िआ संयुक्ताक्षर	संयुक्ताक्षर				ओड़िआ संयुक्ताक्षर
ङ / ଙ	+	क / କ	=	ङ्क / ଙ୍କ	ब / ବ	+	ज / ଜ	=	ब्ज / ବ୍ଜ
ङ / ଙ	+	ख / ଖ	=	ङ्ख / ଙ୍ଖ	ष / ଷ	+	ट / ଟ	=	ष्ट / ଷ୍ଟ
ङ / ଙ	+	ग / ଗ	=	ङ्ग / ଙ୍ଗ	ष / ଷ	+	ठ / ଠ	=	ष्ठ / ଷ୍ଠ
ङ / ଙ	+	घ / ଘ	=	ङ्घ / ଙ୍ଘ	ष / ଷ	+	म / ମ	=	ष्म / ଷ୍ମ
ञ / ଞ	+	ञ / ଚ	=	ञ्च / ଞ୍ଚ	स / ସ	+	त / ତ	=	स्त / ସ୍ତ
ञ / ଞ	+	छ / ଛ	=	ञ्छ / ଞ୍ଛ	स / ସ	+	थ / ଥ	=	स्थ / ସ୍ଥ
ञ / ଞ	+	ज / ଜ	=	ञ्ज / ଞ୍ଜ	द / ଦ	+	द / ଦ	=	द्द / ଦ୍ଦ
ञ / ଞ	+	झ / ଝ	=	ञ्झ / ଞ୍ଝ	द / ଦ	+	ध / ଧ	=	द्ध / ଦ୍ଧ
ण / ଣ	+	ट / ଟ	=	ण्ट / ଣ୍ଟ	ब / ବ	+	द / ଦ	=	ब्द / ବ୍ଦ
ण / ଣ	+	ठ / ଠ	=	ण्ठ / ଣ୍ଠ	द / ଦ	+	भ / ଭ	=	द्भ / ଦ୍ଭ
ण / ଣ	+	ड / ଡ	=	ण्ड / ଣ୍ଡ	क / କ	+	त / ତ	=	क्त / କ୍ତ
ण / ଣ	+	ढ / ଢ	=	ण्ढ / ଣ୍ଢ	त / ତ	+	क / କ	=	त्क / ତ୍କ
न / ନ	+	त / ତ	=	न्त / ନ୍ତ	प / ପ	+	त / ତ	=	प्त / ପ୍ତ
न / ନ	+	थ / ଥ	=	न्थ / ନ୍ଥ	त / ତ	+	व / ବ	=	त्व / ତ୍ୱ
न / ନ	+	द / ଦ	=	न्द / ନ୍ଦ	त / ତ	+	न / ନ	=	त्न / ତ୍ନ
न / ନ	+	ध / ଧ	=	न्ध / ନ୍ଧ	त / ତ	+	त / ତ	=	त्त / ତ୍ତ
म / ମ	+	प / ପ	=	म्प / ମ୍ପ	म / ମ	+	ह / ହ	=	म्ह / ମ୍ହ
म / ମ	+	फ / ଫ	=	म्फ / ମ୍ଫ					
म / ମ	+	ब / ବ	=	म्ब / ମ୍ବ	ईसके अलवा यहाँ तिन वर्णों का संयुक्त से बनाया हुआ कुछ संयुक्ताक्षर को देखें।				
म / ମ	+	भ / ଭ	=	म्भ / ମ୍ଭ					
स / ସ	+	क / କ	=	स्क / ସ୍କ	स / ସ + त / ତ + र / ର			=	स्त्र / ସ୍ତ୍ର
स / ସ	+	ख / ଖ	=	स्ख / ସ୍ଖ	त / ତ + स / ସ + न / ନ			=	त्स्न / ତ୍ସ୍ନ
द / ଦ	+	ग / ଗ	=	द्ग / ଦ୍ଗ					
द / ଦ	+	घ / ଘ	=	द्घ / ଦ୍ଘ					
श / ଶ	+	च / ଚ	=	श्च / ଶ୍ଚ					
श / ଶ	+	छ / ଛ	=	श्छ / ଶ୍ଛ					

ओड़िआ शब्दों के उच्चारण / ଓଡ଼ିଆ ଶବ୍ଦର ଉଚ୍ଚାରଣ
(Pronunciation of Odia Words)

ओड़िआ भाषा में उच्चारण मुख्य है । इसके लिए कुछ नियम है । इसका सावधानी पूर्वक अध्ययन करें ।

नियम 1 : हिन्दी शब्द में अगर दो या तीन अक्षर हैं तो आखिरी व्यंजन का आधा उच्चारण किया जाता है। लेकिन ओड़िआ भाषा में ऐसा नहीं होता। ओड़िआ में आखिरी व्यंजन का भी पूरी तरह उच्चरण किया जाता है और यह स्वरान्त होकर उच्चारित होता है।

उदा :	दस ଦଶ	घर ଘର	कलम କଲମ
	किताब କିତାବ	हाथ ହାଥ	सिर ସିର

उच्चारण के अनुसार वर्णों का वर्गीकरण / ଉଚ୍ଚାରଣ ଅନୁସାରେ ବର୍ଣ୍ଣର ବର୍ଗୀକରଣ
(Classification of Letters according to Pronunciation)

ओड़िआ अक्षर के उच्चारण में दो मुख्यांश है । **1.** ह्रस्व (बिना दीर्घ); **2.** दीर्घ । यहाँ नीचे दिए तालिका का अध्ययन करें तो कौन सा अक्षर किस तरह उच्चारण करना है, यह स्पष्ट हो जाएगा ।

स्वर के उच्चारण / ସ୍ୱର ବର୍ଣ୍ଣର ଉଚ୍ଚାରଣ / Pronunciation of Vowels

वर्ण ବର୍ଣ୍ଣ	कण्ठ କଣ୍ଠ	तालू ତାଲୁ	ओठ ଓଠ	मूर्ध ମୂର୍ଦ୍ଧା	दान्तों ଦାନ୍ତ	कण्ठतालू କଣ୍ଠତାଲୁ	कण्ठ ओष्ठ କଣ୍ଠ ଓଷ୍ଠ
ह्रस्व	अ ଅ	इ ଇ	उ ଉ	ऋ ଋ	लु * ଌ*	ए ଏ	ओ ଓ
दीर्घ	आ ଆ	ई ଈ	ऊ ଊ	ॠ * ୠ*	लु * ୡ*	ऐ ଐ	औ ଔ

(**याद रखिए** : * चिन्हित अक्षर अब ओड़िआ और हिन्दी में प्रयोग नहीं कि जाते हैं।)

व्यंजन के उच्चारण / ବ୍ୟଞ୍ଜନ ବର୍ଣ୍ଣର ଉଚ୍ଚାରଣ / Pronunciation of Consonants

वर्ण ବର୍ଣ୍ଣ	कण्ठ କଣ୍ଠ	तालू ତାଲୁ	मूर्ध ମୂର୍ଦ୍ଧ	दान्तों ଦାନ୍ତ	ओठ ଓଷ୍ଠ୍ୟ	नाशिक ନାସିକ
	क କ ख ଖ ग ଗ घ ଘ ह ହ	च ଚ छ ଛ ज ଜ झ ଝ य ୟ व ୱ श ଶ	ट ଟ ठ ଠ ड ଡ ढ ଢ ण ଣ र ର ष ଷ ळ ଳ	त ତ थ ଥ द ଦ ध ଧ न ନ ल ଲ	प ପ फ ଫ ब ବ भ ଭ म ମ	ङ ଙ ञ ଞ

नियम (2) : चार अक्षर के शब्दों में 2 रा, 4 वां अक्षर का आधा ही उच्चारण करते हैं ।

उदा : चुपकर .... ଚୁପକର .... चुप कर

रसमन .... ରସମନ .... रस मन

नियम (3) : पाँच अक्षर के शब्दों में 3 रा, 5 वां अक्षर का आधा ही उच्चारण करते हैं ।

उदा : उमरभर .... ଉମରଭର .... उमार भर

पीतांबर .... ପୀତାମ୍ ବର .... पीताम् बर

नियम (4) : तीन अक्षर के शब्दों में यदि अंत का अक्षर दीर्घ है तो 2 रा अक्षर का आधा ही उच्चारण करते हैं ।

उदा : खतरा ଖତରା खत रा

खुशबू ଖୁଶବୁ खुश बु

नियम (5) : चार अक्षर के शब्दों में 1 ला, 2रा का अक्षर संयुक्ताक्षर है तो 2रा अक्षर का पूरा उच्चारण करें ।

उदा :	स्वयंसेवक	ସ୍ୱୟଂସେବକ	स्वयंसेवक
	चित्रकार	ଚିତ୍ରକାର	चित्रकार

नियम (6) : अरबी, फारसी और उर्दू शब्द हिन्दी में लिखते समय इस अक्षर के नीचे बिंदू डाला जाता है । मगर ओड़िआ में ऐसा नहीं होता। शब्दों के उच्चारण उसकी मात्रा के अनुसार किया जाता है ।

उदा :	फ़कीर	ଫକୀର	फक् कीर	ଫକ୍ ଈର
	फूल	ଫୁଲ	फूल	ଫୁ ଲ୍
	व़ालिदैन	ବଳିଦାନ	बलि दान	ବଳି ଦାନ୍
	म़शहल	ମଶହଲ	मशहल	ମଶ୍ ହଲ୍

हिन्दी की तरह ओडिआ उच्चारण में अनुस्वार को याद रखने के नियम में दो भेद है ।

उदा :	मैं	ମୁଁ
	अंत	ଅଂତ / ଅନ୍ତ

4 भाषा भाग ଭାଷା ଭାଗ (Parts of Speech)

किसी भी भाषा को सीखने के लिये हमें उस भाषा का व्याकरण अच्छी तरह सीख लेना चाहिये । इसलिए हिन्दी और ओड़िआ भाषा के भाषा भाग के बारे में जानकारी कर लें । भाषा आठ भाग के हैं :

I.	संज्ञा	ସଂଜ୍ଞା	(Noun)
II.	सर्वनाम	ସର୍ବନାମ	(Pronoun)
III.	विशेषण	ବିଶେଷଣ	(Adjective)
IV.	क्रिया	କ୍ରିୟା	(Verb)
V.	क्रिया विशेषण	କ୍ରିୟା ବିଶେଷଣ	(Adverb)
VI.	सम्बन्ध सूचक	ସମ୍ବନ୍ଧ ସୂଚକ	(Preposition)
VII.	समुच्छय बोधक	ସମୁଚ୍ଚୟ ବୋଧକ	(Conjunction)
VIII.	विस्मयादि बोधक	ବିସ୍ମୟାଦି ବୋଧକ	(Interjection)

I. संज्ञा ସଂଜ୍ଞା (Noun)

१. **संज्ञा ସଂଜ୍ଞା (Noun) :** किसी वस्तु, व्यक्ति, स्थान या भाव के नाम को संज्ञा कहते हैं ।

जैसे : आम ଆମ୍ବ / आम्ब　　खेत କ୍ଷେତ / खेत　　दुनिया ଦୁନିଆ / दुनिआ

माता ମାତା / माता　　पिता ପିତା / पिता　　सूरज ସୂର୍ଯ୍ୟ / सूर्ज्य

संज्ञाएँ तीन प्रकार की है । लेकिन जातिवाचक सज्ञा में दो तरह उपभेद है ।

१. **व्यक्ति वाचक / ବ୍ୟକ୍ତି ବାଚକ (Proper Noun) :** यह व्यक्तियों के नाम बताती हैं।

जैसे : श्याम, राम, कृष्ण, राधा

ଶ୍ୟାମ ରାମ କୃଷ୍ଣ ରାଧା

२. **जाति वाचक / ଜାତି ବାଚକ (Common Noun) :** एक ही वर्ग या जाति के वस्तुओं के नाम बताने वाली है । जैसे : लड़का ବାଳକ / बालक　नदी ନଦୀ / नदी

३. **भाव वाचक / ଭାବ ବାଚକ (Abstract Noun) :** विविध तरह भाव, दशा, गुणों का नाम बताने वाली है । जैसे : संतोष / ସଂତୋଷ, क्रोध / କ୍ରୋଧ

जाति वाचक में दो उपभेद है :

१. **समूह वाचक संज्ञा / ସମୂହ ବାଚକ : एक समूह को बतानेवाली :**

उदा : दल / ଦଳ　सेना　ସେନା

२. **द्रव्य वाचक संज्ञा / ଦ୍ରବ୍ୟ ବାଚକ: एक द्रव और चीजों के नाम बतानेवाली**

उदा : दही ଦହି / दहि　घी ଘିଅ / घिअ　पानी ପାଣି / पाणि

यहाँ नीचे दिए गए कुछ जाति वाचक शब्दों को सावधानी से पढिए और याद रखिए ।

१.	नृप	......	ରାଜା	......	राजा
२.	औरत	......	ନାରୀ	......	नारी
३.	चौकीदार	......	ଚୌକିଦାର	......	चौकिदार
४.	सेव	......	ସେଓ	......	सेउ
५.	आम	......	ଆମ୍ବ	......	आम्ब
६.	गुड़िया	......	କଣ୍ଢେଇ	......	कंढेइ
७.	गुलाब	......	ଗୋଲାପ ଫୁଲ	......	गोलाप फुल
८.	सूरज	......	ସୂର୍ଯ୍ୟ	......	सूर्ज्य

९. चिड़िया	......	ଚଢେଇ	......	चढेइ
१०. चाकू	......	ଚାକୁ	......	चाकु
११. घोड़ा	......	ଘୋଡା	......	घोडा
१२. लोटा	......	ଲୋଟା	......	लोटा
१३. अंगूठी	......	ଅଂଗୁଠୀ	......	अंगुठी
१४. अंडा	......	ଅଂଡା	......	अंडा
१५. पतंग	......	ପତଂଗ	......	पतंग
१६. आसमान	......	ଆକାଶ	......	आकाश
१७. बैल	......	ବଳଦ	......	बलद
१८. नौका / नाव	......	ନୌକା / ନାବ	......	नौका / नाब
१९. अंगूर	......	ଅଂଗୁର	......	अंगुर
२०. नदियाँ	......	ନଦୀମାନ	......	नदीमान
२१. सागर	......	ସମୁଦ୍ର	......	समुद्र
२२. अध्यापक	......	ଅଧ୍ୟାପକ	......	अध्यापक
२३. खेत	......	ଖେତ	......	खेत
२४. जग	......	ଜଗତ	......	जगत
२५. माँ	......	ମାଁ	......	माँ

(अ) लिंग / ଲିଙ୍ଗ (Gender)

भाषा के शुद्ध प्रयोग के लिए संज्ञा शब्दों के तंत्रज्ञान का होना अत्यावश्यक है । संज्ञा के जिस रूप से उसकी पुरूष जाति या स्त्री जाति के बारे में पता चलता है, उसे लिंग कहते हैं ।

1. पुंल्लिंग / ପୁଂଲିଙ୍ଗ (Masculine Gender) : पुरूष जाति से सम्बन्ध बताने वाले शब्दों को पुल्लिंग कहते हैं । उदा : साल (ସାଲ), महीने (ମାସ), हफ्ते (ସପ୍ତାହ), वृक्ष (ଗଛ), पहाड़ (ପାହାଡ) जैसे चीजें । वैशाख (ବୈଶାଖ), सोमवार (ସୋମବାର), पर्वत (ପର୍ବତ), वटवृक्ष (ବଟବୃକ୍ଷ)

अ (ଅ) या आ (ଆ) से अंत होनेवाले शब्द पुंल्लिंग शब्द हैं ।

उदा : बच्चा (ପିଲା) , लड़का (ପୁଅ) दादा (ଦାଦା), नाना (ଅଜା)

2. स्त्रीलिंग / ସ୍ତ୍ରୀ ଲିଂଗ (Feminine Gender) : औरत जाति से सम्बन्ध बतानेवाले शब्दों को **स्त्रीलिंग** कहते हैं । उदा : नदियाँ और भाषा के संबंध को बताने वाली ।

जैसे :तेलुगु (ତେଲୁଗୁ), तमिल (ତାମିଲ), गोदावरी (ଗୋଦାବରୀ), गंगा (ଗଂଗା) मंजीरा (ମଂଜିରା)

इ या ई से अंत होने वाले शब्द स्त्रीलिंग शब्द है ।

जैसे : लड़की, देवी

3. अन्य पुरुष लिंग / अन्य पुरुष लिंगं (Neutral Gender) : शब्दों में पुंल्लिंग या स्त्री लिंग से असम्बन्धित शब्द को हिन्दी में अन्य पुरूष लिंग कहते है और ओड़िआ में इसे क्लिब लिंग **(Neutral Gender)** कहते हैं । लेकिन व्यवहारिक व्याकरण में उसका कुछ खास प्रभाव नहीं पड़ता है।

बिशेष सूचना (लिंग परिबर्त्तन):

हिन्दी की तरह ओड़िआ में पुंल्लिंग वाचक शब्द को स्त्री लिंग में रूपान्तरित किया जाता है। जैसे हिन्दी में पुल्लिंग शब्द के अंत में 'इन' (धोबी - धोबिन) या 'नी' (सन्यासी - सन्यासिनि) या 'इत्री' (कवि - कवियत्री) संयुक्त हो कर स्त्री लिंग हो जाता है, उसी तरह ओड़िआ में पुंल्लिंग को स्त्री लिंग में परिबर्तन करने के वक्त कुछ प्रत्यय को संयोजित होता है। अब उदाहरण देखें :- जैसे : ଧୋବା (धोबी) - धोबणी ଧୋବଣୀ (धाबिन), सन्यासी ସନ୍ୟାସୀ - सन्यासिनी ସନ୍ୟାସିନୀ, चाकर ଚାକର (नौकर) - चाकराणि ଚାକରାଣୀ (नौकरानी) आदि शब्द।

अब विशेष रूप से उस लिंग परिबर्त्तन धारा पर ध्यान देना आवश्यक है।(*पहले ओड़िआ का उच्चारण हिन्दी में और बाद में ओड़िआ लिपि में शब्द दिया गया है।*)

'आ' प्रत्यय का संयुक्त से :	प्रथम	प्रथमा	भद्र	भद्रा	कोकिल	कोकिला
	ପ୍ରଥମ	ପ୍ରଥମା	ଭଦ୍ର	ଭଦ୍ରା	କୋକିଳ	କୋକିଳା
'अक' प्रत्ययान्त शब्द में अ के स्थान पर 'ई' हो जाना:			गायक	गायिका	पाठक	पाठिका
			ଗାୟକ	ଗାୟିକା	ପାଠକ	ପାଠିକା
'अक' प्रत्ययान्त शब्द में 'ई' हो जाना:		रजक	रजकी	नर्त्तक	नर्त्तकी	
		ରଜକ	ରଜକୀ	ନର୍ତ୍ତକ	ନର୍ତ୍ତକୀ	
'ई' प्रत्यय संयुक्त होने से :	देव	देवी	कुमार	कुमारी	हंस	हंसी
	ଦେବ	ଦେବୀ	କୁମାର	କୁମାରୀ	ହଂସ	ହଂସୀ
'आणी' प्रत्यय संयुक्त होने से :	ठाकुर	ठाकुराणी	मालिक	मालिकाणी	माष्टर	माष्टराणी
	ଠାକୁର	ଠାକୁରାଣୀ	ମାଲିକ	ମାଲିକାଣୀ	ମାଷ୍ଟର	ମାଷ୍ଟରାଣୀ

अप्राणी वाचक वस्तुएँ - ଅପ୍ରାଣୀ ବାଚକ ବସ୍ତୁ - (Lifeless Articles)

नीचे दिये गये कुछ हिन्दी शब्द पुल्लिंग शब्द हैं, लेकिन ओड़िआ में अप्राणी बाचक :

ओड़िआ शब्द	हिन्दी शब्द	ओड़िआ उच्चारण
ଗ୍ରନ୍ଥ	ग्रंथ	ग्रंथ
ସହର	शहर	सहर
କଦଳୀ	केला	कदली
ଫୁଲ	फूल	फुल
ଘର	घर	घर
କନା / ଲୁଗା	कपड़ा	कना / लुगा
ଆମ୍ବ	आम	आंब
ଫଳ	फल	फल
ହାତ	हाथ	हात
ପାହାଡ	पहाड़	पाहाड़

नीचे दिये गये कुछ हिन्दी शब्द स्त्री लिंग हैं , लेकिन ओड़िआ में ये अप्राणी वाचक हैं :

ओड़िआ शब्द	हिन्दी शब्द	ओड़िआ उच्चारण
ଲତା	लता	लता
ବହି	किताब	बहि
ଗାଡି	गाड़ी	गाड़ि
ରୁଟି	रोटी	रुटि
ବେକାରୀଆ	बेकारी	बेकारिआ
ଘଡି	घड़ी	घडि
ଚୌକି	कुर्सी	चौकि
କଲମ	कलम	कलम
ଜିନିଷ	चीज	जिनिष

कुछ पुंल्लिग और स्त्रीलिंग शब्द को देखेंगे । (କେତେକ ପୁଂଲିଙ୍ଗ ଓ ସ୍ତ୍ରୀଲିଙ୍ଗ ଶବ୍ଦ)

Word in English	Word in Odia	Word in Hindi as per Odia Pronunciation		Word in Odia	Word in Hindi as per Odia Pronunciation
	पुंल्लिग (ପୁଂଲିଙ୍ଗ)		**x**	**स्त्रीलिंग (ସ୍ତ୍ରୀଲିଙ୍ଗ)**	
Student	ଛାତ୍ର	छात्र	**x**	ଛାତ୍ରୀ	छात्री
Rich Person	ସେଠ	सेठ	**x**	ସେଠାଣୀ	सेठाणी
Leader	ନେତା	नेता	**x**	ନେତ୍ରୀ	नेत्री
Friend	ସଂଗାତ	संगात	**x**	ସଂଗାତୁଣୀ	संगातुणी
Wise man	ବିଦ୍ୱାନ	विद्वान	**x**	ବିଦୁଷୀ	विदुषी
Lover	ପ୍ରେମୀ	प्रेमी	**x**	ପ୍ରେମିକା	प्रेमिका
Young man	ଯୁବକ	युवक	**x**	ଯବତୀ	युवती
Servant	ଦାସ	दास	**x**	ଦାସୀ	दासी
King (Mougal)	ବାଦଶାହ	वादशाह	**x**	ବେଗମ	वेगम
Hen	ଗଂଜା	गंजा	**x**	କୁକୁଡ଼ା	कुकुड़ा
Desciple	ଶିଷ୍ୟ	शिष्य	**x**	ଶିଷ୍ୟା	शिष्या
God	ଠାକୁର	ठाकुर	**x**	ଠାକୁରାଣୀ	ठाकुराणी
Mr	ଶ୍ରୀମାନ	श्रीमान	**x**	ଶ୍ରୀମତୀ	श्रीमती
Writer	ଲେଖକ	लेखक	**x**	ଲେଖିକା	लेखिका
Man	ପୁରୁଷ	पुरुष	**x**	ସ୍ତ୍ରୀ	स्त्री
Close friend	ସଖା	सखा	**x**	ସଖୀ	सखी
Barber	ବାରିକ	बारिक	**x**	ବାରିକାଣୀ	बारिकाणी
Father	ପିତା	पिता	**x**	ମାତା	माता
Peacock	ମୟୂର	मयूर	**x**	ମୟୂରୀ	मयूरी
Grand Father	ଅଜା	अजा	**x**	ଆଈ	आई
Man	ପୁରୁଷ	पुरुष	**x**	ନାରୀ	नारी
Bull	ଷଣ୍ଢ	षंढ	**x**	ଗାଈ	गाई

Word in English	Word in Odia	Word in Hindi as per Odia Pronunciation		Word in Odia	Word in Hindi as per Odia Pronunciation
	पुंल्लिग (ପୁଂଲିଙ୍ଗ)		**x**	**स्त्रीलिंग (ସ୍ତ୍ରୀଲିଙ୍ଗ)**	
Uncle	ମାମୁ	मामु	x	ମାଇଁ	मांई
Priest	ପୂଜାରୀ	पूजारी	x	ପୂଜାରିଣୀ	पूजारिणी
Son	ପୁଅ	पुअ	x	ଝିଅ	झिअ
Washerman	ଧୋବା	धोबा	x	ଧୋବଣୀ	धोबणी
Boy	ବାଳକ	बालक	x	ବାଳିକା	बालिका
Pundit	ପଣ୍ଡିତ	पंडित	x	ପଣ୍ଡିତାଣୀ	पंडिताणी
Lecturer	ଅଧ୍ୟାପକ	अध्यापक	x	ଅଧ୍ୟାପିକା	अध्यापिका
King	ରାଜା	राजा	x	ରାଣୀ	राणी
Neighbour	ପଡ଼ୋଶୀ	पड़ोसी	x	ପଡ଼ୋଶିନୀ	पड़ोसिनी
Brother in law	ଦିଅର	दिअर	x	ଯାଆ	जाआ
Brother	ଭାଇ	भाई	x	ଭଉଣୀ	भउणी
Lord Indra	ଇନ୍ଦ୍ର	इन्द्र	x	ଇନ୍ଦ୍ରାଣୀ	इन्द्राणी
King	ସମ୍ରାଟ	सम्राट	x	ସମ୍ରାଜ୍ଞୀ	साम्राज्ञी
Student	ବିଦ୍ୟାର୍ଥୀ	विद्यार्थी	x	ବିଦ୍ୟାର୍ଥିନୀ	विद्यार्थिनी
Flowerist	ମାଳୀ	माली	x	ମାଲୁଣୀ	मालुणी
Son	ପୁତ୍ର	पुत्र	x	କନ୍ୟା	कन्या
Father in Law	ଶ୍ୱଶୁର	श्वशुर	x	ଶାଶୂ	शाशु
Bride	ବର	वर	x	ବଧୂ	वधू
Poet	କବି	कवि	x	କବୟିତ୍ରୀ	कवयित्री
Servent	ସେବକ	सेवक	x	ସେବିକା	सेविका

(आ) वचन - ବଚନ (Numbers)

संज्ञा या सर्वनाम द्वारा वस्तु या व्यक्तियों की संख्या बताने वाले शब्द को वचन (ବଚନ / Numbers) कहते हैं । उसको एक की संख्या में बताये तो उसे एक वचन (ଏକ ବଚନ / Singular) कहते है । यदि एक से अधिक रहें तो बहुवचन (ବହୁବଚନ / Plural) कहते हैं । वचन के चिन्ह केवल बिशेष्य या सर्वनाम के बाद प्रयोग किया जाता है। लेकिन वचन बदल ने के कुछ नियम है, उनका सावधानी से अध्ययन करें ।

1. ओड़िआ भाषा में वचन को स्पष्ट करने के लिये कुछ चिन्ह प्रयोग होता है। जैसे :' टि, टा,टिए , खण्डे, गोटिए' इत्यादि एक वचन के लिये प्रयोग किया जाता है।

उदाहरण : एक बुढ़ा जा रहा है। ବୁଢାଟି ଯାଉଛି ।
बुढाटि जाउछि।

चिड़िया उड़ गयी। ଚଢ଼େଇଟି ଉଡ଼ିଗଲା ।
चढेइटि उड़िगला।

2. ओड़िआ में बहुवचन के स्थान पर 'ए, माने,गुडाक, गुड़िक, सबु ' इत्यादि प्रयोग होता है।

उदाहरण : बच्चें खेलते हैं। ପିଲାମାନେ ଖେଳୁଛନ୍ତି ।
पिलामाने खेलुछन्ति।

3. ओड़िआ में विशेष्य के पहले अगर संख्या वाचक या बहु वचनात्मक शब्द आ जाये तो वचन का चिह्न अनावश्यक हो जाता है। यह ओड़िआ भाषा का बिशषता है।

उदाहरण : बहुत सारे बच्चें ବହୁତ ପିଲା / ଅନେକ ପିଲା
बहुत पिला / अनेक पिला

याद रखना चाहिये कि ईधर 'बहुत पिलामाने या अनेक पिलामाने ' करने से गलत हो जायेगा।

4. ओड़िआ में कभि कभि बाक्य का अर्थ को अत्यन्त शक्तिशाली बनाने के लिये युग्म बहु वचन का चिह्न प्रयोग किया जाता है।

उदाहरण : हरिबाबु के सब बच्चे बुद्धिमान हैं ହରି ବାବୁଙ୍କ ସବୁ ପିଲା ଗୁଡ଼ିକ ବୁଦ୍ଧିଆ ।
हरि बाबुंक सबु पिलागुड़ाक बुद्धिआ।

अब हिन्दी में कैसे एक वचन बाले शब्द को बहु बचन करते हैं देखिए।

ଏକ ବଚନ	एक वचन	ବହୁ ବଚନ	बहु वचन	ଏକ ବଚନ	एक वचन	ବହୁ ବଚନ	बहु वचन
ଧାରା	धारा	ଧାରାୟେଁ	धारायें	ଛାତ୍ରା	छात्रा	ଛାତ୍ରାୟେଁ	छात्रायें
ସରିତା	सरिता	ସରିତାୟେଁ	सरितायें	ନଦୀ	नदी	ନଦୀୟାଁ	नदीयाँ
ଘୋଡା	घोड़ा	ଘୋଡେ	घोडे	କୁର୍ସୀ	कुर्सी	କୁର୍ସିୟାଁ	कुर्सियाँ
ଘଡି	घड़ी	ଘଡିୟାଁ	घड़ियाँ	ଆଁଖ	आंख	ଆଁଖେଁ	आंखें
ଦେବୀ	देवी	ଦେବିୟାଁ	देवियाँ	ୟୁବରାଣୀ	युवराणी	ୟୁବରାଣିୟାଁ	युवराणियाँ
ସ୍ତ୍ରୀ	स्त्री	ସ୍ତ୍ରିୟାଁ	स्त्रियाँ	ଖିଲୌନା	खिलौना	ଖିଲୌନେ	खिलौने
ଆଲମାରୀ	आलमारी	ଆଲମାରିୟାଁ	आलमारियाँ	ଘଂଟା	घण्टा	ଘଂଟେ	घण्टे
ଦରୱାଜା	दरवाजा	ଦରୱାଜେ	दरवाजे	ଔରତ	औरत	ଔରତେଁ	औरतें
ବଚ୍ଚା	बच्चा	ବଚ୍ଚେ	बच्चे	ମାତା	माता	ମାତାୟେଁ	मातायें
ମେଜ	मेज	ମେଜେଁ	मेजें	ପହାଡ଼ୀ	पहाड़ी	ପହାଡ଼ିୟାଁ	पहाड़ियाँ
ଲତା	लता	ଲତାୟେଁ	लतायें	ତାରିକା	तारिका	ତାରିକାୟେଁ	तारिकायें
ସଫଲତା	सफलता	ସଫଲତାୟେଁ	सफलतायें	ବୁଢ଼ିୟା	बुढ़िया	ବୁଢ଼ିୟାଁ	बुढ़ियाँ
ନୌକା	नौका	ନୌକାୟେଁ	नौकायें	ଊଁଗଲୀ	ऊँगली	ଊଁଗଲିୟାଁ	ऊंगलियाँ
କେଲା	केला	କେଲେ	केले	ଆଇନା	आइना	ଆଇନେ	आइने
ପୋତୀ	पोती	ପୋତିୟାଁ	पोतियाँ	ଧଂଧା	धंधा	ଧଂଧେ	धंधे
ଶତାବ୍ଦୀ	शताब्दी	ଶତାବ୍ଦିୟାଁ	शताब्दियाँ	କିରଣ	किरण	କିରଣେଁ	किरणें

ओड़िआ भाषा में एक वचन को बहु वचन करते वक्त सिर्फ 'माने, गुड़िए'जैसा शब्द प्रत्यय को संजोजित किया जाता है। जैसे : धारा - धारामान / धारागुड़िक, नौका- नौकामान या नामान / नौकागुड़िक या नागुड़िक इत्यादि।
अब बाक्य में उनका प्रयोग देखिए:

नदी में नौका चल रहा है। ନଦୀରେ ନୌକାଟି ଭାସୁଛି (**ଏକ ବଚନ**)

नदीरे नौकाटि भासुछि। (**एक बचन**)

ନଦୀରେ ନୌକାମାନ / ନୌକାଗୁଡ଼ିକ ଭାସୁଛନ୍ତି। (**ବହୁ ବଚନ**)

नदीरे नौकामान/नौकागुड़िक भासुछन्ति। (**बहु वचन**)

(इ) पुरुष ପୁରୁଷ (Person)

ओड़िआ भाषा में पुरुष तीन प्रकार के होते हैं। जैसे : **प्रथम पुरुष (First Person)**, **द्वितीय पुरुष (Second Person)** और **तृतीय पुरुष (Third Person)**। 'मैं (मुँ), हम (आमे / आमेमाने),' प्रथम पुरुष में आते हैं, 'तु (तु), तुम (तुमे), तुमलोग (तुमेमाने) ' द्वितीय पुरुष में और 'वह (से / सेमाने)' या सारे को सारे सब तृतीय पुरुष में आते हैं।

पुरुष के प्रयोग क्षेत्र में कुछ व्याकरणगत नियम हैं। इसे अब ध्यान से देखें :

1. विशेष्य के क्षेत्र में पुरुष का भेद नंहि है। सारे के सारे विशेष्य तृतीय पुरुष होते हैं।
   जैसे : राम (ରାମ), श्याम (ଶ୍ୟାମ), गाय (ଗାଈ), कुत्ता (କୁକୁର), पेड़ (ଗଛ) इत्यादि।
2. सर्वनाम अगर वाक्य में कर्त्ता के रूप में व्यवहार होता है तो पुरुष क्रम में क्रिया अलग होता है।
   जैसे : मैं खाता हूँ। — ମୁଁ ଖାଉଛି। / **मुँ खाउछि।**
   तुम खाते हो। — ତୁମେ ଖାଉଛ। / **तुमे खाउछ।**
   वह खाते हैं। — ସେ ଖାଉଛନ୍ତି। / **से खाउछन्ति।**
3. प्रथम पुरुष में मैं (ମୁଁ), हम (ଆମେ / ଆମେମାନେ) और द्वितीय पुरुष में तु (ତୁ / ତୁମେ), तुम (ତୁମେମାନେ) एक वचन और बहुवचन उभय में प्रयोग किया जाता है।
   जैसे : हम यहाँ खिलते हैं। — ଆମେ ଏହିଠାରେ ଖେଳୁଛୁ। / **आमे एहिठारे खेलुछु।**
4. अनादर या भक्ति के क्षेत्र में तुम के स्थान पर तु प्रयोग किया जाता है।
   जैसे : तु एक मूर्ख है। — ତୁ ଗୋଟାଏ ନିପଟ ମୂର୍ଖ। (ଅନାଦର ଅର୍ଥରେ) / **तु गोटाए निपट मूर्ख। (अनादर)**
   तुम नाथ हो परम दयालु । — ତୁ ନାଥ ପରମ ଦୟାଳୁ। (ଭକ୍ତି ଅର୍ଥରେ) / **तु नाथ परम दयालु (भक्ति)**
5. सम्मानार्थे तुम पर आपण हो जाता है।
   जैसे : आप आइए (तुम आओ) — ଆପଣ ଆସନ୍ତୁ। / **आपण आसन्तु।**

(ई) कारक-बिभक्ति / କାରକ-ବିଭକ୍ତି (Case Endings)

कोई भाषा अच्छी तरह सीखनी है, तो उस भाषा के शब्दों का बृहत ज्ञान होना तथा भाषा को प्रयोग में लाना जरूरी है ।

व्याकरण में कारक और बिभक्ति का स्थान प्रमुख होता है। कर्त्ता के साथ जो जो संबन्ध रखते हैं, वह कारक होते हैं। हिन्दी में कारक के आठ भेद हैं।

1. **कर्ता कारक / କର୍ତା କାରକ (Nominative Case) :**

   यह कर्त्ता के साथ सम्बन्ध रखता है। यह प्रथमा विभक्ति है। उनका चिह्न है - टा, माने , गुड़िए।

2. **कर्म कारक / କର୍ମ କାରକ (Objective Case) :**

   यह काम के साथ सम्बन्ध रखता है। यह द्वितीया विभक्ति है। उनका चिह्न है - कु, ङ्कु, मानंकु।

3. **कारण कारक / କରଣ କାରକ (Instrumental Case) :**

   यह कारण के साथ सम्बन्ध रखता है। यह तृतीया विभक्ति है। उनका चिह्न है - रे, द्वारा, देहि ।

4. **संप्रदान कारक / ସଂପ୍ରଦାନ କାରକ (Dative Case) :**

   यह दान देने वाले काम के साथ सम्बन्ध रखता है। यह चतुर्थी विभक्ति है। उनका चिह्न है - कु, ङ्कु, मानंकु

5. **अपादान कारक / ଅପାଦାନ କାରକ (Ablative Case) :**

   यह किये गये काम से सम्बन्ध रखता है। यह पंचमी विभक्ति हैं। उनका चिह्न है - रु, ठारु, मानंकठारु।

6. **संबन्ध कारक / ସମ୍ବନ୍ଧ କାରକ (Possessive Case) :**

   यह शिर्फ संबन्ध को प्रकाश करता है। यह षष्ठी विभक्ति है। उनका चिह्न है- र, मानंकर।

7. **अधिकरण कारक /ଅଧିକରଣ କାରକ (Locative Case) :**

   यह क्षेत्र समाचार को प्रकाश करता है। यह सप्तमी विभक्ति है। उनका चिह्न है- रे, ठारे, मानंकठारे।

8. **संबोधन कारक / ସମ୍ବୋଧନ କାରକ (Vocative Case) :**

   यह सिर्फ सम्बन्ध को सूचित करता है। यह विभक्ति नहीं है। इसका चिह्न है- भो!, अरे, अहा!

ध्यान देने योग्य बात यह है कि ओड़िआ भाषा में सम्बन्ध कारक और संबोधन कारक नहीं होते हैं। वह दोनों पद है। उनके कार्य समान होते हैं। अत: ओड़िआ में छ: कारक होते हैं।

अब हम कारक के कुछ उदाहरण लेकर इस बारे में विशेष ज्ञान अर्जित करेंगे। जैसे :

1. कर्ता कारक / କର୍ତା କାରକ (Nominative Case) : यहाँ टा, टि, माने, गुड़िए ('ଟା, ମାନେ, ଗୁଡ଼ିଏ')आदि का प्रयोग हो कर कर्ता के बारे में सूचना दी जाती है। जैसे :

उदाहरण : गौरी ने आम खायी है। ଗୌରୀଟି ଆମ୍ବ ଖାଇଛି।
गौरीटि आम्ब खाइछि।

2. कर्म कारक / କର୍ମ କାରକ (Objective Case) : यहाँ कु, मानंकु ('କୁ, ମାନଂକୁ')आदि का प्रयोग कर कर्म के सम्बन्ध को स्पष्ट किया जाता है। अत: कर्ता के माध्यम से किये गये काम का अंदाजा चल जाता है। जैसे -

उदाहरण : सेठ ने नौकर को बुलाया। ସେଠ ଚାକରକୁ ଡାକିଲେ।
सेठ चाकरकु डाकिले।

लेन-देन के क्षेत्र में अगर दान का सूचना नहीं हो, तो वह कर्म कारक होता है। नीचे दिये गये उदाहरण को देखिए।

धोबी को कपड़ा दो। ଧୋବାକୁ ଲୁଗା ଦିଅ।
धोबाकु लुगा दिअ।

यहाँ धोबी कपड़ा को लौटायेगा। अत: यह कर्म कारक है।

3. करण कारक / କରଣ କାରକ (Instrumental Case) : यहाँ रे, द्वारा, देहि ('ରେ, ଦ୍ୱାରା, ଦେହି')का प्रयोग किये जाने से कर्ता ने किस माध्यम से क्रिया को संपन्न किया, यह मालुम होता है। जैसे -

उदाहरण : राम ने वाण द्वारा रावण को मारा। ରାମ ବାଣ ଦ୍ୱାରା ରାବଣକୁ ମାରିଲେ।
राम बाण द्वारा राबणकु मारिले।

4. संप्रदान कारक / ସଂପ୍ରଦାନ କାରକ (Dative Case) : यहाँ कु, मानंकु ('କୁ, ମାନଂକୁ')प्रयोग होने से किये गये कार्य के उद्देश्य का पता चलता है। अगर वह दान देने का सूचना प्रदान करता है तो वह संप्रदान कारक हो जाता है। जैसे:- उदाहरण : भिखारी को पैसे दो। ଭିକାରୀକୁ ପଇସା ଦିଅ।
भिकारीकु पइसा दिअ।

5. अपादान कारक /ଅପାଦାନ କାରକ (Ablative Case) : यहाँ रु, ठारु, मानंकठारु ('ରୁ, ଠାରୁ, ମାନଂକଠାରୁ')आदि का प्रयोग होने से बस्तु कहाँ से पृथक होता है, इस बात का पता चलता है।

उदाहरण : फल पेड़ से अलग हो गया। ଫଳ ଗଛରୁ ଅଲଗା ହୋଇଗଲା।
फल गछरु अलगा होइगला।

6. संबन्ध कारक / ସମ୍ବନ୍ଧ କାରକ (Possessive Case) : यहाँ र, मानंकर ('ର, ମାନଂକର')आदि प्रयोग कर कर्त्ता के साथ अन्य के सम्बन्ध क पता चलता है।

उदाहरण : तुम्हारी बहन का नाम क्या है? ତୁମ ଭଉଣୀର ନାମ କଣ ?
तुम भउणीर नाम कण ?

7. **अधिकरण कारक / ଅଧିକରଣ କାରକ (Locative Case)** : यहाँ रे, मानंकरे, मानंकठारे ('ରେ, ମାନଂକରେ, ମାନଂକଠାରେ') आदि का प्रयोग कर कर्त्ता कहाँ पर कार्य करता है, यह सूचित होता है।

उदाहरण शिवा सिनेमा की शुटिङ्ग में हैं। ଶିବା ସିନେମା ସୁଟିଙ୍ଗ୍‌ରେ ଅଛନ୍ତି।
शिवा सिनेमा शुटिङ्ग रे अछन्ति।

8. **संबोधन कारक / ସମ୍ବୋଧନ କାରକ (Vocative Case)**: यहाँ हे, अरे, अहा ('ହେ, ଅରେ, ଅହା') प्रयोग होने से कर्त्ता किसे सम्बोधित करता है, इस बात का पता चलता है।

उदाहरण : हे भगवान! कृपा करो । ହେ ଭଗଓ୍ଵାନ ! କୃପା କର।
हे भगवान! कृपा कर ।

सूचना : कारक प्रयोग करने के कुछ नियम हैं। हिन्दी और ओड़िआ में कारक, संज्ञा और सर्वनाम के बाद में आता है। दुसरी बात यह है कि कारक के अनुसार विभक्ति प्रत्यय भी होते हैं। अत: सावधानी पूर्वाक उन सब को लक्ष्य करना है।

1. प्रथमा विभक्ति कर्ता कारक (**Nominative Case**) : यह कर्ता के बारे में बताती है ।
   उदाहरण गौरी ने आम खायी हैं । ଗୌରୀଟି ଆମ୍ବ ଖାଇଛି।
   गौरीटि आम्ब खाइछि।
2. द्वितीया विभक्ति कर्म कारक (**Objective Case**) : यह वाक्य में वक्ता के द्वारा किए गये काम के बारे में बताती है ।
   उदाहरण सेठ ने नौकर को बुलाया। ସେଠ ଚାକରକୁ ଡାକିଲେ।
   सेठ चाकरकु डाकिले।
3. तृतीया विभक्ति करण कारक (**Instrumental Case**) : यह क्रिया के साधन या माध्यम के बारे में बताती है ।
   उदाहरण : राम ने वाण द्वारा रावण को मारा। ରାମ ବାଣ ଦ୍ୱାରା ରାବଣକୁ ମାରିଲେ।
   राम बाण द्वारा राबणकु मारिले।
4. चतुर्थ विभक्ति सम्प्रदान कारक (**Dative Case**) : यह जिसके लिये या जिस उद्देश्य के लिये की जाती है उसके बारे में बताती है ।
   उदाहरण : भिखारी को पैसे दो। ଭିକାରୀକୁ ପଇସା ଦିଅ।
   भिकारीकु पइसा दिअ।

5. अपादान कारक पंचमी विभक्ति (**Ablative Case**) : इस वाक्य में जिस स्थान या वस्तु से किसी व्यक्ति या वस्तु की पृथकता अथवा तुलना के बारे में बताती है ।

उदाहरण : फल पेड़ से अलग हो गया। ଫଳ ଗଛରୁ ଅଲଗା ହୋଇଗଲା।

फल गछरु अलगा होइगला।

6. सम्बन्ध कारक षष्ठी बिभक्ति (**Possesive Case**) : इस वाक्य में कर्ता या संज्ञा का दूसर व्यक्ति या वस्तु से सम्बन्ध के बारे में पता चलता है ।

उदाहरण : तुम्हारी बहन का नाम क्या है? ତୁମ ଭଉଣୀର ନାମ କଣ ?

तुम भउणीर नाम कण ?

7. अधिकरण कारक सप्तमी विभक्ति (**Locative Case**): इस वाक्य में क्रिया का आधार, आश्रय या शर्त के बारे में पता चलता है ।

उदाहरण शिवा सिनेमा शुटिङ्ग में हैं। ଶିବା ସିନେମା ସୁଟିଙ୍ଗ୍‌ରେ ଅଛନ୍ତି।

शिवा सिनेमा शुटिङ्ग रे अछन्ति।

8. सम्बोधन कारक (सम्बन्ध या संबोधन पद) (**Vocative Case**) : इस वाक्य में कर्ता के मनोभाव के बारे में या किसी को बुलाने या सम्बोधित करने के विषय में पता चलता है ।

उदाहरण : हे भगवान! कृपा करो । ହେ ଭଗୱାନ ! କୃପା କର।

हे भगवान! कृपा कर ।

सूचना : हिन्दी में कर्त्ता पुंल्लिंग हो तो क्रिया पुंलिंग जैसा होता है, और स्त्री लिंग हो तो स्त्री लिंग जैसा होता है। जैसे : राम खाता है। (पुंल्लिंग) और सीता खाती है। (स्त्री लिंग)

लेकिन ओड़िआ में ऐसा नहीं होता है। कर्त्ता पुंल्लिंग में हो या स्त्री लिंग में, क्रिया पर उनका कोई असर नंहि पड़ता।

उदाहरण : राम खाता है। (पुंल्लिंग) ରାମ **ଖାଉଛି** ।

राम खाउछि। (पुंलिंग)

सीता खाती है। (स्त्री लिंग) ସୀତା **ଖାଉଛି**।

सीता खाउछि। (स्त्री लिंग)

ओड़िआ भाषा सिखने के वक्त यह बात ध्यान में रखना चाहिए।

II. सर्वनाम ସର୍ବନାମ (Pronoun)

सर्वनाम ସର୍ବନାମ (Pronoun) : संज्ञा के बदले प्रयुक्त होने वाले शब्दों को सर्वनाम (ସର୍ବନାମ) कहते हैं ।

उदा : हम (ଆମେ / ଆମ୍ଭେ - आमे/ आम्भे) , तुम (ତୁମେ / ତୁମ୍ଭେ- तुमे / तुम्भे)
वह (ସେ - से) अदि या मैं (ମୁଁ - मुँ), आप (ଆପଣ - आपण) इत्यादि।

सूचना : मैं (ମୁଁ) वाक्य कहते समय वाक्यांत में क्रिया के साथ 'हूँ' जैसा 'छि' (ଛି) मतलब 'जाउछि', 'खाउछि',' पढ़ुछि' का प्रयोग किया जाता है। वैसे ही 'हम' (ଆମେ / ଆମ୍ଭେ) 'वह' ('ସେ', 'आप' (ଆପଣ), 'वे'(ସେମାନେ), और 'ये' (ଏହା) वाक्य बनाते के समय 'हैं' (ଉଛି ବା ଛନ୍ତି –उछि या छन्ति) का प्रयोग करते हैं । लेकिन 'तुम' (ତୁମେ) वाक्य के वाक्यांत में हो (ଉଛ - उछ) आता है । जैसे : जाउछ, खाउछ, शोउछ इत्यादि।

उदा :		
मैं खाना खाता हूँ	ମୁଁ ଭୋଜନ କରୁଛି	मुँ भोजन करुछि।
तुम कहाँ हो ?	ତୁମେ କେଉଁଠି ଅଛ ?	तुमे केउँठि अछ ?
आप कब आते हैं ?	ଆପଣ କେବେ ଆସୁଛନ୍ତି ?	आपण केबे आसुछन्ति ?

सर्वनाम विभाजन / ସର୍ବନାମର ପ୍ରକାର ଭେଦ (Division of Pronoun)

सर्वनाम छः प्रकार के होते हैं । सर्वनाम के सभी प्रकारों का सावधानीपुर्वक अध्ययन करें ।

1. पुरुष वाचक सर्वनाम / ପୁରୁଷ ବାଚକ ସର୍ବନାମ (Personal Pronoun)

यह सुनने वाले या बोलने वाले या उस विषय से सम्बन्ध रखने वालों के बारे में बताती है । उसको पुरुष वाचक सर्वनाम कहते है ।

उदा :				
मैं	....	ମୁଁ	....	मुँ
हम	....	ଆମେ / ଆମ୍ଭେ	....	आमे / आम्भे
तुम	....	ତୁମେ / ତୁମ୍ଭେ	....	तुमे / तुम्भे
तु	....	ତୁ	....	तु
आप	....	ଆପଣ	....	आपण

यह	....	ଏହା / ଏଇଟି	....	एहा / एइटि
वह	....	ସେ / ସେଇଟା	....	से / सेइटा
ये	....	ଏହା	....	एहा
वे	....	ସେମାନେ	....	सेमाने

2. निजवाचक सर्वनाम / ନିଜ ବାଚକ ସର୍ବନାମ (ReflexivePronoun) :

जिस सर्वनाम का प्रयोगकर्ता कारक स्वयं के लिये करता है उसे निजवाचक सर्वनाम कहते हैं । इसमें कर्ता की बाजू में 'ही' (ହିଁ) का प्रयोग होता है ।

उदा : आप ही	....	ଆପଣ ହିଁ	....	आप हिँ
हम ही	....	ଆମେ ହିଁ	....	आमे हिँ
तुम ही	....	ତୁମେ ହିଁ	....	तुमे हिँ
यह ही	....	ଏହା ହିଁ	....	एहा हिँ

3. निश्चयवाचक सर्वनाम / ନିଶ୍ଚୟ ବାଚକ ସର୍ବନାମ (Demonstrative Pronoun) :

यह व्यक्ति या वस्तु के बारे में निश्चित तौर पर बताती है ।

उदा : यह	....	ଏହା	....	एहा
वह	....	ତାହା	....	ताहा
ये	....	ଏ / ଏହା	....	ए / एहा
वे	....	ସେ / ତାହା	....	से / ताहा

4. अनिश्चय वाचक सर्वनाम / ଅନିଶ୍ଚୟ ବାଚକ ସର୍ବନାମ (Indefinite Pronoun) :

यह एक व्यक्ति के बारे में या एक वस्तु के बारे में निश्चित तौर पर नहीं बताती है ।

उदा : कोई	....	କିଏ	....	किए
कुछ	....	କିଛି	....	किछि
सब	....	ସବୁ / ସମସ୍ତ	....	सबु / समस्त

5. **सम्बन्ध वाचक सर्वनाम** / ସମ୍ବନ୍ଧ ବାଚକ ସର୍ବନାମ **(Relative Pronoun) :**

यह एक शब्द या वाक्य से दूसरे शब्द या वाक्य के परस्पर सम्बन्धो के बारे में बताती है ।

उदा :	जो	....	ଯିଏ / ଯାହା	....	जिए (यिए*)
	सो	....	ସିଏ / ତାହା	....	सिए / ताहा
	जिस	....	ଯେପରି	....	जेपरि (येपरि*)
	उस	....	ସେପରି	....	सेपरि

[* हिन्दी के य वर्ण ओड़िआ में दो स्थान पर व्यवहार होता है। पहला अन्तस्थ य / ଯ (उच्चारण-ज) और दुसरा य / ୟ (उच्चारण-य)। पहला का उदाहरण यातना / ଯାତନା (उच्चारण : जातना, अर्थ कष्ट) और दुसरा का उदाहरण मयूर / ମୟୂର (उच्चरण : मयुर, अर्थ मोर)]

जो काम करता है वो फल पाता है । (ଯିଏ କାମ କରୁଛନ୍ତି, ସିଏ ଫଳ ପାଉଛନ୍ତି / जिए काम करुछन्ति, सिए फल पाउछन्ति)

'जो' (ଯିଏ) एक सम्बन्ध वाचक सर्वनाम है । इसको हमे समझ आने के लिए उसको हम 'ଯେ କୌଣସି ବ୍ୟକ୍ତି ବିଶେଷଙ୍କ ପାଇଁ' अर्थ में लोना पडता है ।

1. हिन्दी में - 'जा' शब्द आया तो (उसी) वाक्य में वह शब्द आता है । वैसा ही ओड़िआ में भी 'ଯିଏ' (जिए) शब्द आया तो उसी वाक्य में ସିଏ (सिए) शब्द आते हैं ।

2. 'जो' (ଯିଏ / जिए) शब्द संज्ञा से या सर्वनाम से अधिक सम्बन्ध रखती है ।

3. 'जो' (ଯିଏ / जिए) शब्द कभी-कभी वाक्य के पहले और कभी वाक्य के बीच में आता है ।

उदा : जो अच्छा पढ़ता हैं वह पास होता हैं ।
ଯିଏ ଭଲ ପଢ଼େ ସିଏ ଉତୀର୍ଣ୍ଣ ହୁଏ।
जिए भल पढ़े सिए उत्तीर्ण हुए।

वे महापुरुष होते हैं जो देश के लिए कष्ट सहन करते हैं ।

ସେମାନେ ମହାପୁରୁଷ ଯେଉଁମାନେ ଦେଶପାଇଁ କଷ୍ଟ ସ୍ୱୀକାର କରି ଥାଆନ୍ତି।

सेमाने महापुरुष जेउँमाने देश पाइँ कष्ट स्बीकार करि थाआन्ति ।

4. विभक्तियाँ - टा, मोन, गुड़िए (ଟା, ମାନେ, ଗୁଡିଏ) आये तो 'जो' की रूप बदल जाती है ।

उदा :	**एक वचन । ଏକ ବଚନ**	**बहु वचन ବହୁ ବଚନ**
जो (ଯେଉଁ) + टा (ଟା)	ଯେଉଁଟା (जेउँटा)	ଯେଉଁଗୁଡାଟା (जेउँगुडाटा)
जो (ଯେଉଁ) + मोन (କୁ)	ଯାହାକୁ (जाहाकु)	ଯେଉଁମାନଙ୍କୁ (जेउँमानंकु)
जो (ଯେଉଁ) + गुड़िए (ଦ୍ୱାରା)	ଯାହାଦ୍ୱାରା (जाहाद्वारा)	ଯେଉଁମାନଙ୍କଦ୍ୱାରା(जेउँमानंकद्वारा)
जो (ଯେଉଁ) + गुड़िए (ଠାରୁ)	ଯାହାଠାରୁ (जाहाठारु)	ଯେଉଁମାନଙ୍କଠାରୁ(जेउँमानंकठारु)
जो (ଯେଉଁ) + गुड़िए (ର)	ଯାହାର(जाहार)	ଯେଉଁମାନଙ୍କର(जेउँमानंकर)
जो (ଯେଉଁ) + गुड़िए (ଠାରେ)	ଯାହାଠାରେ (जाहाठारे)	ଯେଉଁମାନଙ୍କଠାରେ(जेउँमानंकठारे)

5. 'जो' (ଯେଉଁ) शब्द का विशेषण के जैसा भी उपयोग होता है । संज्ञा के बाद विभक्ति आयी तो एक वचन में है सो बहुवचन में जैसा बदल जाता है ।

जिस देश मे गंगा बहती है उस देश में हम रहते हैं ।

ଯେଉଁ ଦେଶରେ ଗଂଗା ବହୁଛି ସେହି ଦେଶରେ ଆମେମାନେ ରହୁଛୁ।

जेउँ देशरे गंगा बहुछि सेहि देशरे आमेमाने रहुछु।

उदा : जिस दफ्तर में आप काम करते हैं वह कहाँ है ?

ଯେଉଁ ଅଫିସରେ ଆପଣ କାମ କରୁଛନ୍ତି ତାହା କେଉଁଠି ?

जेउँ अफिसरे.आपण काम करुछन्ति ताहा केउँठि ? - (एकवचन)

जिन बच्चों को तुम चाहते हो वे यहाँ नहीं हैं ।

ଯେଉଁ ପିଲାମାନଂକୁ ତୁମେ ଖୋଜୁଛ ସେମାନେ ଏଠାରେ ନାହାନ୍ତି।

जेउँ पिलामानंकु तुमे खोजुछ सेमाने एठारे नाहान्ति। - (बहुवचन)

6. प्रश्नवाचक सर्वनाम / ପ୍ରଶ୍ନ ବାଚକ ସର୍ବନାମ **(Interrogative Pronoun) :**

किसी व्यक्ति के बारे में, या किसी चीज के बारे में प्रश्न करनेवाली सर्वनाम है ।

उदा :	क्या	....	କଣ ?	कण ?
	कौन	....	କିଏ ?	किए ?
	किसका	....	କାହାର ?	काहार ?

कौनसा କେଉଁଟା (Which)

यह शब्द हिन्दी भाषा जानने वाले सबको मालूम है । इसको ओड़िआ में **'କେଉଁଟା / केउँटा '** बोलते हैं ।

उदा : .... वह कौन सा नम्बर है ।

ତାହା କେଉଁ ସଂଖ୍ୟା ?

ताहा केउँ संख्या ?

उदा : .... वह कौन सी गाड़ी हैं ।

ତାହା କେଉଁ ଗାଡ଼ି ?

ताहा केउँ गाड़ि ?

इन्होंने ଇଏ (This Person)

इन शब्दों को हम रोजाना व्यवहार में प्रयोग करते हैं ।

उदा : .... ये वहाँ नहीं थे ।

ଇଏ ସେଠାରେ ନଥିଲେ ।

इए सेठारे नथिले ।

इन्होंने रोटी खायी ।

ଇଏ ରୋଟି ଖାଇଛନ୍ତି ।

इए रोटि खाइछन्ति ।

उन्होने ସିଏ (That Person)

ओड़िआ में वह या उन्होंने के स्थान पर 'से / ସେ' का प्रयोग किया जाता है। इन शब्दों को हम रोजाना व्यवहार में प्रयोग करते है।

उदा : वह यहाँ आयेंगे।
ସେ ଏଠାକୁ ଆସିବେ।
से एठाकु आसिबे।

उन्होने कहा कि कल यहाँ बड़ा उत्सव होगा।
ସେ କହିଲେ ଯେ କାଲି ଏଠାରେ ଗୋଟିଏ ବଡ଼ ଉତ୍ସବ ହେବ।
से कहिले ये कालि एठारे गोटिए बड़ उत्सब हेब।

सर्वनाम का रूपान्तर - ସର୍ବନାମର ରୂପାନ୍ତର

विभक्ति से सर्वनाम के रूप बदलता है। सावधानी पूर्वक अध्ययन करिए।

1	(କିଏ)	कौन (किए)	>	किसका	କାହାର	काहार	whose
2	(କିଏ)	कौन (किए)	>	किनका	କାହାର	काहार	whose
3	(କିଏ)	कौन (किए)	>	किन्होने	କିଏସେ	किए	who
4	(ତୁମେ)	तुम (तुमे)	>	तुम्हारा	ତୁମର	तुमर	your
5	(ମୁଁ)	मैं (मुँ)	>	मेरा	ମୋର	मोर	my
6	(ଆପଣ)	आप (आपण)	>	आपका	ଆପଣଂକର	आपणंकर	yours
7	(କିଏ)	कौन (किए)	>	किससे	କାହା ଦ୍ୱାରା	काहाद्वारा	by whom
8	(କିଏ)	कौन (किए)	>	किनका	କାହାର	काहार	to whom
9	(ମୁଁ)	मैं (मुँ)	>	मुझसे	ମୋ ଦ୍ୱାରା	मो द्वारा	by whom
10	(ତୁମେ)	तुम (तुम)	>	तुमसे	ତୁମ ଦ୍ୱାରା	तुम द्वारा	by you
11	(ଆପଣ)	आप (आपण)	>	आपसे	ଆପଣଙ୍କଦ୍ୱାରା	आपणंक द्वारा	by you
12	(ମୁଁ)	मैं (मुँ)	>	मैंने	ମୁଁ ହିଁ	मुँहिँ	by me

13	(ତୁମେ)	तुम (तुमे)	>	तुमने	ତୁମେହିଁ	तुमेहिं	you
14	(ଏହା)	यह (एहा)	>	इसने	ସେ ହିଁ	से हिं	he
15	(ଆମେ)	हम (आमे)	>	हमारा	ଆମର	आमर	our / ours
16	(ତାହା)	वह (ताहा)	>	उसने	ତାହାର	ताहार	that
17	(ଏହା)	यह (एहा)	>	इसका	ଏହାର	एहार	of this
18	(ତାହା)	वे (ताहा)	>	उनका	ତାହାର	ताहार	of that
19	(ଏହା)	ये (एहा)	>	इन्होने	ଏମାନେ	एमाने	these
20	(ତାହା)	वह (ताहा)	>	उसका	ତାହାର	ताहार	of him
21	(ଏଇଟା)	ये (एइटा)	>	इनका	ଏହାର	एहार	of these
22	(ଆପଣ)	आप (आपण)	>	आपने	ଆପଣଙ୍କର	आपणंकर	you
23	(ମୁଁ)	मैं (मुँ)	>	मुझे	ମୋତେ	मोते	to me
24	(ତୁମେ)	तुम (तुमे)	>	तुमको	ତୁମକୁ	तुमकु	to you
25	(ଏହା)	यह (एहा)	>	इसको	ଏହାକୁ	एहाकु	to this
26	(ତାହା)	वह (ताहा)	>	उसको	ତାହାକୁ	ताहाकु	to that
27	(ସେ)	वे (से)	>	उनसे	ତାଙ୍କଦ୍ୱାରା	तांक द्वारा	by them
28	(ତାହା)	वह (ताहा)	>	उनसे	ତାହାଙ୍କ ଦ୍ୱାରା	ताहांक द्वारा	by them
29	(ଏହା)	ये (एहा)	>	इससे	ଏହାଙ୍କ ଦ୍ୱାରା	एहांक द्वारा	by them
30	(ତୁମେ)	तुम	>	तुमसे	ତୁମ ଦ୍ୱାରା	तुम द्वारा	by you
31	(ଆମେ)	हम	>	हमसे	ଆମ ଦ୍ୱାରା	आम द्वारा	by us
32	(ଆପଣ)	आप	>	आपको	ଆପଣଙ୍କୁ	आपणंकु	to you
33	(ଏହା)	यह	>	इससे	ଏହାଙ୍କ୍ ଦ୍ୱାରା	एहांक द्वारा	by this

III. विशेषण / ବିଶେଷଣ (Adjective)

विशेषण / ବିଶେଷଣ (Adjective) : ଏହା ସଂଜ୍ଞା ବା ସର୍ବନାମର ଗୁଣକୁ ପ୍ରକାଶ କରିଥାଏ।

उदाहरण : वीरु अच्छा है। ବୀରୁ ଭଲ। बीरु भल।

वह छोटा है। ସେ ଛୋଟ। से छोट।

यह मीठा है। ଏହା ମିଠା। एहा मिठा।

कुछ विशेषण / କେତେକ ବିଶେଷଣ (Some Adjective)

बुरा	ଖରାପ	खराप	ताजा	ତାଜା	ताजा
अच्छा	ଭଲ	भल	सड़ा	ସଢ଼ା	सढ़ा
बड़ा	ବଡ଼	बड़	पापी	ପାପୀ	पापी
छोटा	ଛୋଟ	छोट	पवित्र	ପବିତ୍ର	पबित्र
गोल	ଗୋଲିଆ	गोलिआ	पतला	ପତଳା	पतला
लम्बा	ଲମ୍ବା	लम्बा	मोटा	ମୋଟା	मोटा
नोटा	ଗେଡ଼ା	गेड़ा	सफेद	ଧଳା	धला
चौडा	ଚଉଡ଼ା	चउड़ा	काला	କଳା	कला
समतल	ସମତଳ	समतल	भूरा	ମଟାଳ	मटाल
पक्का	ଦୃଢ଼	दृढ़	पीला	ପାଣ୍ଡୁର	पांडुर
मीठा	ମିଠା	मिठा	लाल	ନାଲିଆ	नालिआ
साफ	ପରିଷ୍କାର	परिष्कार	कडुआ	କଡା	कड़ा
गंदा	ଅପରିଷ୍କାର	अपरिष्कार	उँचा	ଉଂଚ	उंचा
वीर	ବୀର	बीर	नीचा	ତଳୁଆ	तलुआ
भीर	ଭୀଡ଼	भीड़	अकलमंद	ବୁଦ୍ଧିଆ	बुद्धिआ
सुंदर	ସୁନ୍ଦର	सुंदर	मूर्ख	ମୂର୍ଖ	मूर्ख
भद्दा	ପାଗଳାମି	पागलामि	ठण्डा	ଥଣ୍ଡା	थंडा
गरम	ଗରମ	गरम			

IV. क्रिया / କ୍ରିୟା (Verb)

क्रिया / କ୍ରିୟା (Verb): किसी भाषा में बात करने लिखने और उसे समझने के लिए हमें उस भाषा की क्रियाओं की अच्छी तरह जानकारी होनी चाहिये, तभी हम उस भाषा को भली प्रकार सीख सकते हैं। दुसरों से अच्छी तरह बात कर सकते हैं। उस भाषा को समझ सकते हैं।

कुत्ता भौंकता है।	କୁକୁର ଭୁକୁଛି।	कुकुर भुकुछि।
पक्षी उड़ते हैं।	ଚଢ଼େଇ ଉଡୁଛି।	चढ़ेइ उड्डुछि।
घोड़ा दौड़ता है।	ଘୋଡ଼ା ଦୌଡୁଛି।	घोड़ा दौड्डुछि।
हम देखते हैं।	ଆମ୍ଭେମାନେ ଦେଖୁଛୁ।	आम्भेमाने देखुछु।

काम के बारे में बतानेवाले शब्द को क्रिया कहते है। इसका दो भेद है। वे :

1. सकर्मक क्रिया / ସକର୍ମକ କ୍ରିୟା (Transitive Verb) और
2. अकर्मक क्रिया / ଅକର୍ମକ କ୍ରିୟା। (Intransitive Verb)

1. सकर्मक क्रिया : एक वाक्य में कर्ता, कर्म और क्रिया तीनों होते है। कर्म की सहायता से पूरा अर्थ देनेवाली क्रिया को सकर्मक क्रिया कहते है।

   उदाहरण : कृष्णा पाठ पढ़ रहा है। ‍ ‍ ‍ ‍ କୃଷ୍ଣା ପାଠ ପଢୁଛି।
   कृष्णा पाठ पढुछि।

   यहाँ कर्त्ता କୃଷ୍ଣା (कृष्णा), कर्म ପାଠ (पाठ) और क्रिया ପଢୁଛି (पढ़ रहा है)। अत: यहाँ क्रिया सकर्मक क्रिया होता है।

2. अकर्मक क्रिया : एक वाक्य में कर्म नहीं है तो भी पूरा अर्थ देनेवाले कर्म को अकर्मक क्रिया कहते है।

   उदाहरण : हम बैठे। ‍ ‍ ‍ ‍ ଆମେ ବସିଲୁ।
   आमे बसिलु।

   यहाँ कर्त्ता ଆମେ (आमे), कर्म ପାଠ (पाठ) और क्रिया ବସିଲୁ (बसिलु)। मगर कर्म नहीं है। अत: यहाँ क्रिया अकर्मक क्रिया है।

सूचना : किनको प्रश्न करने के समय सही समाधान आयो तो वे सकर्मक क्रियायें । वैंसा नंही आये तो वे अकर्मक क्रियायें हैं ।

यहाँ हम कुछ क्रियाओं के बारे में जानकारी प्राप्त करेंगे ।

1	लिखना	ଲେଖିବା	लेखिबा	22	सीखना	ଶିଖିବା	शिखिबा
2	खोलना	ଖୋଲିବା	खोलिबा	23	चढ़ना	ଚଢ଼ିବା	चढ़िबा
3	पढ़ना	ପଢ଼ିବା	पढ़िबा	24	पीना	ପିଇବା	पिइबा
4	खाना	ଖାଇବା	खाइबा	25	आना	ଆସିବା	आसिबा
5	ज़ाना	ଯିବା	यिबा (जिबा)	26	सुना	ଶୁଣିବା	शुणिबा
6	देखना	ଦେଖିବା	देखिबा	27	कतरना	କତରିବା	कतरिबा
7	काटना	କାଟିବା	काटिबा	28	चलना	ଚାଲିବା	चालिबा
8	डरना	ଡରିବା	डरिबा	29	दौड़ना	ଦୌଡ଼ିବା	दौड़िबा
9	करना	କରିବା	करिबा	30	खेलना	ଖେଳିବା	खेलिबा
10	रोना	କାନ୍ଦିବା	कांदिबा	31	हँसना	ହସିବା	हँसिबा
11	बैठना	ବସିବା	बसिबा	32	उठना	ଉଠିବା	उठिबा
12	कुदना	କୁଦିବା	कुदिबा	33	उछलना	ଉଚ୍ଛୁଳିବା	उछुलिबा
13	तैरना	ପହଁରିବା	पंहरिबा	34	डुबना	ବୁଡ଼ିବା	डुबिबा
14	लेना	ନେବା	नेबा	35	चलाना	ଚଲେଇବା	चलेइबा
15	देना	ଦେବା	देबा	36	बंद करना	ବନ୍ଦ କରିବା	बंद करिबा
16	उड़ना	ଉଡିବା	डरिबा	37	घुमना	ଘୂରେଇବା	घूरेइबा
17	डालना	ଅଜାଡିବା	अजाड़िबा	38	निकलना	ବାହାର କରିବା	बाहार करिबा
18	चिलाना	ଚିଲେଇବା	चिलाइबा	39	जीतना	ଜୀତିବା	जीतिबा
19	पहनना	ପିନ୍ଧିବା	पिंधिबा	40	उतरना	ଓହ୍ଲାଇବା	ओल्हाइबा
20	बहना	ବହିବା	बहिबा	41	सोना	ଶୋଇବା	शोइबा
21	जागना	ଚେଇଁବା	चेंइबा	42	बोलना	କହିବା	कहिबा

43	मारना	ମାରିବା	मारिबा	50	झगड़ना	ଝଗଡ଼ିବା	झगड़िबा
44	ओढ़ना	ଓଢ଼ଣାଦେବା	उढ़णादेबा	51	मरना	ମରିବା	मरिबा
45	उगलना	ଫଳିବା	फलिबा	52	छूना	ଛୁଇଁବା	छुइँबा
46	रोकना	ରୋକିବା	रोकिबा	53	पाना	ପାଇବା	पाइबा
47	रचना	ରଚିବା	रचिबा	54	फिसलना	ଖସିଯିବା	खसियि(जि)बा
48	निगलना	ନିଗିଡ଼ିବା	निगिड़िबा	55	सुंघना	ଶୁଙ୍ଘିବା	शुंघिबा
49	चराना	ଚରେଇବା	चरेइबा	56	चरना	ଚରିବା	चरिबा

क्रियार्थक संज्ञा / କ୍ରିୟାର୍ଥକ ସଂଜ୍ଞା (Gerund)

क्रिया कुछ संदर्भो में संज्ञा जैसे प्रयोग होते है ? इसे क्रियार्थक संज्ञा कहते है । हिन्दी क्रिया शब्द के अंत में 'ना' हो तो ओड़िआ भाषा में वह क्रियार्थक संज्ञा होता है ।

क्रिया मूल पद या धातु ... क्रियार्थक नामावाचक या क्रियार्थकसंज्ञा (କ୍ରିୟାର୍ଥକସଂଜ୍ଞା)

उदाहरण : धातु (ମୂଳ ଧାତୁ)		ओड़िआ में	हिन्दी में	उच्चारण
पढ़	....	ପଢ଼ିବା	पढ़ना	पढ़िबा
लिख	....	ଲେଖିବା	लिखना	लेखिबा
सीख	....	ଶିଖିବା	सीखना	शीखिबा
खेल	....	ଖେଳିବା	खेलना	खेलिबा
चढ़	....	ଚଢ଼ିବା	चढ़ना	चढ़िबा
खा	....	ଖାଇବା	खाना	खाइबा
पी	....	ପିଇବା	पीना	पिइबा

उदाहरण :	धातु (ମୂଳ ଧାତୁ)	ओड़िआ में	हिन्दी में	उच्चारण
	आ..........	ଆସିବା	आना	आसिबा
	जा..........	ଜିବା	जाना	जिबा
	देख	ଦେଖିବା	देखना	देखिबा
	सुन	ଶୁଣିବା	सुनना	शुणिबा
	काट	କାଟିବା	काटना	काटिबा
	कर	କରିବା	करना	करिबा
	हँस	ହସିବା	हँसना	हँसिबा
	दौड़	ଦୌଡ଼ିବା	दौड़ना	दौड़िबा
	खेल	ଖେଳିବା	खेलना	खेलिबा
	सो	ଶୋଇବା	सोना	शोइबा
	डर	ଡରିବା	डरना	डरिबा
	चल	ଚାଲିବା	चलना	चालिबा
	बैठ	ବସିବା	बैठना	बसिबा
	उठ	ଉଠିବା	उठना	उठिबा
	कूद	କୁଦିବା	कूदना	कुदिबा
	उछल..........	ଉଚ୍ଛୁଳିବା	उछलना	उछलिबा
	डुब	ବୁଡ଼ିବା	डुबना	डुबिबा
	ले	ନେବା	लेना	नेबा
	चला..........	ଚଳାଇବା	चलाना	चलेइबा
	दे	ଦେବା	देना	देबा

उदाहरण :	धातु (ମୂଳ ଧାତୁ)	ओड़िआ में	हिन्दी में	उच्चारण
	उड	ଉଡ଼ିବା	उड़ना	उड़िबा
	डाल..........	ଢ଼ାଳିବା	डालना	ढ़ालिबा
	निकाल......	ବାହାରିବା	निकालना	बाहारिबा
	चिल्ला.........	ଚିଲ୍ଲାଇବା	चिल्लाना	चिल्लाइबा
	जी	ଜୀଇଁବା	जीना	जीइँबा
	पहन..........	ପିନ୍ଧିବା	पहनना	पिंधिबा
	उतर	ଓହ୍ଲାଇବା	उतरना	उल्हाइबा
	बह	ବହିବା	बहना	बहिबा
	जाग..........	ଜାଗିବା	जागना	जागिबा
	बोल..........	କହିବା	बोलना	कहिबा
	मार	ମାରିବା	मारना	मारिबा
	झगड़..........	ଝଗଡ଼ିବା	झगड़ना	झगड़िबा
	ओढ़..........	ଓଢ଼ଣା ଦେବା	ओढ़ना	ओढ़णा देबा
	मर	ମରିବା	मरना	मरिबा
	उगल..........	ଅମଳ କରିବା	उगलना	अमल करिबा
	छू	ଛୁଇଁବା	छुना	छुइँबा
	रोक	ରୋକିବା	रोकना	रोकिबा
	पा	ପାଇବା	पाना	पाइबा
	रच	ରଚିବା	रचना	रचिबा
	फिसल........	ଖସିଯିବା	फिसलना	खसिजिबा
	सूंघ	ସୁଂଘିବା	सूंघना	सुंघिबा
	चरा	ଚରାଇବା	चराना	चराइबा
	चर	ଚରିବା	चरना	चरना

(अ) काल विभाजन / କାଳ ବିଭାଜନ (Tenses)

किसी भाषा को सीखने के लिए या बात करने के लिए हमे दूसरे लोगों की बात जो बोल रहे है वह अच्छी तरह समझना चाहिए या सामनेवाले लोगों को हमे जो कहना है वह सही ढंग से समझाना चाहिए । इसके लिए हमें उस भाषा के व्याकरण की अच्छी जानकारी होना चाहिए । काल विभाजन (କାଳ ବିଭାଜନ) को हमे अच्छी तरह सीख लेना चाहिए जिससे हमें उस भाषा पर अच्छी पकड़ बन जायेगी ।

कार्य होने के बाद वह किस समय पर हुआ, या कार्य होने के समय वे किस समय में होने जा रहें हैं या कार्य हो जाने के समय में वह कब होगा इसकी जानकारी बताने को हम 'काल' (କାଳ ବା ସମୟ) कहते हैं । काल (କାଳ) का किसी भाषा में तीन तरह से विभाजन करते है । ओड़िआ में भी तीन काल हैं।

I	वर्त्तमान काल	ବର୍ତ୍ତମାନ କାଳ	(**Present Tense**)
II	अतीत काल	ଅତୀତ କାଳ	(**Past Tense**)
	(हिन्दी में अतीत काल को भूत काल कहते हैं।)		
III	भविष्यत काल	ଭବିଷ୍ୟତ କାଳ	(**Future Tense**)
	(हिन्दी में भविष्यत काल को भविष्य काल कहते हैं।)		

I. बर्त्तमान काल / ବର୍ତ୍ତମାନ କାଳ (Present Tense) :यह कार्य होने के समय के बारे में बताता है।

उदाहरण :

किसान बैलगाड़ी चलाता है।	पिताजी कपड़े सी रहे हैं।
କୃଷକଟି ବଳଦ ଗାଡି ଚଳାଉଛି।	ବାପା ଲୁଗା ସିଲାଇ କରୁଛନ୍ତି।
कृषकटि बलद गाड़ि चलाउछि।	बापा लुगा सिलाइ करुछन्ति।

यह वर्तमान काल के तिन भेद है । वे :

१. सामान्य वर्तमान काल (Simple Present Tense),

२. तत्कालिक वर्तमान काल (Present Continuous Tense),

३. संदिग्ध वर्तमान काल (Doubtful Present Tense)

अब हम इसे विस्तृत रूप में देखें।

(१) **सामान्य वर्तमान काल / ସାମାନ୍ୟ ବର୍ତ୍ତମାନ କାଳ / (Simple Present Tense) :**

यह साधारणतया आदत के बारे में बताता है । जैसे :

वह अंग्रेजी में बात करता है।	सीता कपड़े धोती है।
ସେ ଇଂରାଜୀରେ କଥା କୁହନ୍ତି।	ସୀତା ଲୁଗା ଧୁଏ।
से इंराजीरे कथा कुहन्ति।	सीता लुगा धुए।

सूरज पूरब में चमकता है। पक्षी उडते हैं।
ସୂର୍ଯ୍ୟ ପୂର୍ବ ଦିଗରେ ପ୍ରକାଶିତ ହୁଅନ୍ତି। ପକ୍ଷୀ ଉଡନ୍ତି।
सूर्ज्य पूर्ब दिगरे प्रकाशित हुअन्ति। पक्षी उड़न्ति।

(२) तत्कालिक वर्तमान काल / ତତ୍କାଳୀକ ବର୍ତ୍ତମାନ କାଳ (Present Continuous Tense):

यह उस क्षण में हो रहे काम के बारे में बताता है । जैसे :

घोडे दौड़ रहे हैं। वह आदमी किताब पढ़ रहा है।
ଘୋଡା ଦୌଡୁଛି। ସେ ଲୋକଟି ବହି ପଢୁଛନ୍ତି।
घोड़ा दौड़ुछि। वह लोकटि बहि पढ़ुछन्ति।

सूचना : हिन्दी में क्रिया के अन्त में रह, रहा, रही आदि शब्द के रूप आते है । इसी तरह ओड़िआ में **'उछि' (ଉଛି), 'उछन्ति '(ଉଛନ୍ତି)** क्रिया के साथ संयुक्त हो कर (जैसे : ଦୌଡ + ଉଛି = ଦୌଡୁଛି / ଦୌଡ + ଉଛନ୍ତି = ଦୌଡୁଛନ୍ତି) आता है।

'ଯୁଗ୍ମ କ୍ରିୟା'/ युग्म क्रिया (While)

किसी एक विषय के बारे में दूसरा लोगों को बोलने के समय एक संघटन कैसा हुआ, वह होते जब और एक संघटन कैसा हुआ वगैरह बोलते रहते है । वैसा संदर्भ में यह शब्द को प्रयोग करते है ।

उदाहरण : उसने जाते हुए मुझ से बात की। ସେ ଯାଉ ଯାଉ ମତେ କହିଲା
से जाउ जाउ मोते कहिला।

बच्चे ने रोते हुए खाना खाया। ପିଲାଟି କାନ୍ଦି କାନ୍ଦି ଖାଇଲା।
पिलाटि कांदि कांदि खाइला।

(३) संदिग्ध वर्तमान काल / ସନ୍ଦିଗ୍ଧ ବର୍ତ୍ତମାନ କାଳ (Doubtful Present Tense):

यह कार्य के संदेह स्थिति के बारे में बताती है ।

उदाहरण : मैं खाता हुंगा। ମୁଁ ଖାଉଥିବି।
मुँ खाउथिबि।

तुम पढ़ते होंगे।	ତୁମେ ପଢୁଥିବ।
	तुमे पढ़ुथिब।

सूचना : इस क्षेत्र में जैसे हिन्दी में क्रिया के अन्त में होंगा, होंगी, होंगे शब्द आते है , उसी तरह ओड़िआ में **'थिबि'** (ଥିବି), **'थिब'** (ଥିବ) प्रयोग होता है। ।

II . अतीत काल (भूत काल) / ଅତୀତ କାଳ (Past Tense) :

यह बीते समय के बारे में बताती है ।

उदाहरण :	मैने लिखा।	ମୁଁ ଲେଖିଲି।	मुँ लेखिलि।
	तुमने गाया।	ତୁମେ ଗାଇଲ।	तुमे गाइल।

इसमें छः भेद है । वे :

1 सामान्य भूत (अतीत) काल	ସମାନ୍ୟ ଅତୀତ	**(Simple Past Tense)**
2 आसन्न भूत (अतीत)	ଆସନ୍ନ ଅତୀତ	**(Present Perfect Tense)**
3 पूर्ण भूत (अतीत) काल	ପୂର୍ଣ୍ଣ ଅତୀତ	**(Past Perfect Tense)**
4 अपूर्ण भूत(अतीत) काल	ଅପୂର୍ଣ୍ଣ ଅତୀତ	**(Imperfect Past Tense)**
5 संदिग्ध भूत (अतीत)काल	ସଂଦିଗ୍ଧ ଅତୀତ	**(Doubtful Past Tense)**
6 हेतु हेतु भूत(सर्त्तात्मक अतीत) काल	ସର୍ତାତ୍ମକ ଅତୀତ	**(Conditional Past Tense)**

अब हम ईस छ: तरह भूत काल या जो ओड़िआ में अतीत काल बोलते हैं, इसके बारे में बिशेष चर्चा जारी रखेंगे।

1 सामान्य भूतकाल / ସମାନ୍ୟ ଅତୀତ **(Simple Past Tense)** : यह हो गया काम का सामान्य बोध करनेवाली क्रिया रूप है ।

उदाहरण :	माताजी आयी है।	वह गया।
	ମାଆ ଆସିଛନ୍ତି ।	ସେ ଗଲେ ।
	माआ आसिछन्ति।	से गले।

2 आसन्न भूत काल / ଆସନ୍ନ ଅତୀତ / आसन्न अतीत (**Present Perfect Tense**) : यह अभी समाप्त हुए काम का बोध करनेवाली क्रिया रूप है ।

उदाहरण : रामकृष्ण अभी आया है। ରାମକୃଷ୍ଣ ଏବେ ଆସିଲେ। रामकृष्ण एबे आसिले।

3 पूर्ण भूतकाल / ପୂର୍ଣ୍ଣ ଅତୀତ / पूर्ण अतीत (**Past Perfect Tense**): यह काम बहुत समय पहले पूरा हो गया है, इसके बारे में बताती है ।

उदाहरण : भगत सिंह ने देश के लिये प्राणार्पण किया। वह जब ही आया।
ଭଗତ ସିଂହ ଦେଶ ପାଇଁ ପ୍ରାଣାର୍ପଣ କଲେ। ସେ ଯେବେ ବି ଆସିଲେ।
भगत सिंह देश पाइँ प्राणार्पण कले। से जेबे बि आसिले।

4 अपूर्ण भूतकाल / ଅପୂର୍ଣ୍ଣ ଅତୀତ / अपूर्ण अतीत (**Imperfect Past Tense**) : यह भूतकाल मे होने वाले एक काम की अपूर्णता या होने विषय के बारे में बताती है ।

उदाहरण: गौरी रोटी खाती थी। श्याम आता था।
ଗୌରୀ ରୋଟୀ ଖାଉଥିଲା। ଶ୍ୟାମ ଆସୁଥିଲା।
गौरी रोटी खाउथिला। श्याम आसुथिला।

5 संदिग्ध भूतकाल / ସଂଦିଗ୍ଧ ଅତୀତ / संदिग्ध अतीत (**Doubtful Past Tense**) : यह बीते समय में हो गये काम के संदेहात्मक स्थिति के बारे में बताती है ।

उदाहरण: मणिभूषण राव आया होगा। शिवा पाठ पढ़ा होगा।
ମଣିଭୂଷଣ ରାଓ ଆସିଥିବେ। ଶିବା ପାଠ ପଢ଼ିଥିବେ।
मणिभूषण राओ आसिथिबे। शिबा पाठ पढ़िथिबे।

6 हेतु हेतु भूतकाल / ହେତୁ ହେତୁ ଅତୀତ / हेतु हेतु अतीत (**Conditional Past Tense**) :यह बीते समय में होने वाले एक काम किसी एक कारणवश पूरा नहीं हो गया उसके विषय में बताने वाली क्रिया रूप है ।

उदाहरण: सुरेश खूब पढ़ा होता तो जरुर पास हो गया होता।
ସୁରେଶ ଖୁବ ପଢ଼ିଥିଲେ ନିଶ୍ଚିତ ଭାବରେ ପାସ କରି ଯାଇଥାନ୍ତା।
सुरेश खुब पढ़िथिले निश्चित भावरे पास करि जाइथान्ता।

मणिकण्ठ ने दवा खाया होता तो स्वस्थ हो गया होता।
ମଣିକଣ୍ଠ ଯଦି ଔଷଧ ଖାଇଥାନ୍ତା ତାହାଲେ ତାହାର ସୁସ୍ଥ ହୋଇ ଯାଇଥାନ୍ତା।
मणिकण्ठ जदि औषध खाइथान्ता ताहाले ताहार सुस्थ होइ जाइथान्ता।

आपको उसी समय पुछना था।
ଆପଣଙ୍କୁ ସେହି ସମୟରେ ପଚାରିବାର ଥିଲା।
आपणंकु सेहि समयरे पुचारिबार थिला।

आपको तभी आना था।
ଆପଣଙ୍କୁ ସେତିକି ବେଳେ ଆସିବାର ଥିଲା।
आपणंकु सेतिकि बेले आसिबार थिला।

सूचना : यह सर्वसाधारण से हर एक व्यक्ति बात करने का तरीखा है । इसमें क्रिया की बाजू में था (ଥିଲା / थिला) आता है ।

'था' / 'ଥିଲା / ଥିଲି' / थिला / थिलि (Was)

हिन्दी में वर्तमान काल 'है' (ଅଛି), इसका भूतकाल क्रिया शब्द था, थे, थी (ଥିଲା / थिला)। ऐसा अंग्रेजी में ईज / **is** (ଅଛି) को भूतकाल क्रिया शब्द वाज / **was** (ଥିଲା / थिला). ईसी तरह ओड़िआ में वर्तमान काल के स्थान पर 'अछि' (ଅଛି) और अतीत काल के क्षेत्र में 'थिला' (ଥିଲା) ब्यबहृत होता है।

सूचना 1 : कर्ता के अनुसार क्रिया था / थि का व्यवहार 'ଥିଲି, ଥିଲା, ଥିଲୁ' (थिलि, थिला, थिलु) में बदल जाता है।

उदाहरण :

आप कहाँ थे ?
ଆପଣ କେଉଁଠି ଥିଲେ ?
आपण केउँथि थिले ?

लक्ष्मी कर रही थी।
ଲକ୍ଷ୍ମୀ କରୁଥିଲା।
लक्ष्मी करुथिला।

सूचना 2 : किसी वाक्य में भी क्रिया शब्द 'ता' (କରୁ / କରି , करु / करि ବା ଦେଖ୍ / ଦେଖୁ, देखि / देखु) तो वह - एक काम बीते समय में अक्सर या एक आदत का प्रयोग हो - जैसा अर्थ होता है ।

उदाहरण :	मैं वेसा करता था।	आप ऐसा देखते थे।
	ମୁଁ ଏପରି କରୁଥିଲି।	ଆପଣ ଏପରି ଦେଖୁଥିଲେ।
	मुँ एपरि करुथिलि।	आपण एपरि देखुथिले।

सूचना 3 : एक वाक्य के बारे में बताने के समय में, उसी समय में यह वैसा नहीं हुआ तो यह ऐसा नहीं होता था। - जैसा बोलने में यह उपयोग होता है ।

उदाहरण : अगर महात्मा गांधी जिन्दा रहते तो ऐसा नहीं होता था।

ଯଦି ମହାତ୍ମା ଗାନ୍ଧୀ ଜୀବୀତ ରହିଥାନ୍ତେ, ତେବେ ଏପରି ହେଉ ନଥାନ୍ତା।

जदि महात्मा गांधी जीबीत रहिथान्ते, तेबे एपरि हेउ नथान्ता।

सूचना 4 : बीते समय मे या इसके पहले करने वाले कुछ काम, किसी कारण से नहीं किया होगा । उस समय में इस शब्द से भाव प्रकट कर सकते है । उस समय क्रिया शब्द के अन्त में ना जोड़ना होता है । ओड़िआ में करिबार (କରିବାର), देखिबार (ଦେଖିବାର)जैसा शब्द का प्रयोग थिला (ଥିଲା) का पहले आता है।

उदाहरण :	तुझे वहाँ देखना था।	मुझे यह काम उसी समय करना था।
	ତତେ ସେଠାରେ ଦେଖିବାର ଥିଲା।	ମତେ ଏହି କାମକୁ ସେତିକି ବେଳେ କରିବାର ଥିଲା।
	तते सेठारे देखिबारे थिला।	मते एहि कामकु सेतिकि बेले करिबार थिला।

सूचना 5 : किसी वाक्य के अंत में 'ଥା,ଥି ବା ଥେ' (था, थि, थे) आये तो बिना द्विधा में वह भूतकाल का क्रिया है, वैसा मान लेना चाहिए।

III भविष्य काल / ଭବିଷ୍ୟତ କାଳ (Future Tense) : आनेवाले समय में होनेवाले काम के बारे में बताने वाली क्रिया का रूप ही भविष्यत काल है इसके दो भेद हैं ।

1. सामान्य भविष्य काल / ସାମାନ୍ୟ ଭବିଷ୍ୟତ କାଳ (**Simple Future Tense**)
2. संभाव्य भविष्य काल / ସମ୍ଭାବ୍ୟ ଭବିଷ୍ୟତ କାଳ (**Future Indefinite Tense**)

1. सामान्य भविष्य काल / ସାମାନ୍ୟ ଭବିଷ୍ୟତ କାଳ (**Simple Future Tense**) : यह आनेवाली समय में होनेवाले काम का सामान्य रूप बताता है ।

उदाहरण :	श्रीनु किताब लायेगा।	शरत कल हिन्दी सीखेगा।
	ଶ୍ରୀନୁ ବହି ଆଣିବ।	ଶରତ କାଲିଠୁ ହିନ୍ଦୀ ଶିଖିବ।
	श्रीनु बहि आणिब।	शरत कालिठु हिन्दी शिखिब।

2. संभाव्य भविष्य काल / ସମ୍ଭାବ୍ୟ ଭବିଷ୍ୟତ କାଳ (**Future Indefinite Tense**) : यह आने वाले समय में होने वाले काम की संभावना बताती है । जैसे - ऐसा करे तो - वैसा करे तो - वगैरा । ओड़िआ में जदि (ଯଦି) तेबे (ତେବେ) या जेतेबेले (ଯେତେବେଳେ), सेतेबेले (ସେତେବେଳେ) जैसा शब्द का प्रयोग होता है।

उदाहरण : अगर वह खुब पढ़ेगा तो पास होगा।
ଯଦି ସେ ଭଲ ପଢ଼ିବ ତେବେ ପାସ ହେବ।
जदि से भल पढ़िब तेबे पास हेब।

अगर कोटेश्वर राव पूजा करें तो अच्छा होगा।
ଯଦି କୋଟେଶ୍ୱର ରାଓ ପୂଜା କରିବେ ତେବେ ଭଲ ହେବ।
जदिं कोटेश्वर राव पूजा करिबे तेबे भल हेब।

सूचना 1 : हिन्दी में मैं कर्ता है जब क्रिया का रुप यहाँ नीचे दिये जैसे बदलते हैं, लेकिन ओड़िआ में कर्त्ता मैं है, तो लिंग परिवर्त्तन होने से भि क्रिया का कोइ परिवर्त्तन नंहि होता है।

कर	मैं करुँगा / करुँगी।	ମୁଁ କରିବି।	मुँ करिबि।
जा	मैं जाउँगा / जाउँगी।	ମୁଁ ଯିବି।	मुँ यिबि (उच्चारण: जिबि)।
ले	मैं लूँगा / लूँगी।	ମୁଁ ନେବି।	मुँ नेबि।
पी	मैं पाउँगा / पाउँगी।	ମୁଁ ପାଇବି।	मुँ पाइबि।
दे	मैं दूँगा / दूँगी।	ମୁଁ ଦେବି।	मुँ देबि।
हो	मैं हूँगा / हूँगी। (होऊँगा / होऊँगी)।	ମୁଁ ହେବି।	मुँ हेबि।

2:: हिन्दी में तुम कर्ता है जब क्रिया का रूप यहाँ नीचे दिये जैसे बदलते हैं, लेकिन ओड़िआ में कर्त्ता मैं है, तो लिंग परिवर्त्तन होने से भी क्रिया का कोइ परिवर्त्तन नही होता है।

पी	तुम पीओगे / पीओगी	ତୁମେ ପାଇବ।	तुमे पाइब।
पढ	तुम पढ़ोगे / पढ़ोगी	ତୁମେ ପଢିବ।	तुमे पढ़िब।
ले	तुम लोगे / लोगी	ତୁମେ ନେବ।	तुमे नेब।

3: अकारांत और आकारांत धातू के अंत में एगा जमा हुए तो भविष्यत काल क्रिया बनती है। लेकिन ओड़िआ में कर्त्ता मैं है, तो लिंग परिवर्त्तन होने से भी क्रिया का कोइ परिवर्त्तन नही होता है।

गा	राजा गाएगा /रानी गाएगी	ରାଜା / ରାଣୀ ଗାଇବେ।	राजा / राणी गाइबे।
ला	वह लाएगा / वह लाएगी	ସେ (ପୁରୁଷ / ସ୍ତ୍ରୀ) ଆଣିବ।	से आणिब।
चल	यह चलेगा / वह चलेगी	ଏହା ଚଳିବ।	एहा चलिब।

4: हिन्दी में नै / नहीं वगैरा भाव प्रकट को क्रिया के पहले नहीं / नै / न जमा हो जायेगी। लेकिन ओड़िआ में क्रिया का बाद नांहि (ନାହିଁ) आता है। इसमें लिंग परिवर्त्तन में कोइ फर्क नंहि पड़ता।

मैं नहीं लिखूँगा / लिखूँगी।	ମୁଁ ଲେଖିବି ନାହିଁ।	मुँ लेखिबि नांहि।
तुम न करें।	ତୁମେ କର ନାହିଁ।	तुमे कर नांहि।

गा / 'ବି, ବୁ, ବା' (will)

अंग्रेजी में सहायक क्रिया विल (**will**) भविष्यत सूचना करती है। यह हम सबको मालूम है। हिन्दी में कर्ता के आधार पर गा , गी , गे आते हैं। वैसा ओड़िआ में भी है। उसमें बि, बा, बु (जिबि-ଯିବି/ जिब/ ଯିବ, जिबा-ଯିବା या खाइबा-ଖାଇବା/ खाइबि-ଖାଇବି/खाइबु-ଖାଇବୁ या लेखिबा-ଲେଖିବା / लेखिबु -ଲେଖିବୁ / लेखिबि-ଲେଖିବି) - जैसे शब्द भविष्यत काल बताते है।

उदाहरण : मैं कल आउँगा। ମୁଁ କାଲି ଆସିବି।
मुँ कालि आसिबि।

सूचना 1 : आने वाले समय के सूचना वाले वाक्य में गा आये तो ओड़िआ में बि (ବି) और जब क्रिया शब्द ऊ रहता है तो ओड़िआ में यह बु (ବୁ)होता है।

उदाहरण :: मैं करुँगा। ମୁଁ କରିବି।

मुँ करिबि।

हम करेंगे। ଆମ୍ଭେ ଦେବୁ।

आम्भे देबु।

सूचना 2 : हिन्दी में वाक्य में क्रिया शब्द के बाद में गा आये तो उसे जैसा भविष्यत काल समझ लेना चाहिए, ईसि तरह ओड़िआ में वाक्य के अंत में अगर ब, बु, बा, बि जैसा अक्षर संयोजित हो कर शब्द आता है तो उसे भविष्य काल समझ लेना चाहिए।

उदाहरण : से जिब (ସେ ଯିବ), मुँ जिबि (ମୁଁ ଯିବି), आमे जिबा (ଆମେ ଯିବୁ /ଆମେ ଯିବା)।

सूचना 3 : वाक्य में कर्ता स्त्रीलिंग है तो क्रिया शब्द के अन्त में गी (झ) आती है ।

उदाहरण : लता करेगी। ଲତା କରିବ।

लता करिब।

(आ) कृदन्त / କୃଦନ୍ତ (Participles)

कृदतं को तीन भेद है वे : **1**. वर्तमान कालिक कृदंत, **2**. भूतकालिक कृदंत, **3**. पूर्व कालिक कृदंत.

क्रिया कौन सा काल है जानकारी बताने के लिए क्रिया शब्द की अंत में आनेवाली शब्द को कृदतं कहते है । जैसा अंग्रेजी में इंग (**ing**) एन (**en**), एड (**ed**) है । वैसा हिन्दी और ओड़िआ में भी है ।

वर्त्तमान ईस बारे में हम विस्तृत जानकारी हासल करेंगे।

1. वर्तमान कालिक कृदन्त / ବର୍ତମାନ କାଳିକ କୃଦନ୍ତ (**Present Participle**) :

एक काम करते हुए साथ में दूसरा काम करे तो, पहले वाली क्रिया को, वर्तमान कालिक कृदंत कहते है । क्रिया शब्द 'ता' अथवा ता हुआ जोड़ता है । लेकिन यह कर्ता के लिंग (**Gender**) और वचन (**Numbers**) के अनुसार बदलते हैं ।

उदाहरण :	हँसते लड़के	ହସିବା ପୁଅ	हसिबा पुअ
	दौड़ते घोड़े	ଦୌଡିବା ଘୋଡ଼ା	दौड़िबा घोड़ा

कभी - कभी इसका विशेषण (**Adjective**) की तरह उपयोग होता है । जैसे:

उड़ती हुयी चिड़िया	ଉଡୁଥିବା ପକ୍ଷୀ।	उडुथिबा पक्षी
हँसते (हुए) लड़के	ହସୁଥିବା ପୁଅ।	हसुथिबा पुअ

सूचना : वर्तमान कालिक कृदतं के बाद समय आये तो संदर्भानुसार कृदंत की अंत में ता, ती , ते आते हैं । लेकिन ओड़िआ में थिबा (ଥିବା) जैसा शब्द आता है। जैसे : याउथिबा (ଯାଉଥିବା), करुथिबा (କରୁଥିବା), फेरुथिबा (ଫେରୁଥିବା) शब्द।

उदाहरण : स्कुल जाते (हुए) समय — ସ୍କୁଲ ଯାଉଥିବା ସମୟ
स्कुल याउ(जाउ)थिबा समय

शहर से लौटते (हुये) समय — ସହରରୁ ଫେରୁଥିବା ସମୟ
सहररु फेरुथिबा समय।

पढ़ते (हुये) समय नहीं बोलना चाहिए। — ପଢ଼ା ସମୟରେ କଥାବାର୍ତା କରିବା ଅନୁଚିତ।
पढ़ा समयरे कथाबार्त्ता करिबा अनुचित।

2. भूतकालिक कृदन्त / ଭୂତ କାଳିକ କୃଦନ୍ତ (**Past Participle**) :

सामान्य भूतकालिक क्रिया को हुआ, हुए , हुई जोडने से भूतकालिक कृदतं बनता है ।

उदाहरण :	मरा मोर	ମୃତ ମୟୂର	मृत मयूर
	सोयी गाय	ଶୋଇଥିବା ଗାଈ	शोइथिबा गाई

कभी - कभी इसका विशेषण (**Adjective**) की तरह उपयोग होता है । जैसे:

पढी लिखी हुई औरत — ପଢ଼ାଲେଖା କରିଥିବା ନାରୀ
पढ़ालेखा करिथिबा नारी

लेटा हुआ शेर — ପଡିରହିଥିବା ସିଂହ
पड़िरहिथिबा सिंह

3. पूर्वकालिक कृदन्त / ପୂର୍ବକାଳିକ କୃଦନ୍ତ (**Perfect Participle**):

क्रिया शब्द कर जोडने से पूर्वकालिक कृदतं बनती है । एक ही कर्ता की दो क्रियायें होने पर उनमें पहली क्रिया पूर्वकालिक कृदंत बनती है ।

उदाहरण : सोमनाथ रोटी खा कर स्कुल गया। ସୋମନାଥ ରୋଟି ଖାଇ ସ୍କୁଲ ଗଲା ।
सोमनाथ रोटि खाइ स्कुल गला।

वीरेन्द्रनाथ दुध पी कर ऑफिस गया। ବୀରେନ୍ଦ୍ରନାଥ ଦୁଧ ପିଇ ଅଫିସକୁ ଗଲେ ।
बीरेन्द्रनाथ दुध पिइ अफिसकु गले।

के, कर / ଇ (ଯାଇ / ଖାଇ / କରି)

हिन्दी भाषा में अक्सर आने वाली बहुत छोटे शब्द के , कर । यह देखने में बहुत छोटा है । लेकिन यह पंखी छोटा है । इसे अच्छी तरह समझ लें ।

1. इसे प्रधान क्रिया के साथ जोड़ दें तो यह काम के हो जाने की सूचना देती है । उसको व्याकरण परिभाषा में पुर्वकालिक कृदंत (**Perfect Participle**) कहते है ।

उदाहरण : हम खा कर सिनेमा गये। ଆମେ ଖାଇ ସିନେମା ଗଲୁ ।
आमे खाइ सिनेमा गलु।

मैं टी.वी. देखकर सो गया। ମୁଁ ଟିଭି ଦେଖିକି ଶୋଇ ପଡିଲି ।
मुँ टि.बि. देखिकि शोइ पड़िलि।

कर - करना क्रिया शब्द के बाद कर आये तो वह के मे रुपान्तरित होता है ।

उदाहरण : मेरे पिताजी स्नान करके पूजा करते हैं। ମୋ ବାପା ସ୍ନାନ କରି ପୂଜା କରନ୍ତି ।
मो बापा स्नान करि पूजा करन्ति।

सूचना 1 : कर धातु के बाद फिर कर आये तो दूसरा कर के जैसा बदलता है ।

उदाहरण : लक्ष्मी पाठ पढ़कर सो गयी। ଲକ୍ଷ୍ମୀ ପାଠ ପଢ଼ି ଶୋଇ ପଡିଛି ।
लक्ष्मी पाठ पढ़ि शोइ पड़िछि।

सुब्रमण्यम जी काम कर के चले गये। ସୁବ୍ରମଣ୍ୟମ ମହାଶୟ କାମ କରି ଚାଲି ଗଲେ ।
सुब्रमण्यम महाशय काम करि चालि गले।

सूचना 2 : सकर्मक क्रियाओं के पूर्वकालिक कृदंत के बाद आना, जाना जैसी क्रियायें आये तो अक्सर कर लोप होता है ।

उदाहरण ::	देखा जाता है।	ଦେଖା ଯାଏ ।
		देखा या(जा)ए।
	ले जाओ।	ନେଇ ଯାଅ।
		नेइ याअ। (जाअ)
	पी जाओ।	ପିଇ ଯାଅ।
		पिइ याअ (जाअ)

सूचना 3 : एक काम क्रम से या एक अभ्यास जैसा करने के संदर्भ में भी कर उपयोग किया जाता है । इसको नित्यत्व बोधक क्रिया (**Indefinite Present Tense**) कहते है । इस वाक्य में क्रिया भूतकाल में रहती है ।

उदाहरण :	रात दस बजे तक पढा कर	ରାତି ଦଶଟା ପର୍ଯ୍ୟନ୍ତ ପଢ଼େ
		राति दशटा पर्यन्त पढ़े
	माता और पिता पर प्रेम दिखाया कर	ମାଁ ଓ ବାପାଙ୍କୁ ସମ୍ମାନ ଦିଅ
		माँ ओ बापांकु सम्मान दिअ
	रोज सवेरे योगा किया कर	ପ୍ରତିଦିନ ସକାଳେ ଯୋଗ କର
		प्रतिदिन सकाले योग कर

(इ) सहायक क्रियायें / ସହାୟକ କ୍ରିୟା (Auxiliary Verb)

किसी भाषा में भी सहायक क्रियाओं के उपयोग बहुत ज्यादा रहता है । ये प्रधान क्रिया का रीति और विशेषता प्रकट करते है । इनके कारण से वाक्य में है सो लिंग, वचन, काल में बदले आते है । लेकिन प्रधान क्रिया मूल धातु स्थिर रहता है । इसलिए उसमें बदलाव नहीं होता है । इनके बारे में नीचे / आगे प्रस्तुत उदाहरण के माध्यम से और जानकारी कर लेंगे ।

होना / ଦରକାର / दरकार (आवश्यकता बोधक) (want)

यह सहायक क्रिया है । व्यक्ति कुछ चाहने के संदर्भ में होना शब्द का प्रयोग होता करता है ।

उदाहरण : मुझे चाय चाहिए। ମୋର ଚାହା ଦରକାର।
मोर चाहा दरकार।

लगा / 'ଲାଗିବା / ଲାଗିଲେ' (आरंभ बोधक)(to start)

यह एक काम आरंभ हुआ विषय की जानकारी बताता है । कभी-कभी जारी रहे काम के बारे में भी बताता है ।

उदाहरण : भास्कर जी दो बजे से पढ़ने लगे। ଭାସ୍କର ବାବୁ ଦୁଇଟା ବେଳୁ ପଢ଼ିବାକୁ ଲାଗିଲେ।
भास्कर बाबु दुइटा बेलु पढ़िबाकु लागिले।

कर्ता का लिंग और वचन के अनुसार हिन्दी में सिर्फ लगा का रूप बदल जाता है । क्रिया शब्द के अंत में है तो ना, ने जैसा बदलता है । लेकिन ओड़िआ में बाकु (ବାକୁ)शब्द क्रिया के साथ संयोजित होता है।

उदाहरण : सोमेश्वरी पढने लगी । ସୋମେଶ୍ୱରୀ ପଢ଼ିବାକୁ ଲାଗିଲା।
सोमेश्वरी पढ़िबाकु लागिला।

चुक / 'ସାରି' सारि (समाप्ति बोधक) / (to end)

यह सहायक क्रिया काम की समाप्ति बताती है । वाक्य में चुक आये जब क्रिया शब्द का सिर्फ धातु रूप (**Base Form**) ही उपयोग किया जाता है । कर्ता का लिंग, वचन, विभक्ति के अनुसार चुक (ସାରି) का रूप बदलता रहता है ।

उदाहरण : तुम खा चुके हो। ତୁମେ ଖାଇ ସାରିଛ।
तुमे खाइ सारिछ।

मैं आ चुका हूँ। ମୁଁ ଆସି ସାରିଛି।
मुँ आसि सारिछि।

सक /'ପାରିବ' पारिब (शक्ति बोधक) (Can)

यह एक काम करने की शक्ति प्रकट करने के लिए प्रयोग होता है। अनुमति माँगते समय, देने के समय और आसक्ति प्रकट करने के लिए भी यह आता है।

उदाहरण : तुम यह काम कर सकते हो। ତୁମେ ଏହି କାମ କରି ପାରିବ।
तुमे एहि काम करि पारिब।

सक शब्द आये जब सिर्फ क्रिया का धातु रूप (**Base Form**) ही आता है।

उदाहरण : पढ़ सकता हुँ। ପଢ଼ି ପାରିବି
पढ़ि पारिबि।

लिख सकता हुँ। ଲେଖି ପାରିବି
लेखि पारिबि।

हिन्दी में कर्ता का लिंग वचन के अनुसार सक का रूप बदलता रहता है। लेकिन ओड़िआ में यह नंहि होता। कर्त्ता जो लिंग का हो, क्रिया क्षेत्र में उसका प्रभाब स्थिर रहता है।

उदाहरण :: औरतें जा सकती हैं। ସ୍ତ୍ରୀଲୋକମାନେ ଯାଇ ପାରିବେ।
स्त्री लोकमाने याइ (जाइ) पारिबे

लड़के खेल सकते है। ପିଲାମାନେ ଖେଳି ପାରିବେ।
पिलामाने खेलि पारिबे।

पा / पाना /'ପାରିଲି / ପାରିଲା' पारिला , पारिलि (अबकाश बोधक) /(Can)

यह सहायक क्रिया स्वतंत्र रूप में या क्रियार्थक संज्ञा के साथ आता है। यह भी थोड़ा - बहुत 'सक' जैसा ही उपयोग मे आता है। लेकिन 'सक' खुद की समर्थता सूचित करता है। 'पाना' दूसरों की अनुमति नहीं मिलने के कारण विवशता प्रकट करता है। कर्ता का लिंग, वचन, काल, पुरुष के अनुसार होनेवाले बदल सिर्फ इसको ही होते है। लेकिन ओड़िआ में यह नंहि होता। कर्त्ता जो लिंग का हो, क्रिया क्षेत्र में उसका प्रभाब स्थिर रहता है।

उदाहरण : कर्फ्यू की वजह से आ नहीं पाए। କର୍ଫ୍ୟୁ ହେତୁରୁ ଆସି ପାରିଲି ନାହିଁ।
कर्फ्यु हेतुरु आसि पारिलि नांहि।

चाह / 'ଚାହିବା / चाहिबा' (इच्छा बोधक)(want to)

यह सहायक क्रिया किसी वस्तु को या काम को पाने की या करने की इच्छा प्रकट करते समय प्रयोग होता है। यह होना अर्थ में उपयोग होता है। लिंग, वचन, काल से होने वाले बदले सिर्फ इसको ही होते है। क्रिया का धातु रूप (**Base Form**) नहीं बदलता है।

उदाहरण :	वह किताब चाहता है।	ସେ ବହି ଦରକାର କରୁଛି।
		से बहि दरकार करुछि।
	तुम क्या पढ़ना चाहते हो?	ତୁମେ କଣ ପଢ଼ିବାକୁ ଚାହୁଛ ?
		तुमे कण पढ़िबाकु चाहुछ?

(ई) संयुक्त क्रियाएँ / ସଂଯୁକ୍ତ କ୍ରିୟା / संयुक्त क्रिया (Compound Verbs)

अब हम ओड़िआ भाषा को और अच्छी तरह समझ लेने के लिए उस भाषा में संयुक्त क्रियायें और उनके प्रयोग के तरीके जानकारी कर लेंगे। हिन्दी भाषा की तरह यह संयुक्त क्रियाओं से क्रिया की विशेषता और तीव्रता प्रकट करता है। एक संदर्भ में सहायक क्रियायें (**Auxiliary Verbs**) अपना मूल अर्थ खो जाता है। और प्रधान मूल क्रिया में विलीन हो जाता है।

जैसे : पड़ना (ପଡ଼ିବା), डालना (ଢ଼ାଳିବା),जाना (ଯିବା) , देना (ଦେବା), बैठना (ବସିବା),उठना (ଉଠିବା), रखना (ରଖିବା), छोड़ना (ଛାଡ଼ିବା) आदि शब्दों।

पड़ना (ପଡ଼ିବା /पड़िबा) : यह सहायक क्रिया शरीर के (अंग के) कार्य सूचित करती है। सुनना, देखना वगैरह क्रियायें जैसे इन्द्रिय विषय सूचित करती है।

उदाहरण :	जाना पड़ता	ଯିବାକୁ ପଡ଼େ
		यिबाकु (जिबाकु) पड़े।
	देखना पड़ता	ଦେଖିବାକୁ ପଡ଼େ
		देखिबाकु पड़े।

लेना (ନେବା /नेबा): यह सहायक क्रिया अत्मार्थ में प्रयोग किया जाता है। यह ओड़िआ में लेना (ନେବା /नेबा) अर्थ में आती है। ये सब सहायक क्रियायें प्रधान क्रियाओं के बाद आती है दो क्रियायें मिल कर के एक संयुक्त क्रिया बनती है। एक प्रधान क्रिया और सहायक क्रिया मिल कर क्रियायें यह संमझ लेना है।

उदाहरण :	देख लेना	ଦେଖିନେବ	देखि नेब।
	तुम यह देख लेना	ତୁମେ ଏହାକୁ ଦେଖିନେବ	तुमे एहाकु देखिनेब।

बैठना (ବସିବା / बसिबा) : यह सहायक क्रिया आकस्मिक हुआ या होनेवाली इसके बारे में बताती है ।

उदाहरण :	बोल बैठना	କହି ବସିବା
		कहि बसिबा
	तुम उस समय बोल बैठना	ତୁମେ ସେତିକିବେଳେ କହିବାକୁ ବସିବ
		तुमे सेतिकिबेले कहिबाकु बसिब।

उठना (ଉଠିବା / उठिबा) : यह सहायक क्रिया आकस्मिक हुआ या होनेवाली इसके बारे में बताती है ।

उदाहरण :	देख उठना	ଦେଖିକି ଉଠିବା
		देखिकि उठिबा
	आप उस समय देख उठना।	ଆପଣ ସେତିକିବେଳେ ଦେଖିକି ଉଠିବେ।
		आपण सेतिकिबेले देखिकि उठिबे।

देना (ଦେବା / देबा) : यह सहायक क्रिया कुछ प्रदान करने का अर्थ को ब्यक्त करता है।

उदाहरण :	जाने देना	ଯିବାକୁ ଦେବା
		यिबाकु (जिबाकु) देबा।
	आप उनको जाने देना।	ଆପଣ ତାଙ୍କୁ ଯିବାକୁ ଦେବେ
		आपण तांकु जिबाकु देबे।

'लेना'/ ନେବା नेबा (आत्मार्थ क्रिया) (Self)

यह सहायक क्रिया आत्मार्थ में प्रयोग किया जाता है । ओड़िआ में बोले तो 'नेबा' शब्द आती है । हिन्दी में लेना या ओड़िआ में नेबा जैसा शब्द प्रयोग किया जाता है ।

उदाहरण :	मैं यह काम कर लेता हुँ।	ମୁଁ ଏହି କାମଟିକୁ କରି ନେଉଛି।
		मुँ एहि कामटिकु करि नेउछि।
	तुम वह काम कर लो।	ତୁମେ ସେହି କାମଟିକୁ କରିନିଅ।
		तुमे सेहि कामटिकु करिनिअ।

दे / 'ଦେବା' (ଅନୁମତି ବୋଧକ) /('देबा 'अनुमति बोधक) (Let)

यह सहायक क्रिया अनुमति चाहना और अनुमति देना । संदर्भ में क्रियार्थक संज्ञा के बाद आती है ।

उदाहरण :	मुझे अनुमति दे।	ମତେ ଅନୁମତି ଦିଅନ୍ତୁ
		मते अनुमति दिअन्तु।
	मुझे जाने दो।	ମତେ ଯିବାକୁ ଦିଅ।
		मते जिबाकु दिअ।

सूचना : वाक्य में लिंग, वचन, पुरुष, काल कारण से आनेवाले बदले सब 'दे'/ 'ଦେବା'(देना) सहायक क्रिया से होते है। क्रियार्थक संज्ञा की अंत में है सो ना, ने जैसा बदलती है।

उदाहरण : उनको सीखने दो। ତାଙ୍କୁ ଶିଖିବାକୁ ଦିଅ।
तांकु शिखिबाकु दिअ।

जाना / 'ଯିବ' / यिब (जिब)/(बिधि बोधक) (Ought to)

यह सहायक क्रिया विधि बोधक है। यह समाप्त हो गया काम के बारे में, हो रहे काम अथवा करना पड़ेगा काम के बारे में जानकारी देता है।

उदाहरण : तुम यहाँ आ जाना। ତୁମେ ଏହିଠିକି ଆସି ଯିବ
तुमे एइठिकि आसि जिब।

मुझे वह लेके जाना है। ମୋତେ ସିଏ ନେଇକି ଯିବ
मोते सिए नेइकि जिब।

सूचना : यह सहायक क्रिया भूतकाल में कर्त्ता का लिंग, वचन के अनुसार गया, गयी, गये, जैसे बदल जाती है। जैसे :

उदाहरण : मैं लेके गया। ମୁଁ ନେଇକି ଗଲି।
मुँ नेइकि गलि।

सीता लेके गयी / राम लेके गये ସୀତା / ରାମ ନେଇକି ଗଲେ।
सीता / राम नेइकि गले।

पड़ना / 'ପଡିଲା' पड़िला (Have to)

यह सहायक क्रिया शरीर के अंग के (अंग के संपर्कित) कार्य सूचित करती है। एक काम किया में या करना में आवश्यकता प्रकट करती है।

उदाहरण : मुझे वह काम करना पड़ा। ମତେ ସେହି କାମ କରିବାକୁ ପଡ଼ିଲା।
मते सेहि काम करिबाकु पड़िला।.

यह मानना पड़ेगा। ଏହା ମାନିବାକୁ ପଡିଲା।
एहा मानिबाकु पड़िला।

डालना / 'କରିଦେବା' (निश्चय बोधक) (Away)

यह सहायक क्रिया निश्चय बोधक है। इससे किसी कार्य का निश्चय प्रकट होता है। यह क्रिया के बाद अर्थ में आती हैं।

उदाहरण : तोड़ देना. ଭାଂଗି ଦେବ।
भांगि देब।

काट डालना — କାଟି ଦେବ।
काटि देब।

मैं उसको काट डालता हुँ। — ମୁଁ ତାକୁ କାଟି ଦେଉଛି।
मुँ ताकु काटि देउछि।

उठना / 'ଉଠିବା' उठिबा (आकस्मिकता बोधक)

यह सहायक क्रिया एक काम की आकस्मिकता प्रकट करती है ।

उदाहरण : बोल उठना — କହି ଉଠିବା
कहि उठिबा

जाग उठना — ଜାଗି ଉଠିବା
जागि उठिबा

मैं जाग (उठा) गया। — ମୁଁ ଜାଗି ଉଠିଲି।
मुँ जागि उठिलि।

रखना / 'ରକ୍ଷିବା' रखिबा (Keep)

यह सहायक क्रिया छिपाने या संरक्षण करने के अर्थ में प्रयोग होता है ।

उदाहरण : व्यापारी ने करोड रुपये कमा लिया।
ବେପାରୀଟି କୋଟି କୋଟି ଟଙ୍କା କମେଇ ନେଲେ।
बेपारीटि कोटि कोटि टंका कमेइ नेले।

(उ) प्रेरणार्थक क्रिया / ପ୍ରେରଣାର୍ଥକ କ୍ରିୟା (Casual Verb)

कर्ता कार्य को खुद न करके किसी दूसरे को करने की प्रेरणा देता है । इसको ओड़िआ में 'प्रेरणार्थक क्रिया' (**Arrangement**) कहलाता है । उस क्रियाओं को प्रेरणार्थक क्रियायें (**Causal Verbs**) कहते हैं ।

नियम 1: एक काम हम सीधा कर रहे हो तब क्रिया का मूल शब्द नहीं बदलता है ।

उदाहरण : करना — କରିବାକୁ
करिबाकु

मुझे आज यह काम करना है। — ମତେ ଆଜି ଏହି କାମ କରିବାକୁ ଅଛି।
मते आजि एहि काम करिबाकु अछि।

नियम 2: एक काम हम खुद न करके दूसरे से उसको करने की प्रेरणा करे जब क्रिया का मूल शब्द (Baseform) में दूसरा अक्षर दीर्घ होता है । ओड़िआ में कार्य को कराइ नेबार अछि (କରାଇନେବାର ଅଛ) जैसे बोला जाता है।

उदा : करना शब्द में दूसरा अक्षर रा दीर्घ होता है । मतलब करना - कराना हो जायेगा ।

उदाहरण : मुझे आज यह काम इससे कराना है।
ମୋତେ ଆଜି ଏହି କାମଟିକୁ ତାହା ଦ୍ୱାରା କରାଇନେବାର ଅଛି।
मोते आजि एहि कामटिकु ताहा द्वारा कराइ नेबार अछि।

नियम 3: एक काम हम सीधा खुद न करके दूसरों से करवाते है तब क्रिया का मूल शब्द (Baseform) 'ना' के पहले और दूसरे अक्षर के बाद 'वा' अक्षर आता है । ओड़िआ में कराइबि या कराइनेबि (କରାଇବି ବା କରାଇ ନେବି) होता है ।

उदा : करना शब्द में कर के बाद 'वा' आता है । मतलब करना करवाना हो जायेगा ।

उदाहरण : मैं आज यह काम उसको बोल के इससे करवाना है।
ମୁଁ ଆଜି ଏହି କାମ ତାଙ୍କୁ କହି ଏହାଙ୍କ ଦ୍ୱାରା କରାଇବି।
मुँ आजि एहि काम तांकु कहि एहांक द्वारा कराइबि।

व्याकरण भाषा में है तो इसको, **नियम 1 में, कर्ता (subject)** सीधा करना कहते है । **नियम 2 में कर्म (object)** करना कहते है । **नियम 3 में उपकर्ता (somebody else)** करना कहते है ।

सूचना : एक वाक्य में, कर्त्ता, कर्म, क्रिया रहते हैं । यह आप इसके पहले ही जान गये हैं ।

कर्ता (Subject) : मतलब काम करनेवाला है ।
कर्म (Object) : मतलब काम का फल पानेवाला है ।
क्रिया (Verb) : मतलब काम ।

लेकिन यह प्रेरणार्थक क्रिया में कर्ता, उपकर्ता, कर्म और क्रिया रहते है । अत: सिलाइ करना का क्षेत्र में 'सीया (ସିଲାଇ କଲି), सिलाया (ସିଲାଇ କରାଇଲି) और सिलवाया (ସିଲାଇ କରାଇ ନେଲି)' जैसा शब्द का रूप बाक्य में शोभा पाता है।

V. କ୍ରିୟା ବିଶେଷଣ / क्रिया विशेषण (Adverb)

क्रिया विशेषण / କ୍ରିୟା ବିଶେଷଣ (Adverb) : काम की विशेषता जानकारी बताती है । जैसे : जोर, धीरे, जोष, कब, क्यों, कहाँ शब्दों क्रिया बिशेषण का उदाहरण हैं।

उदाहरण :	मैं कभी कभी चावल खाता हुं।	ମୁଁ କେବେ କେବେ ଭାତ ଖାଏ। मुँ केबे केबे भात खाए।
	तुम जल्दी लिखते हो।	ତୁମେ ଶିଘ୍ର ଲେଖୁଛ। तुमे शिघ्र लेखुछ।

कुछ क्रिया विशेषणों का नमुना / କେତେକ କ୍ରିୟା ବିଶେଷଣର ନମୁନା (Some Adverbs)

ओड़िआ शब्द	हिन्दी शब्द	ओड़िआ उच्चारण	ओड़िआ शब्द	हिन्दी शब्द	ओड़िआ उच्चारण
ରୋଜ	रोज	रोज	କାଲି	कल	कालि
ଦିନ	दिन	दिन	କେବେ	कब	केबे
ସବୁବେଳେ	हमेशा	सबुबेले	ଏବେ	अब	एबे
ଧୀରେ ଧୀରେ	धीरे धीरे	धीरे-धीरे	ସଅଳ	जल्दी	सअल
ବେଳେବେଳେ	अक्सर	बेले बेले	କ୍ଷୀପ୍ର	तेज	क्षीप्र
କେବେ କେବେ	कभी कभी	केबे केबे	ପରଦିନ	परसों	परदिन
ଜୋରରେ	जोर से	जोररे	ଅବିକଳ	बिलकुल	अबिकल
ସାଂଗେ ସାଂଗେ	तुरंत	सांगेसांगे	ଅଧିକ	ज्यादा	अधिक
ଆଜିକାଲି	आजकल	आजिकालि	ଅଳ୍ପ	कम	अल्प
ଟିକିଏ	जरा	टिकिए	ଭିତର	अंदर	भितर
ଖୁବ	खुब	खुब	ବାହାର	बाहर	बाहार
ଡେରି	देर	डेरी	ଉପର	उपर	उपर

अब हिन्दी और ओड़िआ भाषा में अति मुख्य और अक्सर आने वाले शब्द सीख लेंगे । जैसे :

जब	ଯେତେବେଳେ	जेतेबेले	जहाँ	ଯେଉଁଠି	जेउँठि
जैसा	ଯେପରି	जेपरि	जितना	ଯେତେ	जेते

इन चार शब्दों को क्रिया विशेषण (Adverbs) कहते है । जब 'ଯେତେବେଳେ' समय को, जहाँ 'ଯେଉଁଠି' स्थान को, जैसा 'ଯେପରି' भाव को, जितना 'ଯେତେ' परिमाण को जानकारी बताते हैं ।

जब - तब (ଯେତେବେଳେ - ସେତେବେଳେ), जहाँ - वहाँ (ଯେଉଁଠି - ସେଇଠି), जैसा-वैसा (ଯେପରି-ସେପରି), जितना - उतना (ଯେତେ-ସେତେ) इस चार शब्दों को कैसे बाक्य में प्रयोग किया जाता है वह अब देखें।

सूचना : ऊपर लिखे इन चार क्रिया विशेषणों का अकेले उपयोग नहीं होता है । इनको उपयोग करते जब यहाँ नीचे के शब्द जैसे एक से एक, साथ साथ जरूर आते है ।

उदाहरण : **जब** मैं कोलकता गया तब वहाँ एक सिनेमा शुटिंग चल रही थी।
ଯେତେବେଳେ ମୁଁ କଲିକତା ଗଲି ସେତେବେଳ ସେଠାରେ ଗୋଟିଏ ସିନେମା ସୁଟିଙ୍ଗ୍ ଚାଲିଥିଲା।
जेतेबेले मुं कलिकता गलि सेतेबेले सेठारे गोटिए सिनेमा सुटिंग चालिथिला।

जहाँ सूरज रहता वहाँ अंधेरा नहीं रहता है।
ଯେଉଁଠି ସୂର୍ଯ୍ୟ ରହିଥାନ୍ତି ସେଠାରେ ଅନ୍ଧକାର ନଥାଏ।
जेउँठि सूर्ज्य रहिथान्ति सेठारे अंधकार नथाए।

जितना रुपयों में वह मेज मिली उतनी रुपयों में कुरसी नहीं मिलती।
ଯେତିକି ଟଙ୍କାରେ ସେହି ମେଜଟି ମିଳିଲା ସେତିକି ଟଙ୍କାରେ ଚୌକି ମିଳିବ ନାହିଁ।
जेतिकि टंकारे सेहि मेजटि मिलिला सेतिकि टंकारे चौकि मिलिब नांहि।

जैसा राधा गाती है वैसे रोजा भी गाती है।
ଯେପରି ରାଧା ଗାଉଛି ସେପରି ରୋଜା ମଧ୍ୟ ଗାଉଛି।
जेपरि रधा गाउछि सेपरि रोजा मध्य गाउछि।

सिर्फ ये ही नहीं बल्कि और कुछ मुख्य शब्द के बारे में और उनके उपयोग करने के विधान के बारे में भी जानकारी कर लेंगे ।

इतना - कि / ଏତେ - ଯେ , एते - जे (so that)

एक विषय की विशेषता को बताने के लिए इस क्रिया विशेषण प्रयोग करते हैं ।

उदाहरण : मैं इतना कमजोर था कि कुरसी से भी नहीं उठ सका।

ମୁଁ ଏତେ ଦୁର୍ବଳ ଥିଲି ଯେ ଚୌକିରୁ ମଧ୍ୟ ଉଠି ପାରିଲି ନାହିଁ।

मुँ एते दुर्बल थिलि जे चौकिरु मध्य उठि पारिलि नांहि।

यदि - तो / ଯଦି - ତାହେଲେ, यदि - ताहेले (if - were)

उदाहरण : यदि पिताजी के पास धन होता तो वे मोटर साइकिल खरीदते।

ଯଦି ବାବାଙ୍କ ପାଖରେ ଧନ ଥାଆନ୍ତା ତାହାଲେ ସେ ମୋଟର ସାଇକେଲ କିଣିଥାନ୍ତେ।

जदि बाबांक पाखरे धन थाआन्ता ताहाले से मोटर साइकेल किणिथान्ते।

जिस-उस / ଯେପରି- ସେପରି , ये(जे)परि - सेपरि(which- that)

उदाहरण : जिस तरह रामबाबु कर रहा है उस तरह तुम भी करो।

ଯେପରି ରାମବାବୁ କରୁଛନ୍ତି ସେପରି ତୁମେ ମଧ୍ୟ କର।

जेपरि रामबाबु करुछन्ति सेपरि तुमे मध्य कर।

न - न / ନା - ନା , ना-ना (neither-nor)

उदाहरण : उसके पास न धन है न विद्या।

ତାହା ପାଖରେ ନା ଧନ ଅଛି ନା ବିଦ୍ୟା।

ताहा पाखरे ना धन अछि ना बिद्या।

ज्योंही - त्योंही / ଯେତେବେଳେ-ସେତେବେଳେ, येतेबेले-सेतेबेले
(No sooner - than)

एक काम के होते ही दूसरा काम आरम्भ हुआ तो उसे इन शब्दों से बताते हैं ।

उदाहरण : जब गौतमी एक्सप्रेस पहुँची तब मेरा दोस्त उसमें चढा।

ଯେତେବେଳେ ଗୌତମୀ ଏକ୍ସପ୍ରେସ ପହୁଂଚିଲା ସେତେବେଳେ ମୋ ସାଙ୍ଗ ସେଥିରେ ଚଢ଼ିଲା।

जेतेबेले गौतमी एक्सप्रेस पंहुचिला सेतेबेले मो सांग सेथिरे चढ़िला।

यद्यपि - तो / ଯଦିଓ- ତଥାପି, यदिओ- तथापि
(Even though- Also)

उदाहरण : यद्यपि उसके पास धन नहीं है तो भी वह लोगों को मदद करता है।

ଯଦିଓ ତା ପାଖରେ ଧନ ନାହିଁ ତଥାପି ମଧ୍ୟ ସେ ଲୋକମାନଙ୍କୁ ସାହାଯ୍ୟ କରୁଛି।

जदिओ ता पाखरे धन नांहि तथापि मध्य से लोकमानंकु साहाज्य करुछि।

या तो - या / ହେବତ - ନହେଲେ, हेबत-नहेले (either - or)

उदाहरण : वह या तो क्रिकेट खेलेगा या हाकी।

ସେ ହେବ ତ କ୍ରିକେଟ ଖେଳିବେ ନହେଲେ ହକି।

से हेबत क्रिकेट खेलिब नहेले हकि।

जिधर - उधर / ଯେଉଁଠି- ସେଠାରେ, येउँठि-सेठारे (where there is)

उदाहरण : जिधर राधा रहती है, उधर कृष्ण रहता है।

ଯେଉଁଠି ରାଧା ରହୁଛି, ସେଠାରେ କୃଷ୍ଣ ରହିଛନ୍ତି।

जेउँठि राधा रहुछि, सेठारे कृष्ण रहिछन्ति।

सूचना : यह हिन्दी शब्द नही है, बल्कि ऊर्दू शब्द है। लेकिन यह शब्द हिन्दी में व्यवहृत होता है। इस शब्द का ओड़िआ व्यवहार येउँठि-सेइठि या येउँठि-सेठारे व्यवहार होता है।

कि / ଯେ, ये (that)

यह समुच्छय बोधक अव्यय में एक है। यह एक प्रधान वाक्य को और एक उपप्रधान वाक्य से मिलाने में प्रयोग करते है। कि रु लिखने के बाद, कर्ता जो बोले हुए वाक्य यथातथ लिखना है। लेकिन आदत में गलती से परोक्ष संवाद में भी लिखा जाता है।

उदाहरण : भास्कर जी ने कहा कि कल यहाँ बड़ी फंक्सन होगा।
ଭାସ୍କର ବାବୁ କହିଲେ ଯେ କାଲି ଏଠାରେ ବଡ଼ ଉତ୍ସବ ହେବ।
भास्कर बाबु कहिले जे कालि एठारे बड़ उत्सब हेब।

सूचना : कि समुच्छय बोधक (**Conjunction**) है तो भी यह अलग-अलग अर्थ में भी प्रयोग किये जा रहे हैं। जैसे - अथवा (ଅଥବା / अथबा), इतने में (ଏତିକିରେ / एतिकिरे) क्षेत्र में।

उदाहरण : आप हिन्दी समझ सकते हैं की नहीं ?
ଆପଣ ହିନ୍ଦୀ ବୁଝି ପାରୁଛନ୍ତି ନା ନାହିଁ ?
आपण हिन्दी बुझि पारुछन्ति ना नाहिँ ?

सूचना : कि (କି) काम का कारण भी बताती है।

उदाहरण : रहीम बहुत दु:खी है क्योंकि उसकी माँ विमार है।
ରହୀମ ବହୁତ ଦୁଃଖୀ କାରଣ ତାହାର ମାଁ ଅସୁସ୍ଥ।
रहीम बहुत दु:खी कारण ताहार माँ असुस्थ।

जो-सो (वह) / ଯାହା- ତାହା, या(जा)हा-ताहा (such)

हिन्दी भाषा में जैसा तेलुगु, भाषा में भी एक विषय को अलग-अलग तरीके से बताते हैं।

उदाहरण : देखा हुआ (ଦେଖିଥିବା / देखिथिबा), किया हुआ (କରାହୋଇଥିବା / करा होइथिबा), कमाया हुआ (କମେଇଥିବା / ରୋଜଗାର କରିଥିବା / कमेइ थिबा / रोजगार करिथिबा)।

देखा हुआ	ଦେଖା ହୋଇଥିବା	देखा होइथिबा
किया हुआ	କରା ଯାଇଥିବା / ହୋଇଥିବା	करा याइथिबा / होइथिबा
कमाया हुआ	ରୋଜଗାର କରାଯାଇଥିବା	रोजगार कराया(जा)इथिबा

मैंने जो भी अब तक कमाया वह पूरा खर्च कर दिया।
ମୁଁ ଯାହାବି ଏଯାଏଁ କମାଇଛି ତାହା ପୂରା ଖର୍ଚ୍ଚ କରିଦେଲି।
मुँ जाहाबि एजाएँ कमाइछि ताहा पूरा खर्च करिदेलि।

आपने जो किया वह सही है। ଆପଣ ଯାହା କଲେ ତାହା ଠିକ।
आपण जाहा कले ताहा ठिक।

सा / ପରି , परि (Like)

यह शब्द सर्वसाधारण से शब्द कोष में और किताबों में नहीं दिखते हैं। लेकिन लोगों के व्यावहारिक जीवन में, कविता में और सिनेमा के गीतों में ज्यादा दिखते हैं। यह जैसा ओड़िआ का परि (ପରି) शब्द का समानार्थक शब्द है।

उदाहरण : कोई तुम सा नहीं रहता। କେହି ତୁମ ପରି ନାହାନ୍ତି।
केहि तुम परि नाहान्ति।

दीवाना मुझसा नहीं। ପାଗଳପ୍ରେମୀ ମୋ ପରି ନାହାନ୍ତି।
पागलप्रेमी मो परि नाहांति।

VI. सम्बन्ध सूचक / ସମ୍ବନ୍ଧ ସୂଚକ (Preposition)

सम्बन्ध सूचक / ସମ୍ବନ୍ଧ ସୂଚକ (Preposition) :

संज्ञा या सर्वनाम से मिल के रहते हुए उनके वाक्य में है सो दूसरा शब्दों से सम्बन्ध सूचित है।

उदाहरण : को (କୁ / कु), से (ରେ / ଦ୍ୱାରା / रे/द्वारा),की (ର / र), में (ରେ / रे), पर (ଉପରେ / उपरे) जैसा शब्द सम्बन्ध सूचक शब्द होते हैं।

वाक्य : बिल्ली कमरे में है। ବିଲେଇଟି ଘରେ ଅଛି।
बिलेइटि घरे अछि।

हैदराबाद से मुम्बई कितना दूर है ? ହାଇଦରା ବାଦ ଠାରୁ ମୁମ୍ବାଇ କେତେ ଦୂର ?
हाइदराबाद ठारु मुम्बाई केते दूर ?

यह सम्बन्ध सूचक के दो भेद है । वे : **1. सम्बन्ध सूचक (ସମ୍ବନ୍ଧ ସୂଚକ)** और

2. अनुबन्ध सूचक (ଅନୁବନ୍ଧ ସୂଚକ)

1. सम्बन्ध सूचक (ସମ୍ବନ୍ଧ ସୂଚକ) : यह सम्बन्ध वाले वाक्यों में आता है । ये सम्बन्ध बोधक, अव्ययों, संज्ञा और सर्वनाम के विभक्ति के बाद आते है ।

उदाहरण :	मैं आप का करीबी रिश्तेदार हुँ।	ମୁଁ ଆପଣଙ୍କର ନିକଟ ସଂପର୍କୀୟ ବଂଧୁ।
		मुँ आपणंकर निकट संपर्कीय बंधु।
	तुम मेरे घर की ओर आ रहे हो।	ତୁମେ ମୋ ଘର ଆଡକୁ ଆସୁଛ।
		तुमे मो घर आड़कु आसुछ।

कुछ सम्बन्ध सूचक / କେତେକ ସମ୍ବନ୍ଧ ସୂଚକ

	ओड़िआ शब्द	हिन्दी शब्द	ओड़िआ उच्चारण
1	ପରେ	के बाद	परे
2	ଆଗରୁ	के पहले	आगरु
3	ଉପରେ	के ऊपर	उपरे
4	ତଳେ	के नीचे	तले
5	ପାଖରେ	के पास	पाखरे
6	ଦୂରରେ	के दूर	दूररे
7	ଭିତରେ	के अंदर	भितरे
8	ବାହାରେ	के बाहर	बाहारे
9	ପଛରେ	के पीछे	पछरे
10	ବିଷୟରେ	के बारे में	बिषयरे
11	ସମ୍ମୁଖରେ	के सामने	सम्मुखरे
12	ସାଙ୍ଗରେ	के साथ	सांगरे

	ओड़िआ शब्द	हिन्दी शब्द	ओड़िआ उच्चारण
13	ଆଡକୁ / ସପକ୍ଷରେ	के ओर / के तरह	आड़कु / सपक्षरे
14	ଛଡା	के अलावा	छड़ा
15	ଜାଗାରେ	के जगह	जागारे
16	ପାଇଁ	के लिये	पाइँ
17	ଛଡା / ସହିତ	के सिवा	छड़ा / सहित
18	ପରି	के तरह	परि
19	ଏଇଠି	के यहाँ	एइठि

2. अनुबन्ध बोधक (ଅନୁବନ୍ଧ ବୋଧକ) : यह कर्ता से है सो अनुबंध बताती है। जैसे: सहित (ସହିତ), तो (ତ / त), तक (ପର୍ଯ୍ୟନ୍ତ / पर्यन्त) इत्यादि।

बाक्य :	मैं ग्यारह बजे तक रहता हूँ।	ମୁଁ ଏଗରଟା ବେଳ ଯାଏଁ ରହୁଛି। मुँ एगारटा बेल जाएँ रहुछि।
	मैं भास्कर जी के साथ आता हूँ।	ମୁଁ ଭାସ୍କର ବାବୁଙ୍କ ସହିତ ଆସୁଛି। मुँ भास्कर बाबुंक सहित आसुछि।

VII. समुच्छय बोधक / ସମୁଚ୍ଚୟ ବୋଧକ (Conjunction)

समुच्छय बोधक / ସମୁଚ୍ଚୟ ବୋଧକ (Conjunction) : यह दो शब्द या दो वाक्यों को जोड़ता है। जैसे : और (आउ), इसलिए (एहि कारणरु), उसलिए (सेहि कारणरु) शब्दों। कुछ समुच्छय बोधक शब्दों का उदाहरण नीचे प्रदान किया गया।

ओड़िआ शब्द	हिन्दी शब्द	ओड़िआ उच्चारण	ओड़िआ शब्द	हिन्दी शब्द	ओड़िआ उच्चारण
ବା	वा	बा	ଅଥବା	अथवा	अथबा
କାରଣ	क्योंकी	कारण	ଓ / ଏବଂ	ओर/एवं / व	ओ / एबं
କିମ୍ବା	या	किम्बा	କି	कि	कि
ଯଦ୍ୟପି	यद्यपि	यद्यपि	ଫଳରେ	पर	फलरे

ओड़िआ शब्द	हिन्दी शब्द	ओड़िआ उच्चारण	ओड़िआ शब्द	हिन्दी शब्द	ओड़िआ उच्चारण
ତ	तो	त	ପରନ୍ତୁ	परंतु	परंतु
ଏଣୁ	अत:	एणु	କିନ୍ତୁ	किन्तु	किन्तु
ଧରିନିଅ	मानो	धरिनिअ	ଅର୍ଥ	माने	अर्थ

उदाहरण : केशव या राजेश करते हैं। ରେଶବ ବା ରାଜେଶ କରୁଛନ୍ତି।
केशब बा राजेश करुछन्ति।

तुमको या मुझे जाना होगा। ତୁମକୁ ବା ମତେ ଯିବାକୁ ହେବ।
तमकु बा मते यिबाकु (जिबाकु) हेब।

के / କି, कि (Because)

यह शब्द को सामान्य अर्थ में मतलब विभक्ति के लिये तो 'का' (of), लेकिन हिन्दी व्यावहारिक भाषा में और कविता में यह एक सहायक शब्द (**Helping Word**)जैसा होता है और किसलिए (**For what purpose / Because**) अर्थ में प्रयोग होता है ।

उदाहरण : के जैसे तुझको बनाया गया है मेरे लिए।
 କି ଯେମିତି ତୁମକୁ ସୃଷ୍ଟି କରାଯାଇଛି ମୋ ପାଇଁ।
कि येमिति तुमकु सृष्टि करायाइछि मो पाइँ।

के ये वदन ये निगाहें मेरी अमानत है। କି ଏ ବଦନ ଆଉ ଏ ଚାହାଣୀ ମୋର ଗଣ୍ଠିଲି ଧନ।
कि ए बदन आउ ए चाहाणी मोर गण्ठिलि धन।

ରେ ସିଓ୍ୱା / के सिवा (Except)

यह उस व्यक्ति के बिना कोई यह काम नहीं कर सकता है के अर्थ में आती है ।

उदाहरण : उनके सिवा यह काम कोई नहीं कर सकता है।
ତାଙ୍କ ବିନା ଏହି କାମ କେହି କରି ପାରିବେ ନାହିଁ।
तांक बिना एहि काम केहि करि पारिबे नांहि।

के बिना / ବିନା, बिना (Without)

यह एक प्रत्येक आदमी या वस्तु नही तो फलाना काम नहीं होता है जैसे संदर्भ में आती है ।

उदाहरण : राजेश शंकर के बिना दूध नहीं पीता है।

ରାଜେଶ ଶଂକର ବିନା ଦୁଧ ପିଏ ନାହିଁ।

राजेश शंकर बिना दुध पीये नांहि।

କେ ଅଲଓ୍ୱା / के अलावा (Besides)

यह एक आदमी या एक वस्तु के बदले दूसरा आदमी या वस्तु से भी काम होता है यह काम के बारे में बताती है। और दो व्यक्तियों के परस्पर सम्बन्ध भी बताती है ।

उदाहरण : सिकन्दराबाद के अलावा हैदराबाद में भी ऐसा भवन है।

ସିକନ୍ଦରବାଦକୁ ଛାଡିଦେଲେ ହାଇଦରାବାଦରେ ମଧ୍ୟ ଏପରି ଭବନ ରହିଛି।

सिकंदरबाद्कु छाड़िदेले हाइदराबादरे मध्य एपरि भबन रहिछि।

सूचना : के अलावा , के सिवा वगैरह शब्द संज्ञा और सर्वनाम के पहले भी आते हैं ।

उदाहरण : बिना ऑपरेशन के वह ठीक् नहीं होगा।

ବିନା ଅପରେସନରେ ଏହା ଭଲ ହେବ ନାହିଁ।

बिना अपरेसनरे एहा भल हेब नांहि।

सिवा उनके वह काम कौन करेंगे?

ତାଙ୍କ ଛଡା ସେହି କାମକୁ କିଏ କରିବ ?

तांक छड़ा सेहि कामकु किए करिब ?

VIII. विस्मयादि बोधक / ବିସ୍ମୟାଦି ବୋଧକ (Interjection) :

विस्मयादि बोधक / ବିସ୍ମୟାଦି ବୋଧକ (Interjection) : यह वाक्य शोक, हर्ष, विस्मय, घृणा आदि मन के विभिन्न भाव प्रकट करती है ।

उदाहरण : शाबाश (ସାବାସ୍), हाय (ହାୟ) , अहो (ଅହୋ), बाप रे (ବାପରେ) जैसे शब्द।

विस्मयादिबोधक के पाँच भेद है । वे : **I**. हर्ष बोधक, **II**.शोक बोधक, **III**.आश्चर्य बोधक, **IV**.तिरस्कार बोधक और **V**. संबोध बोधक।

I. हर्ष बोधक (ହର୍ଷ ବୋଧକ): यह हर्ष को प्रकट करता है।

उदाहरण : ଅହା / अहा, ସାବାସ / शाबाश

II. शोक बोधक (ଶୋକ ବୋଧକ) : यह दु:ख को प्रकट करता है।

उदाहरण :ହାୟ / हाय, ହେ ରାମ / हे राम, ହେ ଭଗବାନ / हे भगवान

III. आश्चर्य सूचक (ଆଶ୍ଚର୍ଯ୍ୟ ସୂଚକ): यह आश्चर्य को प्रकट करता है।

उदाहरण :	अच्छा	ଆଚ୍ଛା	अच्छा
	जी हाँ	ହଁ ଆଜ୍ଞା	हँ आज्ञा
	ठीक है	ଠିକ ଅଛି	ठिक अछि।

IV.. तिरस्कार बोधक (ତିରସ୍କାର ବୋଧକ): यह तिरस्कार को प्रकट करता है।

उदाहरण :	छि	ଛିଃ	छि:
	अरे	ଆରେ	आरे
	चुप्	ଚୁପ୍	चुप
	हट	ହଟ / ଘୁଂଚ୍	हट / घुंच

V.. सम्बोन्ध बोधक (ସମ୍ବୋଧ ବୋଧକ): यह संबोधन को प्रकाश करता है।

उदाहरण :	ओ	ହୋ	हो
	आदि	ଆଦି	आदि
	अरे	ଆରେ	आरे

5 शब्द निर्माण और शब्द विभाजन / ଶବ୍ଦ ନିର୍ମାଣ ଓ ଶବ୍ଦ ବିଭାଜନ

(Word building and Division of words)

शब्द निर्माण के अनुसार हिन्दी में शब्दों के तीन भेद हैं । वे:

1. रूढि / ରୂଢ଼ି **2.** यौगिक / ଯୌଗିକ **3.** योगारूढ / ଯୋଗାରୂଢ଼

1. रूढि / ରୂଢ଼ି : इन शब्दों के विभाजन करे तो उनमें कोई अर्थ नहीं रहता है ।

उदाहरण :	आदमी	ମଣିଷ	मणिष	मनिषि	ମନିଷି	मनिषि
	बिल्ली	ବିଲେଇ	बिलेइ	कुर्सी	ଚୌକି	चौकि
	नारी	ନାରୀ	नारी	औरत	ସ୍ତ୍ରୀ	स्त्री

2. यौगिक / ଯୌଗିକ **:** दो और उस से ज्यादा शब्दों से बनते है

उदाहरण :	कार्यदर्शी	କାର୍ଯ୍ୟଦର୍ଶୀ	कार्यदर्शी
	रसोईघर	ରୋଷେଇଘର	रोषेइघर

3. योगारूढ / ଯୋଗାରୂଢ **:** ये भी यौगिक शब्द जैसा दो और उस से ज्यादा शब्द से या शब्दांश से बन जाते है । लेकिन ये साधारण अर्थ के बदले विशेष अर्थ प्रकट करते है ।

उदाहरण : **चतुरमुख / ଚତୁରମୁଖ -** साधारण अर्थ में चार मुँह है सो वाला । लेकिन विशेष अर्थ में ब्रह्मदेव ।

वायुनन्दन / ବାୟୁ ନନ୍ଦନ - साधारण अर्थ में हवा का पुत्र । लेकिन विशेषार्थ में हनुमान।

6 वाक्य / ବାକ୍ୟ (Sentence)

शब्द उच्चारण के बारे में हमने जानकारी कर ली है । अब हम वाक्य (Sentence) के बारे में जानकारी करेंगे ।

1. पूरा अर्थ देनेवाली शब्द समूह को 'वाक्य' कहते है ।

उदाहरण :	मैं खेलता हुं।	ମୁଁ ଖେଳୁଛି ।	मुँ खेलुछि।
	कौन हो।	ତୁମେ କିଏ ?	तुमे किए ?
	गाय दुध देती है।	ଗାଈ ଦୁଧ ଦେଉଛି ।	गाई दुध देउछि।
	हम काम करते हैं।	ଆମେ କାମ କରୁଛୁ ।	आमे काम करुछु।

2. सर्व साधारण से वाक्य निर्माण में कर्ता, कर्म, क्रिया रहते है । जहाँ कर्ता : काम करनेवाला, कर्म : काम का फल पानेवाला और क्रिया : काम होता है।

उदाहरण : गाय दुध देती है। ଗାଈ ଦୁଧ ଦେଉଛି ।
गाई दुध देउछि।

यहाँ बाक्य में गाई - कर्त्ता, दुध - कर्म और देती - क्रिया है।

3. बिना कर्म के भी वाक्य रहता है ।

उदाहरण : सौम्या खेलती है। ସୌମ୍ୟା ଖେଳୁଛି ।
सौम्या खेलुछि।

इस बाक्य में सौम्या - कर्त्ता, खेलती - क्रिया हैं, मात्र कर्म नंही है। सौम्या ने क्या खेलती, कैसे खेलती या क्यों खेलती यह प्रदत्त नंहि है।

कुछ नमूना वाक्य जानकारी कर लेंगे ।

हम पढते हैं।	ଆମେ ପଢୁଛୁ ।	आमे पढुछु।
दुध सफेद है।	ଦୁଧ ଧଳା ।	दुध धला।
हमारा देश सुन्दर है।	ଆମର ଦେଶ ସୁନ୍ଦର ।	आमर देश सुन्दर।

4. विलोम अर्थ देने वाले वाक्यों में क्रिया के पहले नहीं (ନାହିଁ) शब्द आते है ।

उदाहरण : मैं घर नहीं जाता / जाती हुं। ମୁଁ ଘରକୁ ଯାଏ ନାହିଁ ।
मुँ घरकु जाए नांहि।

तुम नहीं खेलती / खेलते हो। ତୁମେ ଖେଳୁ ନାହିଁ ।
तुमे खेलु नाहँ।

वाक्य तीन प्रकार के होते है । वे **सरल वाक्य** (ସରଳ ବାକ୍ୟ - Simple Sentence), **मिश्रित वाक्य** (ମିଶ୍ରିତ ବାକ୍ୟ - Complex Sentence), और **संयुक्त वाक्य** (ସଂଯୁକ୍ତ ବାକ୍ୟ - Compound Sentence).

1. सरल बाक्य **:** एक कर्ता और एक क्रिया जिस वाक्य में रहते है उसे सरल वाक्य (Simple Sentence) कहते है ।

उदाहरण : कल्याण काम करता है। କଲ୍ୟାଣ କାମ କରୁଛି।
कल्याण काम करुछि।

2..मिश्रित बाक्य **:** एक संपूर्ण वाक्य और उसके आधार पर एक या दो अंश पूर्ण वाक्य जिस वाक्य में हों उसे मिश्रित वाक्य (Complex Sentence) कहते हैं ।

उदाहरण : मुझे सरदर्द हो रहा है। इसलिए मैं दफ्तर नहीं आ सकता हुँ।
ମୋର ମୁଣ୍ଡ ବିନ୍ଧୁଛି। ଏଣୁ ମୁଁ କାର୍ଯ୍ୟାଳୟକୁ ଆସି ପାରିବି ନାହିଁ।
मोर मुण्ड बिन्धुछि। एणु मुँ कार्यालयकु आसि पारिबि नांहि।

श्रीलक्ष्मी ने कहा कि सुदर्शन अच्छा गायक हैं।
ଶ୍ରୀଲକ୍ଷ୍ମୀ କହିଲେ ଯେ ସୁଦର୍ଶନ ଜଣେ ଭଲ ଗାୟକ।
श्री लक्ष्मी कहिले ये सुदर्शन जणे भल गायक।

3. संयुक्त वाक्य.**:** दो और उस से ज्यादा सरल वाक्य मिला कर जो वाक्य बनता है उसे संयुक्त वाक्य (Compound Sentence) कहते है ।

उदाहरण : मैं पिठापुरम जाऊॅगा लेकिन खाना खाकर जाउँगा।
ମୁଁ ପିଠାପୁରମ ଯିବି ହେଲେ ଖାଇକି ଯିବି।
मुँ पिठापुरम यिबि हेले खाइकि यिबि।

7 ବାଚ୍ୟ वाच्य (Voice)

हर वाक्य में कर्ता (କର୍ତ୍ତା-**Subject**)), कर्म (କର୍ମ -**Object**)), क्रिया (କ୍ରିୟା -**Verb**) रहते हैं । और हर वाक्य में अर्थ या भाव रहता है । यह हम सभी को मालूम है । इसे वाच्य (**Voice**) वाक् + अर्थ = वाच्य कहते है । क्रिया रूप के अनुसार वाच्य के तीन भेद है । वे :

1.	कर्तृ वाच्य	କର୍ତୃ ବାଚ୍ୟ	**(Active Voice)**
2.	कर्म वाच्य	କର୍ମ ବାଚ୍ୟ	**(Passive Voice)**
3.	भाव वाच्य	ଭାବ ବାଚ୍ୟ	**(Impersonal Voice)**

1. कर्तृ वाच्य / କର୍ତୃ ବାଚ୍ୟ **(Active Voice) :** इसमें कर्ता (subject) के बारे में मतलब काम करनेवाला के बारे में बता जाती है ।

उदाहरण :	नरसिंह राव एक खत लिख रहा है।	ନରସିଂହ ରାଓ ଗୋଟିଏ ଚିଠି ଲେଖୁଛନ୍ତି। नरसिंह राव गोटिए चिठि लेखुछन्ति।
	मैं महाभारत पढ रहा हुं।	ମୁଁ ମହାଭାରତ ପଢୁଛି। मुँ महाभारत पढुछि।

2. कर्म वाच्य / କର୍ମ ବାଚ୍ୟ **(Passive Voice) :** यह कर्म (object) के बारे में मतलब कर्ता के द्वारा किया हुआ काम का फल पाने वाले के बारे में बताता है । इसमें से गया, गयी, गये जरूर आते हैं और क्रिया शब्द हमेशा भूतकाल में रहते है ।

उदाहरण :	राम के हाथ से रावण मारा गया।	ରାମର ହାତରେ ରାବଣ ମରାଗଲା। रामर हातरे राबण मरागला।
	गौरी से काम किया गया।	ଗୌରୀ ଦ୍ୱାରା କାମ କରାଗଲା। गौरी द्वारा काम करागला।

3. ଭାବ ବାଚ୍ୟ / भाव वाच्य **(Impersonal Voice) : इसमें कर्ता या कर्म के बदले भाव को प्राधानता रहती है । अकर्मक क्रियायें** (Intransitive Verbs) **भाव वाच्य में बदलते हैं ।**

उदाहरण : कुत्ता दौड नहीं सकता। ଢୁକୁର ଦୌଡି ପାରେ ନାହିଁ।
कुकुर दौड़ि पारे नांहि।
(ଏଠାରେ କୁକୁର ଦୌଡିବା କାମକୁ ଯେ କରି ପାରୁନାହିଁ, ତାହାହିଁ ମୁଖ୍ୟ ଉଦ୍ଦେଶ୍ୟ।)

तुम से यह काम किया नहीं जाता। ତୁମ ଦ୍ୱାରା ଏହି କାମ କରା ଯାଇ ପାରିବ ନାହିଁ।
तुम द्वारा एहि काम करा याइ पारिब नांहि।
(ଏହି ବାକ୍ୟରେ 'କାମ' ହେଉଛି ପ୍ରଧାନ।)

इस में ध्यान देने वाला मुख्य विषय सहायक क्रिया 'गया' (ଗଲେ) **का दूसरा रूप 'जाता'** (ଯିବା ହେଲେ) **आता है । लेकिन क्रिया का मूल शब्द भूतकाल में ही रहता है ।**

8 ଉପସର୍ଗ उपसर्ग (Prefix)

एक शब्द के आगे आकर शब्द का अर्थ में विशेषता लाने वाली वाक्यांश को उपसर्ग (ଉପସର୍ଗ / **Prefix) कहते है । ये एक, या दो या तीन अक्षर वाले हैं । हिन्दी भाषा में संस्कृत, हिन्दी, उर्दू भाषाओं के उपसर्ग पाये जाते है । हिन्दी भाषा की तरह ओड़िआ भाषा में भी उपसर्ग रहता है। ओड़िआ भाषा में उपसर्ग की** संख्या 20 माना जाता है।

उदाहरण : उप ଉପ + नाम ନାମ = उपनाम ଉପନାମ
उप ଉପ + वन ବନ = उपवन ଉପବନ

अब हम यहाँ ओड़िआ भाषा का यह उपसर्ग का कुछ नमूने देखेंगे । जिससे हमको इसके बारे में और ज्यादा जानकारी मिलेगी ।

ओड़िआ उपसर्ग		**उपसर्गयुक्त शब्द**
प्र (ପ୍ର)	-	प्रकृष्ट , प्रमत्त, प्रदान
परा (ପରା)	-	पराक्रम, पराजय, पराभब

ओड़िआ उपसर्ग		उपसर्गयुक्त शब्द
अप् (ଅପ୍)	-	अपबाद, अपमान, अपलाप
सम् (ସମ୍)	-	सम्भाषण, संपर्क, सम्मत
नि (ନି)	-	नियुक्त, निमग्न, निर्द्दश
अधि (ଅଧି)	-	अथीश्वर, अधिकार, अधिपति
सु (ସୁ)	-	सुसंबाद, सुयोग, सुलभ
निर् (ନିର)	-	निर्गत, निर्णय, निर्माण
दुर् (ଦୁର)	-	दुर्घटणा, दुर्गति, दुःसाध्य
उत् (ଉତ୍)	-	उत्कर्ष, उन्नति, उत्क्षिप्त
अति (ଅତି)	-	अत्याचार, अत्युक्ति, अतीत
परि (ପରି)	-	परिणाम, परीक्षा, परिश्रम
प्रति (ପ୍ରତି)	-	प्रतिहिंसा, प्रतिदान, प्रतिक्रिया
अब् (ଅବ୍)	-	अबगति, अबतरण, अबरोध
अनु (ଅନୁ)	-	अनुज, अनुताप, अनुकरण
बि (ବି)	-	बिज्ञान, बिख्यात, बिशुद्ध
अभि (ଅଭି)	-	अभियान, अभिभाषण, अभिभाबक
उप (ଉପ)	-	उपकरण, उपक्रम, उपुचय
अपि (ଅପି)	-	यद्यपि, तथापि, अपिधान
आ	-	आदान, आगमन, आक्रान्त

9 प्रत्यय / ପ୍ରତ୍ୟୟ (Suffix)

हिन्दी या ओड़िआ भाषा में यह ध्यान में रखना चाहिए कि प्रत्यय (**Suffix**). शब्दों के अंत में शब्दों के अर्थ में बदलाव करते हैं। प्रत्यय के दो प्रकार हैं । यथा :

1. कृत प्रत्यय / କୃତ ପ୍ରତ୍ୟୟ (**Verbal Suffix**)
2. तद्धित प्रत्यय / ତଦ୍ଧିତ ପ୍ରତ୍ୟୟ (**Noun Suffix**)

1.. **कृत प्रत्यय / କୃତ ପ୍ରତ୍ୟୟ (Verbal Suffix)** : क्रिया के अंत में जोडी जाने वाली प्रत्यय (Suffix) को कृतप्रत्यय (**କୃତ ପ୍ରତ୍ୟୟ**) कहते हैं । मतलब यह काम के अंत में आनेवाला शब्द हैं ।

उदाहरण :	जानेवाला	ଯାଉଥିବା	याउथिबा
	मिलनेवाला	ମିଳୁଥିବା	मिलुथिबा
	देखनेवाला	ଦେଖୁଥିବା	देखुथिबा
	करनेवाला	କରୁଥିବା	करुथिबा

2.. **तद्धित प्रत्यय / ତଦ୍ଧିତ ପ୍ରତ୍ୟୟ (Noun Suffix)** संज्ञा शब्द के अंत में आने वाले को तद्धित प्रत्यय कहते है ।

उदाहरण :	दुधवाला	ଦୁଧବାଲା	दुधबाला
	गायवाला	ଗାଈବାଲା	गाईबाला
	धनवाला	ଧନବାନ	धनबान

हिन्दी भाषा के जैसा ओड़िआ भाषा में भी ऐसे बहुत सारे कृत प्रत्यय और तद्धित प्रत्यय निष्पन्न जैसे शब्द है । यह नीचे और कुछ प्रत्ययांत शब्द प्रदान किया गया है, जिस्से प्रत्यय के बारे में बहुत सारी जानकारी कर लेंगे ।

ओड़िआ कृत प्रत्ययांत शब्द :

अ प्रत्ययांत शब्द :	हस (ହସ)	+	अ (ଅ) = हस (ହସ)
आ प्रत्ययांत शब्द :	पढ़ (ପଢ଼)	+	आ (ଆ) = पढ़ा (ପଢ଼ା)

अण प्रत्ययांत शब्द :	मार (ମାର)	+	आण (ଆଣ)	=	मारण (ମାରଣ)
अणा प्रत्ययांत शब्द :	खेल (ଖେଳ)	+	अणा (ଅଣା)	=	खेलणा (ଖେଳଣା)
आण प्रत्ययांत शब्द :	उठ (ଉଠ)	+	आण (ଆଣ)	=	उठाण (ଉଠାଣ)
आणि प्रत्ययांत शब्द :	चाहा (ଚାହା)	+	आणि (ଆଣି)	=	चाहाणि (ଚାହାଣି)
एणि प्रत्ययांत शब्द :	भाल (ଭାଳ)	+	एणि (ଏଣି)	=	भालेणि (ଭାଳେଣି)
उणि प्रत्ययांत शब्द :	माग (ମାଗ)	+	उणि (ଉଣି)	=	मागुणि (ମାଗୁଣି)
अन्ता प्रत्ययांत शब्द :	जी (ଜୀ)	+	अन्ता (ଅନ୍ତା)	=	जीअन्ता (ଜୀଅନ୍ତା)
अन्ति प्रत्ययांत शब्द :	चल (ଚଳ)	+	अन्ति (ଅନ୍ତି)	=	चलन्ति (ଚଳନ୍ତି)
इ प्रत्ययांत शब्द :	चाल (ଚାଲ)	+	इ (ଇ)	=	चालि (ଚାଲି)
उआल प्रत्ययांत शब्द :	रख (ରଖ)	+	उआल (ଉଆଳ)	=	रखुआल (ରଖୁଆଳ)
आलि प्रत्ययांत शब्द :	खेल (ଖେଳ)	+	आलि (ଆଳି)	=	खेलालि (ଖେଳାଳି)
उणा प्रत्ययांत शब्द :	पा (ପା)	+	उणा (ଉଣା)	=	पाउणा (ପାଉଣା)
रा प्रत्ययांत शब्द :	डाक (ଡାକ)	+	रा (ରା)	=	डाकरा (ଡାକରା)

ओड़िआ तद्धित प्रत्ययांत योग :

रहना अर्थ में आ प्रत्यय :	दाढ़ि (ଦାଢ଼ି)	+	आ (ଆ)	=	दाढ़िआ (ଦାଢ଼ିଆ)
आनादार अर्थ में -	हरि (ହରି)	+	आ (ଆ)	=	हरिआ (ହରିଆ)
ब्यबसाय अर्थ में -	डाक्तर (ଡାକ୍ତର)	+	ई (ଈ)	=	डाक्तरी (ଡାକ୍ତରୀ)
ब्यबसाय अर्थ में -	मूल (ମୂଲ)	+	इआ (ଇଆ)	=	मूलिआ (ମୂଲିଆ)
निबास अर्थ में -	कटक (କଟକ)	+	इआ (ଇଆ)	=	कटकिआ (କଟକିଆ)
सम्बंध अर्थ में -	सहर (ସହର)	+	इआ (ଇଆ)	=	सहरिआ (ସହରିଆ)
अभ्यास अर्थ में -	मद (ମଦ)	+	उआ (ଉଆ)	=	मदुआ (ମଦୁଆ)
भाब अर्थ में -	दुष्ट (ଦୁଷ୍ଟ)	+	आमि (ଆମି)	=	दुष्टामि (ଦୁଷ୍ଟାମି)

10 विधि वाचक / ବିଧିବାଚକ (Imperative Mood)

आदेश, उपदेश, प्रार्थना और अनुरोध आदि प्रकट करे क्रिया रूप को विधिवाचक (ବିଧିବାଚକ कहते हैं । यहाँ नीचे दिये छः नियमों को सावधानी से याद रखें ।

1. इस विधिवाचक क्रिया में सर्वनाम तुम (ତୁମେ / तुमे), तू (ତୁ / तु), आप (ଆପଣ / आपण) आते है ।
2. तू (ତୁ) शब्द बच्चों को और नौकर को उपयोग करते है ।
3. तुम (ତୁମେ) शब्द सहोदयोग, सहविद्यार्थि, मित्रों आदि लोगों को प्रयोग करते है ।
4. तू (ତୁ) कर्ता है जब क्रिया का मूल धातु उपयोग करते है । उदाहरण - तू कर (ତୁ କର), तु देख (ତୁ ଦେଖ)
5. तुम कर्ता है जब क्रिया शब्द के बाद ओ (ଅ / अ) जोडा जायेगा ।
6. आप कर्ता है जब इये (ଅନ୍ତୁ / अन्तु), जिये (ଆନ୍ତୁ / आन्तु) आते है ।

इनमें विलोम वाक्य लिखते जब क्रिया शब्द के पहला मत / मना (ନ, ନାହିଁ / न, नांहि) आते है ।

उदाहरण :	तुम मत आओ।	ତୁମେ ଆସ ନାହିଁ।	तुमे आस नांहि।
	आप मत करो।	ଆପଣ କରନ୍ତୁ ନାହିଁ।	आपण करन्तु नांहि।

मत / ନାହିଁ , नांहि (Do not)

हिन्दी में इस शब्द को विलोम वाक्यों में प्रयोग करते है । इस शब्द को प्रयोग करें जब तुम (ତୁମେ) को आप (ଆପଣ) क्रियाओं में आना है ।

उदाहरण :	झुठ मत बोलो।	ମିଛ କୁହ ନାହିଁ।	मिछ कुह नांहि।
	मेरी बात मत भुलो।	ମୋ କଥା ଭୁଲ ନାହିଁ।	मो कथा भुल नांहि।
	आप वहाँ मत जाइएं।	ଆପଣ ସେଠାକୁ ଯାଆନ୍ତୁ ନାହିଁ।	आपण सेठाकु जाआन्तु नांहि।

11 एक शब्द में लिखने वाली बातें

ଗୋଟିଏ ଶବ୍ଦରେ ଲେଖା ଯାଉଥିବା କଥା (One word)

ओड़िआ और हिन्दी में कुछ शब्द है, जैसे 'पाठशाला' (school / ପାଠଶାଳା) शब्द का अर्थ सीखने का और सीखाने का स्थान एक ही है। ऐसे कई शब्द नीचे दिये गये है, उन्हें सावधानी से देखिए।

भाबार्थ	हिन्दी शब्द	ओड़िआ शब्द	ओड़िआ उच्चारण
1. कपड़े सीने वाला।	दर्जी	ଦର୍ଜୀ	दर्जी
2. खेती का काम करने वाला।	किसान	କୃଷକ	कृषक
3. जिसका पैर नहीं है वह।	लंगड़ा	ଲେଂଗଡ଼ା	लेंगड़ा
4. जो अनेक शास्त्रों का ज्ञान रखता है।	विद्वान	ବିଦ୍ୱାନ	बिद्वान
5. मंदिर में पूजा करनेवाला।	पुजारी	ପୂଜକ	पूजक
6. विरह से व्याकुल स्त्री।	विरहिणी	ବିରହିଣୀ	बिरहिणी
7. जो घमंड रखता है।	घमंडी	ଗର୍ବୀ	गर्बी
8. सहयोग न देना।	असहयोग	ଅସହଯୋଗ	असहयोग
9. जो कोई काम नहीं करता।	बेकार	ବେକାର	बेकार
10. प्रेम करनेवाली स्त्री।	प्रेमिका / प्रेयसी	ପ୍ରେମିକା / ପ୍ରେୟସୀ	प्रेमिका / प्रेयसी
11. जिसमे अच्छे गुण होते हैं।	गुणी	ଗୁଣୀ	गुणी
12. समाज से सम्बन्धित।	सामाजिक	ସାମାଜିକ	सामाजिक
13. जो बोल नहीं सकता।	गूंगा	ଗୁଂଗା	गुंगा
14. जो सुन नहीं सकता।	बहरा	କାଲା	काला
15. कपड़े बुनने वाला।	जुलाहा	ତନ୍ତୀ	तंती
16. सोने के आभूषण बनाने वाला।	सुनार	ବଣିଆ	बणिआ
17. अपनी इच्छा के अनुसार करनेवाला।	स्वेछाचारी	ସ୍ୱେଚ୍ଛାଚାରୀ	स्वेच्छाचारी
18. गीत गानेवाला।	गायक / गवैया	ଗାୟକ	गायक
19. तेल बेचने वाला।	तेली	ତେଲୀ	तेली
20. विद्या सीखने वाला।	विद्यार्थी	ବିଦ୍ୟାର୍ଥୀ	बिद्यार्थी
21. जो मेहनत करता है।	मजदूर / मेहनती	ମେହନତୀ	मेहनती
22. खेलने वाला।	खिलाडी	ଖେଳାଳୀ	खेलाली

12 समानार्थक शब्द ସମାନାର୍ଥକ ଶବ୍ଦ (Synonyms)

पुत्र	ପୁତ୍ର	पुअ, सुत, कुमार	ପୁଅ, ସୁତ, କୁମର
पुत्री	ପୁତ୍ରୀ	कन्या (झिअ), सुता, कुमारी	କନ୍ୟା (ଝିଅ), ସୁତା, କୁମାରୀ
पति	ପତି	स्वामी, नाथ	ସ୍ୱାମୀ, ନାଥ
पत्नि	ପତ୍ନୀ	स्त्री, बामा, अर्धांगिनी	ସ୍ତ୍ରୀ
रुकावट	ରୁକାବଟ	प्रतिबंधक / बाधा	ପ୍ରତିବନ୍ଧକ
सम्राट	ସମ୍ରାଟ	राजा, महाराज	ରାଜା, ମହାରାଜ
सुंदर	ସୁନ୍ଦର	खुबसुरत, सौन्दर्य	ଖୁବସୁରତ
साहस	ସାହସ	धैर्य	ଧୈର୍ଯ୍ୟ
मौन	ମୌନ	नीरब, चुपचाप	ଚୁପଚାପ
खुशी	ଖୁସୀ	संतोष, आनन्द	ସନ୍ତୋଷ, ଆନନ୍ଦ
असत्य	ଅସତ୍ୟ	झुठ	ଝୁଠ
पागल	ପାଗଳ	दीवाना	ଦୀୱାନା
बहुत	ବହୁତ	कई / अनेक	କଇ / ଅନେକ
दु:ख	ଦୁଃଖ	दर्द, व्याकुलता	ଦର୍ଦ୍ଦ, ବ୍ୟାକୁଳତା. ଉଦାସୀ
बीमार	ଦୁଃଖ	अस्वस्थ	ଅସ୍ୱସ୍ଥ
सत्य	ସତ୍ୟ	सच / वास्तब	ସତ୍ୟ, ବାସ୍ତବ
तंदरुस्त	स्वस्थ	ସୁସ୍ଥ ସବଳ	ସ୍ୱସ୍ଥ

समानार्थक द्वन्द्व शब्द / ସମାନାର୍ଥକ ଦ୍ୱନ୍ଦ୍ୱ ଶବ୍ଦ

हिन्दी भाषा में उच्चारण एक ही जैसा है तो भी कई शब्द दो अर्थ देते है । ये वाक्य और अर्थ में अलग-अलग रहते हैं । ऐसा थोडे शब्द यहाँ देखेंगे । जैसे : हँसना-रोना / ହସ-କାନ୍ଦ (), बात-चित / କଥାବାର୍ତ୍ତା (), रोना-पीटना / କାନ୍ଦି-କାଟି (), लडना-झगडना / ଲଢେଇ-ଝଗଡା (), बाल-बच्चे (),घर-द्वार / ଘର-ଦ୍ୱାର (), आना-जाना / ଯିବା-ଆସିବା (), ଗାଇବା-ବଜାଇବା, गाना-बजाना / ଗାନା-ବଜାନା (), गली-कुचे / ଗଳି-କନ୍ଦି (), जान-बुझकर / ଜାଣି-ଶୁଣି () शब्दों इस प्रकार का होता है।

13 विलोम शब्द / ବିପରୀତ ବୋଧକ ଶବ୍ଦ (Antonyms)

किसी एक शब्द की विलोम अर्थ देनेवाली शब्द को विलोम शब्द कहते है । यहाँ नीचे दिये गए शब्द को अच्छी तरह से पढिए ।

	हिन्दी शब्द	ओड़िआ रूपांतरित शब्द	ओड़िआ उच्चारण	ओड़िआ बिलोम शब्द	ओड़िआ उच्चारण
1	मोटा	ମୋଟା	मोटा	ପତଳା	पतला
2	उपर	ଉପର	उपर	ତଳ	तल
3	पुण्य	ପୁଣ୍ୟ	पुण्य	ପାପ	पाप
4	पास	ପାଖ	पाख	ଦୂର	दूर
5	रात	ରାତି	राति	ଦିନ	दिन
6	सुख	ସୁଖ	सुख	ଦୁଃଖ	दु:ख
7	धर्म	ଧର୍ମ	धर्म	ଅଧର୍ମ	अधर्म
8	नया	ନୂଆ	नूआ	ପୁରୁଣା	पुराना
9	आरंभ	ଆରମ୍ଭ	आरंभ	ଅନ୍ତ	अंत
10	कम	କମ	कम	ଅଧିକ	अधिक
11	भुलना	ଭୁଲିବା	भुलिबा	ମନେ ପକାଇବା	मने पकाइबा
12	डर	ଡର	डर	ନିଡର	निडर
13	आना	ଆସିବା	आसिबा	ଯିବା	यिबा
14	सच	ସତ	सत	ମିଛ	मिछ
15	मालिक	ମାଲିକ	मालिक	ଚାକର	चाकर
16	सत्य	ସତ୍ୟ	सत्य	ଅସତ୍ୟ	असत्य
17	प्रकाश	ପ୍ରକାଶ	प्रकाश	ଅନ୍ଧାର	अंधार
18	बेचना	ବିକିବା	बिकिबा	କିଣିବା	किणिबा
19	खट्टा	ଖଟ୍ଟା	खट्टा	ମିଠା	मीठा
20	भलाई	ଭଲ	भल	ମନ୍ଦ	मन्द
21	अमीर	ଧନୀ	धनी	ଗରିବ	गरिब
22	सफेद	ଧଳା	धला	କଳା	कला
23	बडा	ବଡ	बड	ଛୋଟ	छोट
24	प्रश्न	ପ୍ରଶ୍ନ	प्रश्न	ଉତ୍ତର	उत्तर
25	हँसना	ହସିବା	हसिबा	କାନ୍ଦିବା	कांदबा
26	वलवान	ବଳବାନ	बलबान	ଦୁର୍ବଳ / ବଳହୀନ	दुर्बल / बलहीन
27	न्याय	ନ୍ୟାୟ	न्याय	ଅନ୍ୟାୟ	अन्याय

14 द्वंद्वार्थ शब्द / ଦ୍ୱନ୍ଦ୍ୱାର୍ଥ ଶବ୍ଦ

(Words with double meaning)

हिन्दी भाषा में उच्चारण एक ही जैसा है तो भी कई शब्द दो अर्थ देते है । ये वाक्य और अर्थ में अलग-अलग रहते हैं । ऐसा थोडे शब्द यहाँ देखेंगे । पहले हिन्दी का कुछ बाक्य देखें :

(ଦୋ / दो) : मेरे पास दो रुपये हैं। (संख्या)
ମୋ ପାଖରେ ଦୁଇ ଟଙ୍କା ଅଛି।
मो पाखरे दुइ टंका अछि।

तुम उसको अपनी किताब दो। (देना)
ତୁମେ ତାଙ୍କୁ ନିଜର ବହିଟି ଦିଅ।
तुमे तांकु निजर बहिटि दिअ।

(କି / कि) राजा ने कहा कि समुद्र में मोती मिलती है। (ये)
ରାଜା କହିଲେ ଯେ ସମୁଦ୍ରରେ ମୋତି ମିଳେ।
राजा कहिले जे समुद्रे मोति मिले।

यह समाचार उसको मालुम है कि नहीं! (या)
ଏହି ଖବର ତାଙ୍କୁ ଜଣା ଅଛି କି ନାହିଁ!
एहि खबर तांकु जणां अछि कि नांहि!

अब ओड़िआ भाषा में रहा हुआ इस तरह का द्वंद्वार्थ शब्द या समोच्चारित भिन्नार्थबोधक शब्द और इसका अर्थ के बारे में विस्तृत जानकारी हासिल करेंगे।

१.	अंश	(ଅଂଶ)	-	भाग
	अंस	(ଅଂସ)	-	कंध
२.	अबिर	(ଅବିର)	-	फगु
	अबीर	(ଅବୀର)	-	जो बीर न हो
३.	अनिल	(ଅନିଳ)	-	हावा / पबन
	अनील	(ଅନୀଳ)	-	जो नील नंहि होता है।
४.	अन्न	(ଅନ୍ନ)	-	भात, खाद्य
	अर्ण्ण	(ଅର୍ଣ୍ଣ)	-	जल

५.	अन्नदा	(ଅନ୍ନଦା)	-	लक्ष्मी
	अर्णदा	(ଅର୍ଣ୍ଣଦା)	-	गंगा
६.	अबिहित	(ଅବିହିତ)	-	अनुचित
	अभिहित	(ଅଭିହିତ)	-	कथित
७.	अबिर	(ଅବିର)	-	होलि का एक रंग
	अबीर	(ଅବୀର)	-	जो बीर नंहि हो
८.	अशाक्त	(ଅଶକ୍ତ)	-	जो शक्त नंहि हो
	असक्त	(ଅସକ୍ତ)	-	आसक्ती हीन
९०.	अशन	(ଅଶନ)	-	भोजन
	असन	(ଅସନ)	-	क्षेपणास्त्र
११.	असी	(ଅସୀ)	-	तलवार बिशेष
	अशी	(ଅଶୀ)	-	संख्या बिशेष
१२.	असुर	(ଅସୁର)	-	दानब /
	अशूर	(ଅଶୂର)	-	भीरु
१३.	आडा	(ଆଡା)	-	गर्ब
	आड्डआ	(ଆଡ୍ଡା)	-	गुप्त स्थान
१४.	आबरण	(ଆବରଣ)	-	घोडा
	आभरण	(ଆଭରଣ)	-	अलंकार
१५.	आभास	(ଆଭାସ)	-	सूचीत
	आभाष	(ଆଭାଷ)	-	भाषण / भाषण, अलंकार
१६.	आयत	(ଆୟତ)	-	संप्रसारित
	आयत्त	(ଆୟତ୍ତ)	-	नियंत्रित
१७.	ईश	(ଈଶ)	-	ईश्वर, भगवान
	ईष	(ଈଷ)	-	हल का दण्ड
१८.	उपादान	(ଉପାଦାନ)	-	मूल सामग्री
	उपाधान	(ଉପାଧାନ)	-	तकिआ

१९.	कचा	(କଚା)	-	जो पका नंहि हो
	कछा	(କଛା)	-	पहना हुआ लुगा का पिछला भाग
२०.	कड	(କଡ଼)	-	पार्श्व
	कढ	(କଢ଼)	-	कलिका
२१.	कलम	(କଲମ)	-	एक प्रकार की शाक
	कलम	(କଲମ)	-	लेखनी
२२.	कलि	(କଳି)	-	बिबाद
	कलि	(କଲି)	-	कान से लेकर गाल तक आया हुआ केश या बाल
२३.	खुण	(ଖୁଣ)	-	दोष
	खुण	(ଖୁଣ)	-	हत्या
२४.	कुल	(କୂଳ)	-	बंश
	कूल	(କୂଳ)	-	नदी के किनारे
२५.	गिरिश	(ଗିରିଶ)	-	महादेव
	गिरीश	(ଗିରୀଶ)	-	हिमालय पर्बत
२६.	गुणि	(ଗୁଣି)	-	तंत्र बिद्या
	गुणी	(ଗୁଣୀ)	-	ज्ञानी ब्यक्ति
२७.	गोलक	(ଗୋଲକ)	-	गोलाकार बस्तु
	गोलोक	(ଗୋଲୋକ)	-	बैकुण्ठ पुर या भगबान बिष्णु का निबास स्थल
२८.	कुजन	(କୁଜନ)	-	खराप लोग
	कूजन	(କୂଜନ)	-	पक्षीयों का ध्वनी या काकली
२९.	काश	(କାଶ)	-	एक प्रकार की सफेद फूल बाली शश्य
	कास	(କାସ)	-	एक प्रकार की रोग
३०.	काल	(କାଳ)	-	समय
	काल	(କାଲ)	-	बैरा
३१.	कृति	(କୃତି)	-	कार्य या रचना
	कृती	(କୃତୀ)	-	पंडित या बिद्वान
३२.	चिर	(ଚିର)	-	सर्बदा या दीर्घ काल
	चीर	(ଚୀର)	-	फटा हुआ कपडा

15 द्विरुक्त शब्द / ଦ୍ୱିରୁକ୍ତ ଶବ୍ଦ (Double Stressed Words)

हिन्दी की तरह तेलुगु मे भी द्विरुक्त शब्द है। ये संज्ञा, सर्वनाम, विशेषण, क्रिया और क्रिया विशेषण में भी रहते हैं।

1 **द्विरुक्त संज्ञा / ଦ୍ୱିରୁକ୍ତ ସଂଜ୍ଞା :**

उदाहरण : फूल ही फूल / ଫୁଲ ହିଁ ଫୁଲ (फुल हिँ फुल), घर ही घर / ଘର ହିଁ ଘର (घर हिँ घर), घर घर में / ଘରେ ଘରେ (घरे घरे), टुकुडे टुकुडे / ଟୁକୁଡା ଟୁକୁଡା (टुकुड़ा टुकुड़ा), भीड ही भीड / ଭୀଡ ହିଁ ଭୀଡ (भीड़ हिँ भीड़), पानी ही पानी / ପାଣି ହିଁ ପାଣି (पाणि हिँ पाणि), बात-बात में /କଥା କଥାରେ (कथा कथारे) इत्यादि जैसे शब्द।

2 **द्विरुक्त सर्वनाम / ଦ୍ୱିରୁକ୍ତ ସର୍ବନାମ :**

उदाहरण : एक एक / ଗୋଟିଏ ଗୋଟିଏ (गोटिए गोटिए), कोई न कोई / କେହି ନା କେହି (केहि ना केहि), कुछ न कुछ / କିଛି ନା କିଛି (किछि ना किछि), हर एक / ଜଣକୁ ଜଣ (जणकु जण), किसी-किसी को/ କାହାକୁ କାହାକୁ (काहाकु काहाकु),अपने आप / ନିଜକୁ ନିଜେ (निजकु निजे) इत्यादि जैसे शब्द।

3 **द्विरुक्त विशेषण / ଦ୍ୱିରୁକ୍ତ ବିଶେଷଣ :**

उदाहरण : मोटे-मोटे /ମୋଟା ମୋଟା (मोटा मोटा), बडे बडे / ବଡ-ବଡ (बड़ बड़), थोडा थोडा / କିଛି-କିଛି (किछि किछि) , कुछ-कुछ / ଅଳ୍ପ ଅଳ୍ପ (अल्प अल्प), जरा जरा / ଟିକିଏ-ଟିକିଏ (टिकिए टिकिए), छोटे-छोटे / ଟିକି ଟିକି (टिकि टिकि), मीठी मीठी / ମିଠା-ମିଠା (मिठा मिठा), मधुर मधुर / ମଧୁର ମଧୁର (मधुर मधुर) इत्यादि जैसे शब्द।

4 **द्विरुक्त क्रिया / ଦ୍ୱିରୁକ୍ତ କ୍ରିୟା :**

उदाहरण : आते आते / ଆସୁ ଆସୁ (आसु आसु), डरते डरते / ଡରି ଡରି (डरि डरि), पढते पढते / ପଢୁ-ପଢୁ (पढु पढु), रोते रोते / କାନ୍ଦୁ କାନ୍ଦୁ (कांदु कांदु), हँसते हँसते / ହସି ହସି (हसि हसि), जाते जाते / ଯାଉ ଯାଉ (जाउ जाउ), करते करते / କରୁ କରୁ (करु करु), तैरते तैरते / ପହଁରି ପହଁରି (पंहरि पंहरि) इत्यादि जैसे शब्द।

सूचना : द्विरुक्त क्रियायें एक काम क्रम से करने के संदर्भ में आती हैं ।

5 **द्विरुक्त क्रिया विशेषण / ଦ୍ୱିରୁକ୍ତ କ୍ରିୟା ବିଶେଷଣ :**

उदाहरण : कभी कभी / ବେଳେ ବେଳେ (बेले बेले), कहीं न कही / କେଉଁଠି ନା କେଉଁଠି (केउँठि ना केउँठि), कहाँ कहाँ / କେଉଁଠି-କେଉଁଠି (केउँठि केउँठि), कभी न कभी / କେବେ ନା କେବେ (केबे ना केबे), जब जब / ଯେବେ ଯେବେ (जेबे जेबे), जहाँ जहाँ / ଯେଉଁଠି ଯେଉଁଠି (जेउँठि जेउँठि), ज्यों ज्यों- त्यों त्यों / ଯେମିତି ଯେମିତି - ସେମିତି ସେମିତି (जेमिति जेमिति-सेमिति सेमिति) इत्यादि जैसे शब्द।

16 संधि / ସନ୍ଧି (Union)

दो वर्णों के मेल से उत्पन्न विकार को 'संधि' (**Union**) कहते हैं । हिन्दी के अलावा दुनिया के सभी भाषाओं में संधि रहती है । संधि मतलब शब्दों का राजी होना (Compromise) अथवा शब्दों में समाधान कर लेना (Adjustment), अथवा एक शब्द को दुसरे शब्द से मिलाना (Joining together Union) है । अब हम सावधानीपूर्वक संधि का अध्ययन करेंगे ।

इसमें दो शब्द के बीच में 'संधि' चिह्न आता है । मतलब पहला शब्द का अंताक्षर और दूसरे शब्द के पहले अक्षर को जोड़ कर 'संधि' (**Union**) बनाया जाता है ।

उदाहरण : दश (ଦଶ) + अवतार (ଅବତାର) = दशावतार (ଦଶାବତାର)

अक्षर (ଅକ୍ଷର) + अभ्यास (ଅଭ୍ୟାସ) = अक्षराभ्यास (ଅକ୍ଷରାଭ୍ୟାସ)

संधि के तीन भेद हैं । वे :**1. स्वर संधि / ସ୍ୱର ସନ୍ଧି**

2. व्यंजन सन्धि / ବ୍ୟଂଜନ ସନ୍ଧି और

3. विसर्ग संधि / ବିସର୍ଗ ସନ୍ଧି

1. स्वर संधि / ସ୍ୱର ସନ୍ଧି (Union of Vowels) : दो स्वर के मुलाकात से होनेवाली बदलाव को स्वर संधि कहते है । इनके कई प्रकार हैं वे हैं । गुण संधि, यण संधि, वृद्धि संधि आदि ।

(क) गुण संधि (ଗୁଣ ସନ୍ଧି) : अ (ଅ) या आ (ଆ) के बाद इ (ଇ) या ई (ଈ) आये तो उन दोनों को भी 'ए' (ଏ) जैसा और उ, ऊ (ଉ, ଊ)आये तो उन दोनों के मेल से 'ओ' (ଓ) जैसा बदल जायेगा ।

उदाहरण : महा / ମହା + इन्द्र / ଇନ୍ଦ୍ର = महेन्द्र / ମହେନ୍ଦ୍ର

राजा / ରାଜା + ईश / ଈଶ = महेश / ମହେଶ

(ख) यण संधि (ଯଣ ସନ୍ଧି) : इ, ई, उ, ऊ, ऋ (ଇ, ଈ, ଉ, ଊ, ଋ) के बाद उसी जाति के सम्बन्धी अक्षर बिना दूसरा अक्षरों की जोड़ी हुए तो इ, ई (ଇ, ଈ) स्थान में य (ଯ) उ, ऊ (ଉ, ଊ) स्थान में व (ୱ), ऋ (ଋ) के स्थान में र (ର), अक्षर आता है ।

उदाहरण : इति / ଇତି + आदि / ଆଦି = इत्यादि / ଇତ୍ୟାଦି

अनु / ଅନୁ + एषण / ଏଷଣ = अन्वेषण / ଅନ୍ୱେଷଣ

यदि / ଯଦି + अपि / ଅପି = यद्यपि / ଯଦ୍ୟପି

(ग) वृधि संधि / ବୃଦ୍ଧି ସନ୍ଧି : 'अ' (ଅ) या 'आ' (ଆ) के बाद 'ए' (ଏ) या 'ऐ' (ଐ)जोड़ी हुए तो दोनों मिलकर ऐ (ଐ) जैसा, और ओ (ଓ) या ऐ (ଔ) जोड़ी हुए तो दोनों मिलकर औ (ଔ) जैसा बदल जायेंगे ।

उदाहरण : एक / ଏକ + एक / ଏକ = एकैक / ଏକୈକ

लिंग / ଲିଙ୍ଗ + ऐक्या / ଐକ୍ୟ = लिंगैका / ଲିଙ୍ଗୈକ୍ୟ

2. व्यंजन संधि / ବ୍ୟଞ୍ଜନ ସନ୍ଧି (Union of Consonant) : दो व्यंजन के मुलाकात से बनने वाले बदलाव को व्यंजन संधि कहतै है । और इसमें व्यंजन के बाद स्वर या व्यंजन शब्द आये तो व्यंजन में बदला आती है ।

उदाहरण : वाक / ବାକ + दान / ଦାନ = वाग्दान / ବାଗ୍ଦାନ

वाक / ବାକ + ईश / ଈଶ = वागीश / ବାଗୀଶ

3. विसर्ग संधि / ବିସର୍ଗ ସନ୍ଧି : विसर्ग के बाद स्वर या व्यंजन शब्द आये तो विसर्ग में हुए बदलाव को 'विसर्ग संधि' कहते है ।

उदाहरण : नि: / ନିଃ + चल / ଚଳ = निश्चल / ନିଶ୍ଚଳ

धनु: / ଧନୁଃ + टंकार / ଟଂକାର = धनुष्टंकार / ଧନୁଷ୍ଟଂକାର

सूचना : संधि के कई भेद है । यहाँ सब देने की जरूरत नहीं है ।

17 कहावतें / ଆପ୍ତବାକ୍ୟ (Proverbs)

ओड़िआ कहावतें	ओड़िआ कहावतें का उच्चारण और हिन्दी में अर्थ
ନିଜ ହାତ ଜଗନ୍ନାଥ	**उच्चारण** : निज हात जगन्नाथ **अर्थ** : खुद का उपर भरोसा रखना
ଆକୁଳି ମାକୁଳି ଗଣ୍ଠିଲି ବାନ୍ଧିବା	**उच्चारण** : आकुलि माकुलि गण्ठिलि बांधिबा **अर्थ** : सबकुछ लुट लेनाका मनोबृत्ति
ଏ କାନରେ ପୂରାଇ ସେ କାନରେ ବାହାର କରିଦେବା	**उच्चारण** : ए कानरे पूराइ से कानरे बाहार करिदेबा **अर्थ** : किसि बात को ध्यान न देना
ଆପଣା ସୁନା ଭେଣ୍ଡି	**उच्चारण** : आपणा सुना भेण्डि **अर्थ** : अपना पुत पराया टटीगर
ଅଳପ ଧନ ବିକଳ ମନ	**उच्चारण** : अलप धन बिकल मन **अर्थ** : अधजल गगरी छलकत जाय
ଘଇତା ମରୁ ପଛେ ସଉତୁଣୀ ରାଣ୍ଡ ହେଉ	**उच्चारण** : घईता मरु पछे सउतुणी रांड हेउ **अर्थ** : अपने बच्चे को ऐसा मारुँ पडोसन की छाती फट जाए
ନିଜକୁ ନିଅଂଟ ସାହି ପଡିଶାକୁ ବାଂଟ	**उच्चारण** : निजकु निंअट साहि पडिशाकु बांट **अर्थ** : आई माई को काजर नहीं बिलाइ की भर मागाँ
କୋଉ କୁଳକୁ ନ ହେବା	**उच्चारण** : कोउ कुलकु न हेबा **अर्थ** : धोबी का गधा न घर का न घाटका
ମାଗଣା ଧନରେ ଆଖି	**उच्चारण** : मागणा धनरे आखि **अर्थ** : आने का धन पर सोर राजा

ओड़िआ कहावतें	ओड़िआ कहावतें का उच्चारण और हिन्दी में अर्थ
ବୋଝ ଉପରେ ଲଳିତା ବିଡା	**उच्चारण** : बोझ उपरे ललिता बिड़ा **अर्थ** : कष्ट के उपर कष्ट आ कर गिरना
ମଲୁ ଖୋଜୁଥିଲା ପାଣି, ବଇଦ କହିଲା ଦେ ତୋରାଣି	**उच्चारण** : मलु खोजिला पाणि, बइद कहिला दे तोराणि **अर्थ** : अंधा सिपाही, कानी घोडी विधान ने आप मलाई जोडी
ଆପଣା ସୁନା ଭେଣ୍ଡି	**उच्चारण** : आपणा सुना भेण्डि **अर्थ** : आप ही मियाँ माँगते, वाहार खडे धनेश
ଚୋର ମୁହଁ ଟାଣ	**उच्चारण** : चोर मुहँ टाण **अर्थ** : उल्टा चोर कोतवाल को डाँटे
ଖାଇଲା ପୁଅ ରଂକ	**उच्चारण** : खाइला पुअ रंक **अर्थ** : आच्छे में रहनेवाला सदा आच्छा को चाहते हैं।
ଘରେ ନ ପଶୁଣୁ ମୁଣ୍ଡରେ ଚାଳ ବାଜିବା	**उच्चारण** : घरे न पशुणु चाल बाजिबा **अर्थ** : काम होने से पहले अनर्थ का सूचना
ନାହିରେ ତେଲ ପକାଇ ଶୋଇବା	**उच्चारण** : नाहिरे तेल पकाइ शोइबा **अर्थ** : बिना शोच-समझ बेपरवा रहना
ମାଛ ତେଲରେ ମାଛ ଭଜା	**उच्चारण** : माछ तेलरे माछ भजा **अर्थ** : बिना खर्च में लाभ करना
ସଜ ମାଛରେ ପୋକ ପକାଇବା	**उच्चारण** : सज माछरे पोक पकाइबा **अर्थ** : अच्छा काम को भि निंदा करना

ओड़िआ कहावतें	ओड़िआ कहावतें का उच्चारण और हिन्दी में अर्थ
ହାତରୁ ଖାଇ ଘୋଡ଼ା ଆଗରେ ଡେଇଁବା	**उच्चारण** : हातरु खाइ घोड़ा आगरे डेइँबा **अर्थ** : फाल्तु कष्ट स्वीकार करना
ଗାଁ କନିଆ ସିଙ୍ଘାଣି ନାକୀ	**उच्चारण** : गाँ कनिआ सिंघाणि नाकी **अर्थ** : पास में रहाहुआ गुणी व्यक्ति को ना पहेचान करना
ତେଲିଆ ମୁଣ୍ଡରେ ତେଲ	**उच्चारण** : तेलिआ मुंडरे तेल **अर्थ** : जान पहेचान लोगों को सुबिधा मिलना
ଛୋଟ ମୁହଁରେ ବଡ଼ କଥା	**उच्चारण** : छोट मुँहरे बड़ कथा **अर्थ** : बडों को असम्मान करके बात बोलना
ଝିମିଟି ଖେଳରୁ ମହାଭାରତ	**उच्चारण** : झिमिटि खेलरु महाभारत **अर्थ** : छोटा छोटा झगड़ों से बडा युद्ध होना
ଡେଙ୍ଗା ମୁଣ୍ଡରେ ଠେଙ୍ଗା	**उच्चारण** : डेंगा मुंडरे ठेंगा **अर्थ** : हर जिम्मेदारी बडों को जाना
ପାଗ ବାନ୍ଧୁ ବାନ୍ଧୁ କଚେରୀ ବରଖାସ୍ତ	**उच्चारण** : पाग बांधु बांधु कचेरी बरखास्त **अर्थ** : बिलम्ब करना और नुकसान होना
ବାହାଘର ବେଳେ ବାଇଗଣ ରୁଆ	**उच्चारण** : बाहाघर बेले बाइगण रुआ **अर्थ** : अंतिम काल में तत्पर होना
ମାଙ୍କଡ ହାତରେ ଶାଳଗ୍ରାମ	**उच्चारण** : मांकड़ हातरे शालग्राम **अर्थ** : अयोग्य के हात में महा दायित्व आना

18 मुहावरे / ରୂଢ଼ି (Idioms)

हिन्दी मुहावरे	ओड़िआ मुहावरा	ओड़िआ मुहावरे का उच्चारण
अंगुठा चुमना	ଆଙ୍ଗୁଠି ଚୁଚୁମିବା	आंगुठि चुचुमिबा
जी लगना	ମନ ଦେବା	मन देबा
जी लुभाना	ମନ ଲୋଭା	मन लोभा
जीते जी	ବଂଚି ଥାଉ ଥାଉ	बंचि थाउ थाउ
टर फिस करना	କଡା କଡି	कड़ा कड़ि
टाट उलटना	ତାଟି ଓଲଟାଇବା	ताटि ओलटाइबा
टाल मटोल करना	ଏପଟ ସେପଟ	एपट सेपट
टीका टीप्पणी करना	ପଦେ କହିବା	पदे कहिबा
टीका लगाना	ଚିତା କାଟିବା	चिता काटिबा
अंगुठा देखाना	ଆଂଗୁଠି ଦେଖାଇବା	आंगुठि देखाइबा
आंचल पसारना	କାନି ପତାଇବା	कानि पताइबा
अंड बंड बकना	ଏଣୁ ତେଣୁ ବକିବା	एणु तेणु कहिबा
अंत करना	ଶେଷ କରିବା	शेष करिबा
अंधाधंध मचाना	ଆନ୍ଧାଧୁନିଆ ମାତିବା	अंधाधुनिआ मातिबा
अंधा बनाना	ଆଖି ଫୁଟାଇବା	आखि फुटाइबा
अंधे की लाठी या लकडी	ଅଂଧର ଲଉଡି	अंधर लउड़ि
मुहँ अंधेरा	ମୁହଁ ଅଂଧାର	मुंह अंधार
अकड जाना	ଅଟକି ଯିବା	अटकि यिबा (जिबा)
अकल का दुष्मन	ଗୋବର ଗଣେଶ	गोबर गणेश
अकम्जारी जाना	ତା ପାଣି ମତେ ଜଣା	ता पाणि मते जणा
अखरने लगना	ଉଖାରିବା	उखारिबा

हिन्दी मुहावरे	ओड़िआ मुहावरा	ओड़िआ मुहावरे का उच्चारण
अपनी बात का एक	ନିଜକୁ ନିଜେ	निजकु निजे
अपने ढंग से	ମନମୁଖୀ	मनमुखी
अपनी मुहँ मियाँ मिठु बनाना	କୁଆକୁ ଛୁଆ	कुआकु छुआ
अफवाह उडाना	ଧୂଆଁ ବାଣ	धुआँ बाण
अबतब करना	ଆଜି କାଲି କରିବା	आजि कालि करिबा
अबतब होना	ଏପଟ ସେପଟ ହେବା	एपट सेपट हेबा
अलख जगाना	ଚାହିଁ ବସିବା	चाहिँ बसिबा
आँख अटखना	ଆଖି ଲାଖିଯିବା	आखि लाखिजिबा
अँख आना	ଆଖିକୁ ଆସିବା	आखिकु आसिबा
आँख उठाना	ଆଖି ଟେକିବା	आखि टेकिबा
आँख का काण्टा	ଆଖିରେ କଂଟା	आखिरे कंटा
आँख गडना	ଆଖି ବୁଲାଇବା	आखि बुलाइबा
आँक घुलना	ଆଖି ଘୋଲିହେବା	आखि घोलिहेबा
अंकवर भरना	ପୋଷା ମନେଇବା	पोषा मनेइबा
अंकुश देना	ଭୟ ଦେଖାଇବା	भय देखाइबा
अंग छुना	ଅଂଗଲଗା	अंगलगा
अंग करना	ନିଜର କରିନେବା	निजर करिनेबा
अंगार उगलना	ଅଂଗାର ବାହାର କରିବା	अंगार बाहार करिबा
अंगारे बरसना	ନିଆଁ ବର୍ଷିବା	निआँ बर्षिबा
अंगुली काटना	ଆଙ୍ଗୁଠି କାଟିବା	आंगुठि काटिबा
आँख में चढना	ଆଖିରେ ବସାଇବା	आखिरे बसाइबा
आँख चार होना	ଚାରି ଆଖି ହେବା	चारि आखि हेबा
आँख निकलना	ଆଖି ବାହାର କରିବା	आखि बाहार करिबा

हिन्दी मुहावरे	ओड़िआ मुहावरा	ओड़िआ मुहावरे का उच्चारण
आँख पथराना	ଆଖି ପଥର କରିବା	आखि पथर करिबा
आँख फटना	ଆଖି ଫାଟି ପଡିବା	आखि फाटि पड़िबा
आँख चढना	ଆଖି ଚଢ଼ିବା	आखि चढ़िबा
आँख में धूल झोंकना	ଆଖିରେ ଧୂଳି ଦେବା	आखिरे धूलि देबा
आंचल पसारना	କାନି ପତେଇବା	कानि पतेइबा
आँसु पोछना	ଲୁହ ପୋଛିବା	लुह पोछिबा
अजिज करना	ଅଳି କରିବା	अलि करिबा
आठ आठ आँसु रोना	ଆଣ୍ଠୁଏ ବହଳ କାନ୍ଦିବା	आंठुए बहल कांदिबा
आडे आना	ଆଡେଇ ଯିବା	आड़ेइ जिबा
आप से बाहर होना	ନିଜଠୁ ଅଲଗା ହେବା	निजठु अलगा हेबा
आवरु मिट्टी में मिलाना	ସମ୍ମାନ ମାଟିରେ ମିଶାଇବା	सम्मान माटिरे मिशाइबा
पागल होना	ପାଗଳ ହେବା	पागल हेबा
आशिक होना	ପ୍ରେମୀ ହେବା	प्रेमी हेबा
आसमान पर चढना	ଆକାଶକୁ ଉଠିବା	आकाशकु उठिबा
आसमान सिर पर उठाना	ଆକାଶକୁ ଶିଢି ବାଂଧିବା	आकाशकु शिढ़ी बांधिबा
आस्तीन का साँप	ଘର ଢ଼ିଂକି କୁମ୍ଭୀର	घर ढिंकि कुंभिर
छोटा करना	ଛୋଟା କରିଦେବା	छोटा करिदेबा
जंगल में पडना	ଜଂଗଲରେ ପଡିବା	जंगलरे पड़िबा
जख्म खाना	ଦରଜ ହେବା	दरज हेबा
जख्म देना	ଦୁଃଖ ଦେବା / କଷ୍ଟ ଦେବା	दु:ख देबा / कष्ट देबा
जडे जमाना	ଜଡ଼ ଦୁନିଆ	जड़ दुनिआ
जवान काट देना	ଜିଭ କାଟି ଦେବା	जिभ काटि देबा
जवान चलाना	ମୁହେଁ ମୁହେଁ ଜବାବ ଦେବା	मुँहे मुँहे जबाब देबा

हिन्दी मुहावरे	ओड़िआ मुहावरा	ओड़िआ मुहावरे का उच्चारण
जर्द पडना	ଫିକା ପଡିଯିବା	फिका पड़िजिबा
जल उठाना	ପାଣି ଉଠେଇବା	पाणि उठेइबा
जवाव देना	ଜବାବ ଦେବା	जबाब देबा
जहर उगलना	ବିଷ ଅଜାଡିବା	बिष अजाड़िबा
जान मारना	ଜୀବନରୁ ମାରିବା	जीबनरु मारिबा
जाया करना	ଯିବା ଆସିବା କରିବା	जिबा आसिबा करिबा
जाल फैलाना	ଜାଲ ବିଛେଇବା	जाल बिछाइबा।
जी उकताना	ମନ ବଳାଇବା	मन बलाइबा।
जी करना	ମନ କରିବା	मन करिबा।
जी जान से चाहना	ମନ ପ୍ରାଣ ଦେଇ ଚାହିବା	मन प्राण देइ चाहिबा।
जी भरकर	ମନ ଭରି	मन भरि।
टेट करना	କ୍ଷତି କରିବା	क्षति करिबा।
टेक निभाना	ଗୌରବ ରକ୍ଷିବା	गौरब रखिबा।
टेढी आँखों से देखना	ତେରଛା ଚାହାଣୀରେ ଚାହିଁବା	तेरछा चाहाणिरे चांहिबा।
गरदन नापना	ବେକ ଚାପିବା	बेक चापिबा।
गर्क होना	ବନ୍ୟା ହେବା	बन्या हेबा
गर्दन पर छुरी फेरना	ବେକରେ ଛୁରୀ ଲଗାଇବା	बेकरे छुरी लगाइबा
गला छुटना	ଗଳା ଛାଟିବା	गला छाटिबा
गशखाना	ମୂର୍ଚ୍ଛା ହେବା	मूर्च्छा हेबा
गाँठ खोलना	ଗଣ୍ଠି ଖୋଲିବା	गण्ठि खोलिबा
गाढ दिन	ଗାଢ଼ ଦିନ	गाढ़ दिन
गाल फुलाना	ମୁହଁ ଫୁଲେଇବା	मुंह फुलाइबा
गाल बजाना	ଗାଲରେ ବଜେଇବା	गालरे बजेइबा

हिन्दी मुहावरे	ओड़िआ मुहावरा	ओड़िआ मुहावरे का उच्चारण
गालिव होना	କବି ହେବା	कबि हेबा
गाली खाना	ଗାଳି ଖାଇବା	गालि खाइबा
गिरफतारी निकलना	ୱାରଂଟ ବାହାରିବା	वारंट बाहारिबा
गीदड भभकी	ବିଲୁଆ ପରି ଭୁକିବା	बिलुआ परि भुकिबा
गुस्सा उतरना	ବିରକ୍ତ ହେବା	बिरक्त हेबा
गुस्सा चढना	ରାଗ ଚଢ଼ିବା	राग चढ़िबा
गोट पकडना	ଗୋଠ ଧରିବା	गोठ धरिबा
गोता खाना	କୂଳ ଖାଇବା	कूल खाइबा
गोद लेना	କୋଳେଇ ନେବା	कोलेइ नेबा
गोवर गणेश होना	ଗଜମୂର୍ଖ	गजमुर्ख
गोलधार बरसना	ଗୋଳାବାରୁଦ ବର୍ଷିବା	गोलाबारुद बर्षिबा
धन चक्कर में पडना	ଧନ ପଛରେ ପଡିବା	धन पछरे पड़िबा
घर आवाद करना	ଘରକୁ ନଷ୍ଟ କରିବା	घरकु नष्ट करिबा
घाटे में आना	ଘାଟକୁ ଆସିବା	घाटकु आसिबा
घाटा उठाना	କ୍ଷତି ସହିବା	क्षति सहिबा
घात चलाना	କ୍ଷତି କରାଇବା	क्षति कराइबा
घाव पर नमक छिडकना	କଟା ଘା'ରେ ଚୁନ ଦେବା	कटा घा'रे चुन देबा
घिन करना	ଘୃଣା କରିବା	घृणा करिबा।
घुटने टेकना	ଆଣ୍ଠେଇବା	ओण्ठेइबा।
घुन लगाना	ଘୁଣ ଖାଇବା	घुण खाइबा।
घुल मिल कर	ଘୂରି ଘୂରି ଦେଖିବା	घूरि घूरि देखिबा।
घुला-घुला के मारना	ଘଣେଇ ଘଣେଇ କି ମାରିବା	घणेइ घणेइ कि मारिबा।
घुंसा लगाना	ବିଧା ମାରିବା	बिधा मारिबा।

हिन्दी मुहावरे	ओड़िआ मुहावरा	ओड़िआ मुहावरे का उच्चारण
जंग लगाना	କଳି ଲଗାଇବା	कलि लगाइबा
चकमा खाना	ଚିତା କାଟିବା	चिता काटिबा
चक्कर में आना	ଜାଲରେ ପଡିବା	जालरे पडिबा।
चक्की पीसना	ଚକି ପେସିବା	चकि पेषिबा।
चपत जमाना	ଆଡ୍ଡା ଜମେଇବା	आड्डा जमेइबा।
चिकनी चुपडी वातें करना	ଚିକ୍କଣ କଥା କହିବା	चिक्कण कथा कहिबा।
चित करना	ଚିତ କରିବା	चित करिबा।
चित्त चुराना	ମନ ଚୋରାଇବା	मन चोराइबा।
चुगली करना, लगाना	ଚୁଗୁଲି କରିବା / ଲଗେଇବା	चुगुलि मरिबा/लगेइबा
चुटकी देना	ଦାବି କରିବା	दाबि करिबा
चुप लाधना	ଚୁପ କରାଇବା	चुप कराइबा
चेहेरा उतरना	ଇଜ୍ଜତ ତଳେ ପକାଇବା	इज्जत तले पकाइबा
छंटा हुआ	ଛାଣି ହେବା	छाणि हेबा
छाती खोलना	ଛାତି ଖୋଲିବା	छाति खोलिबा
छाती थाम कर रहजाना	ଛାତିକୁ ପଥର କରିବା	छातिकु पथर करिबा
छाती धडकना	ଛାତି ଥରି ଉଠିବା	छाति थरि उठिबा
छाती पर पत्थर रखना	ଛାତିରେ ପଥର ରଖିବା	छातिरे पथर रखिबा
छप्पर फाड कर कमाना	ପ୍ରଚୁର ରୋଜଗାର କରିବା	प्रचुर रोजगार करिबा
छापा मारना	ପ୍ରହରା ଦେବା / ଜଗିବା	प्रहार देबा / जगिबा

भाग - २

ଭାଗ - ୨

PART - 2

Scan me

पृष्ठ संख्या 111 से 134 की विषय-सामग्रीं ऑनलाइन
https://www.dropbox.com/scl/fi/11w3afu9ypgz86cziqls3/60102S-9789350571620-LEARN-ODIA-THROUGH-HINDI-PART-2.pdf?rlkey=jlcjw4xe6yl4y052bp5xu6yyo&st=exj0yadn&dl=0
पर उपलब्ध है।

ଭାଗ - ୩

भाग - ३

PART - 3

प्रश्नवाचक संभाषणाए   ପ୍ରଶ୍ନବାଚକ ସମ୍ଭାଷଣ   प्रश्नवाचक संभाषण
(Question Tag Conversations)

हिन्दी सीखने के लिये सबसे महत्वपूर्ण है प्रश्नों को पूछना । सुबह उठते ही हमारी जिंदगी प्रश्नों के साथ ही शुरू होती है कि नहीं ? नीचे कुछ प्रश्नवाचक शब्द **(question tags)** दिये गये हैं । इनका सावधानीपूर्वक अवलोकन करें उन्हे सीखने के पश्चात आप बोलचाल में छाप प्रवाह हिन्दी बोल सकते हैं ?

ହିନ୍ଦୀ ଶବ୍ଦ **Hindi Word**	ଓଡ଼ିଆ ଶବ୍ଦ **Odia Word**	ଓଡ଼ିଆ ଶବ୍ଦର ଉଚ୍ଚାରଣ **Odia Pronunciation**
क्या ?	କଣ ?	कण ?
कैसा ?	କିପରି / କେମିତି ?	किपरि / केमिति ?
कहाँ ?	କେଉଁଠି / କେଉଁଠାରେ ?	केउँठि ?
कितना ?	କେତେ ?	केते ?
क्यों ?	କାହିଁକି ?	कांहिकि ?
कब ?	କେତେବେଳେ ?	केतेबेले ?
कौन ?	କିଏ ?	किए ?
कौन सा ?	କେଉଁ ?	काउँ ?
जब ?	ଯେତେବେଳେ ?	जेतेबेले ?
कहाँ पर ?	କେଉଁଠି ?	केंउठि ?
किसके ?	କାହାକୁ ?	काहाकु ?
किनके ?	କାହା / କାହାର ?	काहा / काहार ?

अब छोटी छोटी बातें और छोटे छोटे आदेश सीख लेंगे ।

छोटी-छोटी बातें ଛୋଟ-ଛୋଟ କଥା छोट-छोट कथा (Small Small Words)

ହିନ୍ଦୀ ଶବ୍ଦ Hindi Word		ଓଡ଼ିଆ ଶବ୍ଦ Odia Word	ଓଡ଼ିଆ ଶବ୍ଦର ଉଚ୍ଚାରଣ Odia Pronunciation
1.	खामोश	ଚୁପ୍	चुप्
2.	चुप रहिए	ଚୁପ୍ ରୁହ	चुप् रुह
3.	सुनो	ଶୁଣ	शुण
4.	समझ लो	ବୁଝି ନିଅ	बुझि निअ
5.	यहीं इन्तजार करो	ଏଠରେ ଅପେକ୍ଷା କର	एठारे अपेक्षा कर
6.	भूलना मत	ଭୁଲ ନାହିଁ	भूल नांहि
7.	इधर आईये	ଏଠାକୁ ଆସ	एठाकु आस
8.	बाहार जाओ	ବହାରକୁ ଯାଅ	बाहारकु जाअ
9.	आगे देखो	ସାମ୍ନାକୁ ଅନାଅ	साम्नाकु अनाअ
10.	पीछे मत देखो	ପଛକୁ ଅନାଅ ନାହିଁ	पछकु अनाअ नांहि
11.	बाजु में क्या है	ପାଖରେ କଣ ଅଛି ?	पाखरे कण अछि ?
12.	जल्दी आइये	ଚଂଚଳ ଆସ	चंचल आस
13.	नीचे उतरिये	ତଳକୁ ଓହ୍ଲାଅ	तलकु ओल्हाअ
14.	ऊपर चढ़िये	ଉପରକୁ ଚଢ଼	ऊपरकु चढ़
15.	मुझे देखने दो	ମତେ ଦେଖିବାକୁ ଦିଅ	मते देखिबाकु दिअ
16.	बैठिये	ବସନ୍ତୁ	बसन्तु
17.	खड़े रहिए	ଛିଡ଼ା ହୋଇ ରୁହ	छिड़ा होई रुह
18.	यह क्या है ?	ଏଇଟା କଣ ?	एईटा कण ?
19.	चाय पीओ	ଚାହା ପିଅ	चाहा पिअ
20.	मुँह धोओ	ମୁହଁ ଧୁଅ	मुँह धुअ

21.	उसको बुलाओ	ତାହାକୁ ଡାକ	ताहाकु डाक
22.	यह हटाओ	ଏହାକୁ କାଢ଼	एहाकु काढ़
23.	इसको हटाओ	ଏସବୁକୁ କାଢ଼	एसबुकु काढ़
24.	मुझे छोड़ दो	ମତେ ଛାଡ଼ି ଦିଅ	मते छाड़ि दिअ
25.	बोलना मत	କୁହ ନାହିଁ	कुह नांहि
26.	मुझे बताओ	ମତେ କୁହ	मते कुह
27.	मुंझे नहीं चाहिए	ମୋର ଦରକାର ନାହିଁ	मोर दरकार नांहि
28.	तूम्हें पानी चाहिए	ତୁମକୁ ପାଣି ଦରକାର	तुमकु पाणि दरकार
29.	उन्हें दूध चाहिये	ତାଙ୍କୁ ଦୁଧ ଦରକାର	तांकु दुध दरकार

क्या / କଣ / कण (What)

1. क्या बात है ?	କଥା କଅଣ ?	कथा कअण ?
2. यह क्या है ?	ଏହା କଅଣ ?	एइटा कअण ?
3. उसका नाम क्या है ?	ତାହାର ନାମ କଣ ?	ताहार नाम कण ?
4. इसका मतलब क्या है ?	ଏହାର ମାନେ କଣ ?	एहार माने कण ?
5. आपको क्या हुआ ?	ତୁମର କଅଣ ହେବ ?	तुमर कअण हेब ?
6. अब समय क्या है ?	ଏବେ କେତେଟା ବାଜିଲା ?	एबे केतेटा बाजिला ?
7. तुम इस समय क्या करते हो ?	ତୁମେ ଏହି ସମୟରେ କ'ଣ କରୁଛ ?	तुमे एहि समयरे कण करुछ ?
8. करते हो ?	କରୁଛ ?	करुछ ?
9. वह क्या है ?	ସେଇଟା କଅଣ ?	सेइटा कअण ?

10. आपने उनसे क्या कहा ? ଆପଣ ତାଙ୍କୁ କଣ କହିଲେ ? आपण तांकु कण कहिले ?

11. तुम क्या खरीदना है ? ତୁମେ କଣ କିଣିବାକୁ ଚାହୁଁଛ ? तुमे कण किणिबाकु चाहुछ ?

12. मै क्या करूँ ? ମୁଁ କଣ କରିବି ? मुँ कण करिबि ? 13.

तुम क्या करते हो? ତୁମ କଣ କରୁଛ ? तुमे कण करुछ ? 14.

आप मुझे क्या देते है ? ଆପଣ ମତେ କଣ ଦେଉଛନ୍ତି ? आपण मोते कण देउछन्ति ?

କିଏ ? कौन कौन् ? (Who)

1. आप कौन है ? ଆପଣ କିଏ ? आपण किए ?

2. तुम कौन हो ? ତୁମେ କିଏ ? तुमे किए ?

3. मै कौन हूँ ? ମୁଁ କିଏ ? मुँ किए ?

4. आपको कौन चाहिए ? ଆପଣଙ୍କୁ କିଏ ଦରକାର ? आपणंकु किए दरकार ?

5. उनको कौन चाहिए ? ତାଙ୍କୁ କିଏ ଦରକାର ? तांकु किए दरकार ?

6. वह कौन है ? ସେ କିଏ ? से किए ?

7. इस घर में कौन-कौन रहते है ? ଏହି ଘରେ କିଏ କିଏ ରହୁଛନ୍ତି ? एहि घरे किए रहुछन्ति ?

8. वह मोटा लड़का कौन है ? ସେ ମୋଟା ପିଲାଟା କିଏ ? से मोटा पिलाटा किए ?

9. इस जमीन का मालिक कौन है ? ଏହି ଜମିର ମାଲିକ କିଏ ? एहि जमिर मालिक किए ?

10. आपके परिवार में बड़े कौन हैं ? ଆପଣଙ୍କ ପରିବାରରେ ବଡ଼ କିଏ ? आपणंक परिबाररे बड किए ?

11. यह प्रश्न पूछने वाले आप कौन है? ଏ ପ୍ରଶ୍ନ ପଚାରିବାକୁ ଆପଣ କିଏ ? ए प्रश्न पचारिबाकु आपण किए ?

12. इस गली में तुम्हारा दोस्त कौन है ? ଏହି ଗଳିରେ ତୁମର ସାଙ୍ଗ କିଏ ? एहि गलिरे तुमर सांग किए ?

13. वह/उधर तुमसे कौन बात करते हैं ? ସେ / ସେଠାରେ ତୁମ ସହିତ କିଏ କଥାବାର୍ତା କରୁଛି ? से / सेठारे तुम सहित किए कथाबार्ता करुछि ?

14. आज की सभा में कौन-कौन बात करते हैं ? — ଆଜିର ସଭାରେ କିଏ କିଏ କହୁଛନ୍ତି ?
आजिर सभारे किए किए कहुछन्ति ?

15. तुम्हारी बहन कौन है ? — ତୁମର ଭଉଣୀ କିଏ ?
तुमर भउणी किए ?

16. मुझसे बात करने वाले तुम कौन हो ? — ମୋ ସହିତ କଥାବାର୍ତ୍ତା କରିବାକୁ ତୁମେ କିଏ ?
मो सहित कथाबार्ता करिबाकु तुमे किए ?

17. ये किनके बच्चे हैं ? — ଏ କାହାର ପିଲା ?
ए काहार पिला ?

18. ये किसकी गुडियाँ हैं ? — ଏ କଣ୍ଢେଇ କାହାର ?
ए कंढेइ काहार ?

19. यह किसकी किताब है? — ଏ ବହିଟି କାହାର ?
ए बहिटि काहार ?

20. वह तुम्हारा कौन लगता है ? — ସେ ତୁମର କଣ ହେବେ ?
से तुमर कण हेबे ?

क्यों ? କାହିଁକି ? काहिंकि ? (Why)

तुम मेरे घर क्यों आये हो ? — ତୁମେ ମୋ ଘରକୁ କାହିଁକି ଆସିଛ ?
तुमे मो घरकु काहिंकि आसिछ ?

क्यों नहीं आना बोलो ? — କାହିଁକି ଆସିବି ନାହିଁ କୁହ ?
कांहिकि आसिबि नांहि कुह ?

तुम क्यों नाराज होते हो ?	ତୁମେ ରାଗୁଛ କାହିଁକି ? **तुमे रागुछ कांहिकि ?**
तुमने हिन्दी क्यों सीख लिया ?	ତୁମେ କାହିଁକି ହିନ୍ଦୀ ଶିଖିଲ ? **तुमे कांहिकि हिन्दी शिखिल ?**
तुमने क्यों नही सीख लिया बोलो ?	ତୁମେ କାହିଁକି ଶିଖିଲ ନାହିଁ କୁହ ? **तुमे कांहिकि शिखिल नांहि कुह ?**
आप वहाँ क्यो गये ?	ଆପଣ ସେଠାକୁ କାହିଁକି ଗଲେ ? **आपण सेठाकु कांहिकि गले ?**
आज आप क्यों नही आये ?	ଆଜି ଆପଣ କାହିଁକି ଆସିଲେ ନାହିଁ ? **आजि आपण कांहिकि आसिले नांहि ?**
तुम दफ्तर को हर दिन क्यों जाते हो ?	ତୁମେ କାର୍ଯ୍ୟାଳୟକୁ ସବୁଦିନେ କାହିଁକି ଯାଉଛ ? **तुमे कार्ज्यालयकु सबुदिने कांहिकि जाउछ ?**
वह औरत क्यों जोर से बात कर रही है ?	ସେ ନାରୀ ଜଣକ କାହିଁକି ଜୋର୍‌ରେ କଥା କହୁଛନ୍ତି ? **से नारी जणक कांहिकि जोररे कथा कहुछन्ति ?**
तुम क्यों नहीं खेले ?	ତୁମେ କାହିଁକି ଖେଳିଲ ନାହିଁ ? **तुमे कांहिकि खेलिल नांहि ?**
आपने इतनी देर क्यों कि (किया)?	ଆପଣ ଏତେ ଡ଼େରି କଲେ କାହିଁକି ? **आपण एते डेरि कले कांहिकि ?**
आपने उनको क्यों नहीं बोले ?	ଆପଣ ତାଙ୍କୁ କହିଲେ ନାହିଁ କାହିଁକି ? **आपण तांकु कहिले नांहि कांहिकि ?**

तुम उनको क्यों मिले ?	ତୁମେ ତାଙ୍କୁ ଭେଟିଲ କାହିଁକି ? तुमे तांकु भेटिल कांहिकि ?
मैं आपको क्यों जवाब दूँ ?	ମୁଁ ତୁମକୁ କାହିଁକି ଉତ୍ତର ଦେବି ? मुँ तुमकु कांहिकि उत्तर देबि ?
वह क्यों हँसा ?	ସେ କାହିଁକି ହସିଲେ ? से कांहिकि हसिले ?
वह हमको क्यों ?	ସେ ମୋତେ କାହିଁକି ? से मोते कांहिकि ?
उसने वह नौकरी क्यों छोड़ दी (दिया) ?	ସେ କାହିଁକି ଚାକିରୀ ଛାଡ଼ି ଦେଲେ ? से कांहिकि चाकिरी छाडि देले ?
तुम क्यों भागते हो?	ତୁମେ କାହିଁକି ପଳାଉଛ ? तुमे कांहिकि पलाउछ ?
मेरे जाने से तुम्हें क्या होता है ?	ମୁଁ ପଳାଇଲି ତ ତୁମର କଣ ଗଲା ? मुॅ पलाइलि त तुमर कण गला ?
तुम सीधा तरह जवाब क्यों नहीं देते हो ?	ତୁମେ କାହିଁକି ସିଧା ଜବାବ୍ ଦେଉ ନାହଁ ? तुमे कांहिकि सिधा जबाब देउ नांह ?

कहाँ / किधर କେଉଁଠି / କେଉଁଠାରେ ? केउँठि / केउँठारे (Where)

आप कहाँ रहते हैं ?	ଆପଣ କେଉଁଠି ରହୁଛନ୍ତି ? आपण केउँठि रहुछन्ति ?
हम कहाँ रहते है ?	ଆମେମାନେ କେଉଁଠି ରହୁଛୁ ? आमेमाने केउँठि रहुछु ?
वे लोग कहाँ रहते है ?	ସେ / ସେମାନେ କେଉଁଠି ରହୁଛନ୍ତି ? से / सेमाने केउँठि रहुछन्ति ?
तुम्हारी पाठशाला कहाँ है ?	ତୁମ ବିଦ୍ୟାଳୟ କେଉଁଠି ? तुम बिद्यालय केउँठि ?

मुझे कहाँ जाना है ?	ମୁଁ କେଉଁଠିକି ଯିବି ?
	मुँ केउँठिकि जिबि ?
तुम्हें कहाँ जाना है ?	ତୁମେ କେଉଁଠିକି ଯିବ ?
	तुमे केउँठिकि जिबि ?
आप कहाँ जा रहे हैं ?	ଆପଣ କେଉଁଠିକି ଯାଉଛନ୍ତି ?
	आपण केउँठिकि जाउछंति ?
आपके गाड़ी को कहाँ ठहराना है ?	ତୁମ ଗାଡ଼ି କେଉଁଠାରେ ରହିବ ?
	तुम गाडि केउँठारे रहिब ?
तुम कहाँ काम करते हो?	ତୁମେ କେଉଁଠି କାମ କରୁଛ ?
	तुमे केउँठि काम करुछ ?
तुम कहाँ काम कर रहे हो ?	ତୁମେ କେଉଁଠି କାମ କରିଆସୁଛ ?
	तुमे केउँठि काम करि आसुछ ?
तुम कहाँ से देखते हो?	ତୁମେ କେଉଁଠାରୁ ଦେଖୁଛ ?
	तुमे केउँठारु देखुछ ?
हम किधर मिलेंगे ?	ଆମେମାନେ କେଉଁଠି ଭେଟାଭେଟି ହେବା ?
	आम्भेमाने केउँठि भेटाभेटि हेबा ?
उनसे कहाँ मिलते हो ?	ତାଙ୍କୁ କେଉଁଠି ପାଉଛ / ଭେଟୁଛ ?
	तांकु केउँठि पाउछ / भेटुछ ?
तुमको इतने रूपये कहाँ से आये ?	ତୁମ ପାଖରେ ଏତେ ଟଙ୍କା କେଉଁଠୁ ଆସିଲା ?
	तुम पाखरे एते टंका केउँठु आसिला ?
आपका घर कहाँ है ?	ତୁମ ଘର କେଉଁଠି ?
	तुम घर केउँठि ?

कैसा ? କିପରି / କେମିତି ? किपरि / केमिति (How)

आप किस प्रकार जाते है ? ଆପଣ କିପରି / ଯାଉଛନ୍ତି ?
आपण किपरि जाउछन्ति ?

तुम कैसे जाते हो? ତୁମେ କିପରି / କେମିତି ଯାଉଛ ?
तुमे किपरि / केमिति जाउछ ?

मैं कैसे जाऊँ ? ମୁଁ କେମିତି ଯିବି ?
मुँ केमिति जिबि ?

वे लोग कैसे जान पाते हैं ? ସେମାନେ କେମିତି ଜାଣିଲେ ?
सेमाने केमिति जाणिले ?

वे लोग कैसे जीते हैं ? ସେମାନେ କେମିତି ବଂଚିଲେ ?
सेमाने केमिति बंचिले ?

मुझे कैसा मालूम होगा ? ମୁଁ କେମିତ ଜାଣିଥାନ୍ତି ?
मुँ केमिति जाणिथान्ति ?

तुम्हें कैसे मालूम हुआ? ତୁମେ କେମିତି ଜାଣିଲ ?
तुमे केमिति जाणिल ?

मैं तुम्हें कैसे दूं ? ମୁଁ ତୁମକୁ କେମିତି ଦେବି ?
मुँ तुमकु केमिति देबि ?

मैंने तुमको कैसे दिया ? ମୁଁ କେମିତି ତୁମକୁ ଦେଲି ?
मुँ केमिति तुमकु देलि ?

वे / उन लोगों को कैसे देंगे ? ସେ / ସେମାନେ କେମିତି ଦେବେ ?
से / सेमाने केमिति देबे ?

इसकी पढाई कैसी चल रही है ? ତାହାର ପଢ଼ାପଢ଼ି କେମିତି ଚାଲିଛି ?
ताहार पढापढि केमिति चालिछि ?

उनके गाँव को कैसे जायें ?	ତାଙ୍କ ଗାଁକୁ କେମିତି ଯିବା ? **तांक गाँकु केमिति जिबा ?**
शादी किस तरह हुई ?	ବାହାଘର କେମିତି ହେଲା ? **बाहाघर केमिति हेला ?**
तुम कैसे हो ?	ତୁମେ କେମିତି ଅଛ ? **तुमे केमिति अछ ?**
व्यापार / धंधा कैसे चला रहे हो ?	ବେପାର ବଟା / କାମଧନ୍ଦା କେମିତି ଚାଲିଛି ? **बेपार बटा / कामधंदा केमिति चालिछि ?**
गायों को कैसे चरा रहे हैं ?	ଗାଈମାନଙ୍କୁ କେମିତି ଚରାଉଛ ? **गाईमानंकु केमिति चराउछ ?**
भैंस कैसे चर रही है ?	ମଇଁଷୀ କେମିତି ଚରୁଛନ୍ତି ? **मइंषी केमिति चरुछन्ति ?**
आप कैसे निगलते हैं ?	ଆପଣ ଭିଜିଲେ କିପରି ? **आपण भिजिले किपरि ?**
चाय कैसे बनाउँ ?	ଚାହା କେମିତି ତିଆରି କରିବ ? **चाहा केमिति तिआरि करिब ?**
कैसी सब्जी खरीदनी है ?	ତରକାରୀ କେମିତି କିଣିବ ? **तरकारी केमिति किणिब ?**
रसोइया कैसे रहता है ?	ପୂଜାରୀ (ରୋଷେଇୟା) କେମିତି ? **पूजारी (रोषेइआ) केमिति ?**

कब ? କେତେବେଳେ, କେବେ ? केतेबेले, केबे ? (When)

तुम कब उठते हो ?	ତୁମେ କେତେବେଳେ ଉଠୁଛ ? **तुमे केतेबेले उठुछ ?**

मुझे कब उठना चाहिए ?

ମୋର କେତେବେଳେ ଉଠିବା ଦରକାର ?

मोर केतेबेले उठिबा दरकार ?

कब जगना अच्छा रहेगा ?

କେତେବେଳେ ଉଠିଲେ ଠିକ୍ ହେବ ?

केतेबेले उठिले ठिक हेब ?

कब जाउँ तो अच्छा होगा ?

କେତେବେଳେ ଗଲେ ଠିକ୍ ହେବ ?

केतेबेले गले ठिक हेब ?

तुम कब आओगे ?

ତୁମେ କେତେବେଳେ ଆସିବ ?

तुमे केतेबेले आसिब ?

आप कब आयेंगे ?

ଆପଣ କେତେବେଳେ ଆସିବେ ?

आपण केतेबेले आसिबे ?

मैं कब आऊँ ?

ମୁଁ କେତେବେଳେ ଆସିବି ?

मुँ केतेबेले आसिबि ?

आपके बेटी की शादी कब है ?

ଆପଣଙ୍କ ଝିଅର ବାହାଘର କେବେ ?

आपणंक झिअर बाहाघर केबे ?

मैं अपने घर कब जाऊँगा ?

ମୁଁ ମୋ ଘରକୁ କେତେବେଳେ ଯିବି ?

मुँ मो घरकु केतेबेले जिबि ?

मैं यह काम कब शुरू कर सकता हूँ ?

ମୁଁ ଏହି କାମକୁ କେବେ ଆରମ୍ଭ କରି ପାରିବି ?

मुँ एहि कामकु केबे आरंभ करि पारिबि ?

आप कार्यालय / दफ्तर कब जायेंगे ?

ଆପଣ କାର୍ଯ୍ୟାଳୟକୁ କେବେ ଯିବେ ?

आपण कार्जालयकु केबे जिबे ?

हम कब जायेंगे ?

ଆମେମାନେ କେତେବେଳେ ଯିବୁ ?

आमेमाने केतेबेले जिबु ?

हम कब शादी करेंगे ?

ଆମେ କେବେ ବାହା ହୋଇଯିବା ?

आमे केबे बाहा होइजिबा ?

हम खाना कब खायेंगे ?	ଆମେମାନେ କେତେବେଳେ ଖାଇବୁ ? आमेमाने केतेबेले खाइबु ?
हम वहाँ कब पहुँचेंगे ?	ଆମେ ସେଠାରେ / ସେଇଠି କେବେ ପହଁଚିବା ? आमे सेठारे / सेइठि केबे पंहचिबा ?
उसने कब किया ?	ସେମାନେ କେତେବେଳେ କଲେ ? सेमाने केतेबेले कले ?
यह कब होगा ?	ସେଇଟା କେତେବେଳେ ହେବ ? सेइटा केतेबेले हेब ?
छुट्टी कब है ?	ଛୁଟି ଦିନ କେବେ ? छुटि दिन केबे ?
आपकी शादी कब है ?	ଆପଣଙ୍କର ବାହାଘର କେବେ ? आपणंकर बाहाघर केबे ?

कितना ? କେତେ ? केते ? (How many ? / How much ?)

एक रूपये में कितने पैसे हैं ?	ଟଙ୍କାକ କେତେ ପଇସା ? टंकाक केते पइसा ?
एक करोड़ में कितने शून्य रहते हैं ?	ଏକ କୋଟିରେ କେତୋଟି ଶୂନ ରହିଥାଏ ? एक कोटिरे केतोटि शून रहिथाए ?
आपकी उम्र कितनी है ?	ଆପଣଙ୍କ ବୟସ କେତେ ? आपणंक बयस केते ?
तुम सबेरे कितनी इडली खा सकते हो ?	ତୁମେ ସକାଳେ କେତେଟା ଇଟିଲି ଖାଇ ପାରିବ ? तुमे सकाले केतेटा इटिलि खाइ पारिब ?
आप प्रत्येक दिन कितने बजे दफ्तर जाते है?	ଆପଣ ସବୁଦିନେ କେତେବେଳେ ଅଫିସ୍‌କୁ ଯାଅ ? आपण सबुदिने केतेबेले अफिसकु जाअ ?

तुम प्रत्येक दिन कितना काम करते हो ?

ତୁମେ ସବୁଦିନେ କେତେ କାମ କରୁଛ ?

तुमे सबुदिने केते काम करुछ ?

तुम्हे कितना चाहिए ?

ତୁମକୁ କେତେ ଦରକାର ?

तुमकु केते दरकार ?

इन्द्रधनुष में कितने रंगों रहते है ?

ଇନ୍ଦ୍ରଧନୁରେ କେତୋଟି ରଙ୍ଗ ଥାଏ ?

इंद्रधनुरे केतोटि रंग थाए ?

तुम प्रतिदिन कितनी बार खाना खाते हो ?

ତୁମେ ପ୍ରତିଦିନ କେତେଥର ଖାଉଛ ?

तुमे प्रतिदिन केतेथर खाउछ ?

तरकारियाँ कितने दाम में देते हो ?

ଏ ତରକାରୀକୁ କେତେ ଦାମରେ ଦେଉଛ ?

ए तरकारीकु केते दामरे देउछ ?

इसके पहले हम कब, क्यों, कितना, कौन जैसे प्रश्नवाचक शब्दों (Question Words) का प्रयोग कर प्रश्न पूछने को प्रयोग करने का **तरीका सीख चुके हैं । अब इसमें ही साधारण पद्धति से कुछ आज्ञा सूचक वाक्यों का अध्ययन करेंगे ।**

तुम क्या समझते हो ?

ତୁମେ କଣ ବୁଝୁଚ ?

तुमे कण बुझुछ ?

इसको उधर / वहाँ रखो

ଏହାକୁ ସେଠି / ସେଠାରେ ରଖ।.

एहाकु सेठि / सेठारे रख ?

फौरन आओ ?

ଶିଘ୍ର ଆସ।

शिघ्र आस।

आपको क्या मालूम है ?

ତୁମକୁ କଣ ଜଣା ?

तुमकु कण जणा ?

धीरे जाओ ?

ଧୀରେ ଯାଅ।

धीरे जाअ।

जल्दी जाओ ।	ଶିଘ୍ର ଯାଅ ।.
	शिघ्र जाअ।
इसे / इसको सम्भालिये ।	ଏହାକୁ ସମ୍ଭାଳ।
	एहाकु संभाल।
चुपचाप रहो ।	ଚୁପ୍ ଚାପ୍ ରୁହ।
	चुपचाप रुह।
इधर आओ ।	ଏଠିକି ଆସ।
	एठिकि आस।
खामोश ।	ଚୁପ୍ ।
	चुप ।
यहाँ / इधर देखो ।	ଏଠି / ଏଠିକି ଦେଖ ।
	एठि / एठिकि देख ।
देखो / देखिए ।	ଦେଖ ।
	देख ।
हटो / हटिए ।	ଉଠ / ଉଠନ୍ତୁ ।
	उठ / उठन्तु ।
हटाइए ।	ଉଠାଅ ।
	उठाअ ।
कोशिश करो ।	ଚେଷ୍ଟା କର ।
	चेष्टा कर ।
तैयार रहिए ।	ତିଆରି କରି ରଖ ।
	तिआरि करि रख ।

यह खाओ	ଏହାକୁ ଖାଅ एहाकु खाअ
उसको छोड़ो	ତାହାକୁ ଛାଡ଼ ताहाकु छाड
इसको छोड़ दो	ତାଙ୍କୁ ଛାଡ଼ିଦିଅ तांकु छाडिदिअ
हल्लू हल्लू चलो (धीरे - धीरे चलीये)	ଧୀରେ ଧୀରେ ଚାଲ / ହାଉଲେ ହାଉଲେ ଚାଲ धीरे धीरे चाल / हाउले हाउले चाल
तुम यहाँ रूको	ତୁମେ ଏଇଠି ରୁହ तुमे एइठि रुह
सोच कर बोलो	ଭାବିକି କୁହ भाबिकि कुह
देख कर चलो	ଦେଖିକି ଚାଲ देखिकि चाल
भूलना मत / मत भूलो	ଭୁଲନ୍ତୁ ନାହିଁ / ଭୁଲ ନାହିଁ भुलन्तु नाहिँ / भुल नाहिँ
बोलना मत / मत बोलो	କୁହନ୍ତୁ ନାହିଁ / କୁହ ନାହିଁ कुहन्तु नाहिँ / कुह नाहिँ
मन बताना	ମନ କଥା କୁହନାହିଁ मन कथा कुह नाहिँ
उनको तंग मत करो	ତାଙ୍କୁ ବ୍ୟସ୍ତ କର ନାହିଁ तांकु ब्यस्त कर नाहिँ

असली बात बोलो ।	ମୂଳ କଥା କୁହ । मूल कथा कुह ।
देर से मत जाना ।	ଡେରିରେ ଯିବ ନାହିଁ । डेरिरे जिब नाहिँ ।
मुझे परेशान मत करो ।	ମୋତେ ହଇରାଣ କରନାହିଁ । मोते हइराण करनाहिँ ।
मुझे जाने दा	ମୋତେ ଯିବାକୁ ଦିଅ । मोते जिबाकु दिअ ।
वापस जाइए ।	ଫେରିଯାଅ । फेरि जाअ ।
पढ़ो लिखो और आगे बढ़ो ।	ପଢ, ଲେଖ, ଆଗେଇ ଯାଅ । पढ, लेख, आगेइ जाअ ।
आप कुछ समझ लेना ।	ଆପଣ କିଛି ବୁଝି ନିଅନ୍ତୁ । आपण किछि बुझि निअन्तु ।
तुम मुझे समझाओ ।	ତୁମେ ମତେ ବୁଝାଅ । तुमे मते बुझाअ ।

अब हम क्रोध से सम्बन्धित कुछ बातें (Talk with Anger) सीखेंगे । क्रोध वाले वाक्यों के अंत में आने वाली क्रिया शब्द को हम हल्का छोंड़ते है । उदाहरण : करो (କର), रहो (ରହ), बोलो - (କୁହ)

तुमको अकल नहीं है ।	ତୋର ବୁଦ୍ଧି ନାହିଁ । तोर बुद्धि नाहिँ ।
तुम मेरा/मेरी बात सुनो ।	ତୁମେ ମୋ' କଥା ଶୁଣ । तुमे मो कथा शुण ।
सीधी बात करें ।	ସିଧା କଥା କୁହ । सिधा कथा कुह ।

फिजुल बातें मत करो ।	ବାଜେ କଥା କୁହ ନାହିଁ । बाजे कथा कुह नाहिँ ।
नाराज़ मत हो ।	ଅସନ୍ତୁଷ୍ଟ ହୁଅ ନାହିଁ । असंतुष्ट हुअ नाहिँ ।
आवेश मत करो ।	ରାଗ ନାହିଁ । राग नाहिँ ।
मैं क्या करूँ ?	ମୁଁ କଣ କରିବି ? मुँ कण करिबि ?
मेरी नजर से दूर हो जाओ ।	ମୋ ଆଖି ଆଗରୁ ଦୂରେଇ ଯାଅ / ପଳା । मो आखि आगरु दूरेइ जाअ / पला ।
वह बेकार है ।	ସେ ତ ବେକାର । से त बेकार ।
मैं तुमको कभी भी माफ नहीं करूँगा ।	ମୁଁ ତତେ କେବେ ବି କ୍ଷମା କରିବି ନାହିଁ । मुँ तते केबे बि क्षमा करिबि नाहिँ ।
घूर कर देखना अच्छा नहीं है ।	ବୁଲି ବୁଲିକି ଦେଖିବା ଭଲ ନୁହେଁ । बुलि बुलिकि देखिबा भल नुहें ।
वह (वो) बकवास करती है ।	ସେ ବେକାରିଆ କଥା କହୁଛି । से बेकारिआ कथा कहुछि ।
मेरी बोल-चाल बन्द है ।	ମୋର କଥାବାର୍ତ୍ତା ନାହିଁ । मोर कथाबार्ता नांहि ।
फिजुल में झगंड़ा मत करो ।	ଅକାରଣରେ ଝଗଡ଼ା କର ନାହିଁ । अकारणरे झगडा कर नांहि ।

तुम पर विश्वास / यकीन नहीं है ।	ତୁମ ଉପରେ ବିଶ୍ୱାସ / ଭରସା ନାହିଁ । तुम उपरे बिश्वास / भरसा नांहि ।
गलती किसकी है ?	ଭୁଲ.କାହାର ? भुल काहार ?
गलती किसी की भी नहीं है ।	ଭୁଲ କାହାର ହେଲେ ନାହିଁ । भुल काहार हेले नांहि ।
सीधी बात करो ।	ଠିକ୍ କଥା କୁହ । ठिक कथा कुह ।
सीधा खड़े रहो ।	ସିଧା ଠିଆ ହୁଅ । सिधा ठिआ हुअ ।
आप मुझसे मत बात कीजीए ।	ଆପଣ ମୋ ସହିତ କଥାବର୍ତା କରନ୍ତୁ ନାହିଁ । आपण मो सहित कथाबार्ता करन्तु नांहि ।
वह बहुत सुस्त है	ସେ ବହୁତ ଅଲସୁଆ । से बहुत अलसुआ ।
मुझे शौक नहीं है	ମୋର ସଉକ ନାହିଁ । मोर सउक नांहि ।
तुमने दिया सो वादा भूल गया क्या ?	ତୁମେ ଦେଇଥିବା କଥା ଭୁଲି ଗଲ କି ? तुमे देइथिबा कथा भुलि गल कि ?
क्या आदमी हो तुम ?	କେମିତିଆ ମଣିଷ ତୁମେ ! केमितिआ मणिष तुमे !
मुझ से बचकर नहीं जा सकते ।	ମୋ ପାଖରୁ ବଂଚିକି ଯାଇ ପାରିବ ନାହିଁ । मो पाखरु बंचिकि जाइ पारिब नांहि ।

वे लोग अचानक झगड़ा करने लगे	ସେମାନେ ହଠାତ୍ ଝଗଡ଼ା କରିବାକୁ ଲାଗିଲେ । सेमाने हठात झगडा करिबाकु लागिले ।
परेशान मत करो ।	ହଇରାଣ କର ନାହିଁ । हइराण कर नांहि ।
घबराओ मत ।	ଘାବରା ହୁଅ ନାହିଁ । घाबरा हुअ नांहि ।
तुम जान बुझकर कर रहे हो ।	ତୁମେ ଜାଣିଶୁଣି କରୁଛ । तुमे जाणिशुणि करुछ ।
ये / यह सब तुम्हारी वजह से हुआ ।	ଏ ସବୁ ତୁମରି ପାଇଁ ହେଉଛି । ए सबु तुमरि पाइँ हेउछि ।

अभी तक हम प्रश्नवाचक, आज्ञासूचक और क्रोध सम्बन्धी वाक्यों के बारे में थोड़ा सीखा हैं । अब हम कुछ सरल वाक्य सीखेंगे ।

अंदर आइए।	ଭିତରକୁ ଆସନ୍ତୁ । भितरकु आसंतु ।
बैठिये ।	ବସ । बस ।
आपका नाम क्या है ?	ଆପଣଙ୍କ ନାମ କଣ ? आपणंक नाम कण ?
मेरा नाम गौरीनाथ है।	ମୋର ନାମ ଗୌରୀନାଥ । मोर नाम गौरीनाथ ।

आपका नाम बहुत अच्छा है ।	ତୁମର ନାମ ବହୁତ ସୁନ୍ଦର.। तुमर नाम बहुत सुंदर ।
शुक्रिया ।	ଧନ୍ୟବାଦ। धन्यबाद ।
आप कहाँ रहते है ?	ତୁମେ କେଉଁଠି ରହୁଛ ? तुमे केउँठि रहुछ ?
हम मौलाली में रहते है ।	ଆମେ ମୌଲାଲୀଠାରେ ରହୁଛୁ। आमे मौलालीठारे रहुछु ।
आप क्या काम करते हैं ?	ଆପଣ କି କାମ କରନ୍ତି ? आपण कि काम करन्ति ?
मै कुम्हार हूँ ।	ମୁଁ ଜଣେ କୁମ୍ଭାର मुँ जणे कुम्भार
आपकी उम्र क्या है ?	ଆପଣଙ୍କର ବୟସ କେତେ ? आपणंकर बयस केते ?
क्या खाते है आप ?	ଆପଣ କଣ ଖାଆନ୍ତି ? आपण कण खाआंति ?
मैं कुछ भी नहीं खाता हूँ ।	ମୁଁ କିଛି ବି ଖାଏ ନାହିଁ। मुँ किछि बि खाए नांहि ।
पानी पीता हूँ ।	ପାଣି ପିଉଛି पाणि पिउछि
खाना लावो ।	ଖାଇବାକୁ ଆଣ खाइबाकु आण

मैंने अभी चाय पी है ।	ମୁଁ ଏବେ ଚାହା ପିଇଛି । मुँ एबे चाहा पिइछि ।
परवाह नहीं ।	ଖାତିର ନାହିଁ । खातिर नांहि ।
बेफिकर ।	ନିର୍ଭୟ । निर्भय ।
बाद में देख लेंगे ।	ପରେ ଦେଖି ନେବା । परे देखि नेबा ।
खाना खायेंगे ।	ଖାଇବା । खाइबा ।
आपको क्या चाहिए ?	ତୁମର କଣ ଦରକାର ? तुमर कण दरकार ?
दोनों ।	ଦିଇଟା ଯାକ । दिइटा जाक ।
आप वहाँ आइए ।	ଆପଣ ସେଠିକି ଆସନ୍ତୁ । आपण सेठिकि आसंतु ।
आप क्या बोले ?	ଆପଣ କଣ କହିଲେ ? आपण कण कहिले ?
मैं कुछ भी नहीं बोला ।	ମୁଁ କିଛି ବି କହିନାହିଁ । मुँ किछि बि कहिनांहि
आप क्या करते हैं ?	ଆପଣ କଣ କରୁଛନ୍ତି ? आपण कण करुछन्ति ?

मैं कुछ भी नहीं (नै) करता हूँ ।	ମୁଁ କିଛିବି କରୁ ନାହିଁ। **मुँ किछिबि करु नांहि।**
आपकी जिन्दगी अच्छी है ।	ଆପଣଙ୍କ ଜୀବନ ବଢ଼ିଆ। **आपणंक जीबन बढिआ।**
रहने दो ।	ଥାଉ। **थाउ।**
रहने नहीं देता हूँ ।	ରହିବାକୁ ଦେଉ ନାହିଁ। **रहिबाकु देउ नांहि।**
मैं छोड़ता हूँ ।	ମୁଁ ଛାଡୁଛି। **मुँ छाडुछि।**
मैं नहीं छोड़ता हूँ ।	ମୁଁ ଛାଡୁ ନାହିଁ। **मुँ छाडु नांहि।**
मुझे भूख लग रही है ।	ମୋତେ ଭୋକ ଲାଗୁଛି। **मोते भोक लागुछि।**
कितनी भूख है ?	କେତେ ଭୋକ ଲାଗୁଛି ? **केते भोक लागुछि ?**
थोड़ी भूख ।	ଅଳ୍ପ ଭୋକ। **अल्प भोक।**

भाग - ४

ଭାଗ - ୪

PART - 4

साधारण बातचीत

ସାଧାରଣ କଥାବାର୍ତ୍ତା

हमें थोड़े वक्त के अन्तराल के पश्चात दूसरों से मुलाकात करनी है । इस दौरान हमें अपनी व्यवहारिक शैली ऊँची रखनी चाहिये इसलिए अभिवादन के पश्चात ही बातचीत शुरु करेंगे ।

1. वंदन ବନ୍ଦନା वन्दना

अभिवंदन	ଅଭିନନ୍ଦନ	अभिनंदन
नमस्ते / नमस्कार	ନମସ୍ତେ / ନମସ୍କାର	नमस्ते / नमस्कार
शुभदिन	ଶୁଭଦିନ / ଶୁଭ ଦିବସ	शुभदिन / शुभ दिबस
शुभोदय	ସୁପ୍ରଭାତ	सुप्रभात
कैसे हैं ।	କେମିତି ଅଛନ୍ତି ।	केमिति अछंति ।
मैं कुशल हूँ ।	ମୁଁ ଭଲରେ ଅଛି ।	मुँ भलरे अछि ।
मैं खैरियत से हूँ ।	ମୁଁ ସବୁପ୍ରକାରେ ଭଲରେ ଅଛି ।	मुँ सबुप्रकारे भलरे अछि ।
आपसे मिल कर मैं खुश हूँ।	ଆପଣଙ୍କ ସହିତ ଦେଖାହେଲାରୁ ମୁଁ ଖୁସି ଅଛି ।	आपणंक सहित देखाहेलारु मुँ खुसि अछि ।
हमें मिल काफी समय हो गया ।	ଦେଖା ହେବାର ବହୁତ ବେଳ ହେଲାଣି ।	देखा हेबार बहुत बेल हेलाणि ।
बहुत देर के बाद हम मिले ।	ବହୁତ ବିଳମ୍ବରେ ଆମର ସାକ୍ଷାତ ହେଲା ।	बहुत बिलंबरे आमर साक्षात हेला ।
तुमसे / आपसे अचानक मिलकर मैं प्रसन्न हुआ ।	ତୁମ ସହିତ ହଠାତ୍ ଦେଖା ହେବାରୁ ମୁଁ ଖୁସି ହେଲି ।	तुम सहित हठात् देखा हेबारु मुँ खुसि हेलि ।

2. शिष्टाचार सम्बन्धी वाक्य ଶିଷ୍ଟାଚାର ସମ୍ବନ୍ଧୀୟ ବାକ୍ୟ

शिष्टाचार सम्बन्धीय वाक्य (Courtesy and Tradition)

हाय साहब आइए, आयिये अन्दर आयिये ।

ମହାଶୟ, ଆସନ୍ତୁ। ଭିତରକୁ ଆସନ୍ତୁ।
महाशय, आसंतु। भितरकु आसंतु।

बैठिये साहब, थोड़ा आराम से बैठिये ।

ବସନ୍ତୁ ଆଜ୍ଞା, ବସନ୍ତ, ଟିକିଏ ଆରାମରେ ବସନ୍ତୁ
बसन्तु आज्ञा, बसंतु, टिकिए आरमरे बसंतु।

बेटा इधर (यहाँ) आओ एक गिलास पानी लाओ

ପୁଅ, ଏଠିକି ଆସ, ଗିଲାସେ ପାଣି ଆଣ।
पुअ, एठिकि आस, गिलासे पाणि आण।

कृपया कष्ट न करें ।

ଦୟାକରି କିଛି କଷ୍ଟ କରନ୍ତୁ ନାହିଁ।
दयाकरि किछि कष्ट करंतु नांहि।

इसमें कोई कष्ट नहीं है, साब ।

ଏଥିରେ କିଛି କଷ୍ଟ ନାହିଁ, ଆଜ୍ଞା।
एथिरे किछि कष्ट नांहि, आज्ञा।

हम आपकी क्या मदद कर सकते हैं ?

ମୁଁ ଆପଣଙ୍କୁ କଣ ସାହାଯ୍ୟ କରିବି ?
मुँ आपणंकु कण साहाज्य करिबि ?

मैं कुछ भी नहीं (नै) चाहता हूँ ।

ମୁଁ କିଛି ବି ଚାହୁଁନାହିଁ।
मुँ किछि बि चाहुँनांहि।

ठीक है । कृपया थोड़ी देर और रहिए ।

ଠିକ୍ ଅଛି। ଦୟାକରି ଆଉ କିଛି ସମୟ ରୁହନ୍ତୁ।
ठिक अछि। दयाकरि आउ किछि समय रुहन्तु।

मुझे माफ करिये साहब बस एक बार आपको देखने के लिए आया ।

ମୋତେ କ୍ଷମା କରନ୍ତୁ ଆଜ୍ଞା। ଥରେ ଖାଲି ଆପଣଙ୍କୁ ଦେଖା କରିବାକୁ ଚାଲି ଆସିଲି। ବାସ୍।

मोते क्षमा करंतु आज्ञा। थरे खालि आपणंकु देखा करिबाकु चालि आसिलि। बास।

आपकी इजाज़त हो तो फिर मिलूँगा ठीक है ना ।	ଆପଣ ଅନୁମତି ଦେଲେ ପୁଣି ଦେଖା ହେବ,ଠିକ ତ ? आपण अनुमति देले पुणि देखा हेब, ठिक त ?.
ओ. के. जरूर ।	ହଁ ହଁ ନିଶ୍ଚୟ। हँ हँ निश्चय।

3. मोची ମୋଚି मोची (Cobbler)

मेरी चप्पल का फीता टूट गया है ।	ମୋ ଚପଲର ପଟି ଛିଡ଼ି ଯାଇଛି। मोर चपलर पटि छिड़ि जाइछि।
इसे निकाल कर दूसरा डालो।	ଏହାକୁ କାଢ଼ି ଅନ୍ୟ ଗୋଟିଏ ଲଗାଇବାକୁ ହେବ। एहाकु काढ़ि अन्य गोटिए लगाइबाकु हेब।
डाल रहे हो क्या ?	କରୁଛନ୍ତି କି ? करुछन्ति कि ?
जरूर साब ?	ହଁ ଆଜ୍ଞା ? हँ आज्ञा ?
कितने हुए ?	କେତେ ପଡ଼ିବ ? केते पडिब ?
दस रूपये होता है ।	ଦଶ ଟଙ୍କା ପଡ଼ିବ। दश टंका पडिब।
इस चप्पल में कील है।	ଏ ଚପଲରେ ଗୋଟିଏ ଖିଲ ରହିଛି। ए चपलरे गोटिए खिल रहिछि।
उसे निकलकर सीओगे क्या ?	ତାକୁ କାଢ଼ି ସିଲେଇ କରୁଛ କି ? ताकु काढ़ि सिलेइ करुछ कि ?
कैसे सीना है साहब ?	କେମିତି ସିଲେଇ କରିବି, ଆଜ୍ଞା ? केमिति सिलेइ करिबि, आज्ञा ?
चमड़े से सीओगे या रेग्जिन से ?	ଚମଡ଼ାରେ ସିଲେଇ କରିବ ବା ରେକ୍ସିନ୍‌ରେ ସିଲେଇ କରିବ ? चमड़ारे सिलेइ करिब बा रेक्सिनरे सिलेइ करिब ?

चमडा रखकर सीना पक्का रहना चाहिए।	ଚମଡ଼ାରେ ସିଲେଇ କଲେ ଭଲ ହେବ।
चमड़ा रख कर सीने से अच्छा रहेगा।	ଚମଡାରେ ସିଲେଇ କଲେ ଭଲ ହେବ। चमड़ारे सिलेइ कले भल हेब।
समझ में आया क्या ?	ବୁଝିଲେ କି ? बुझिले कि ?
ये चप्पल अच्छा नहीं दिखाइ पड़ रहा है। इसे पालिश करो।	ଏ ଚପ୍ପଲ ଭଲ ଦିଶୁ ନାହିଁ। ତାକୁ ପାଲିସ୍ କରିଦିଅ। ए चप्पल भल दिशु नाहिँ। ताकु पालिस् करिदिअ।
अब मैं इसे अच्छी तरह पालिश करता हूँ। कैसा चमकता है आप ही देखना।	ଏବେ ମୁଁ ଏହାକୁ ବଢ଼ିଆ ପାଲିଶ କରୁଛି। କେମିତି ଚକ୍‌ଚକ୍ କରିବ ଆପଣ ଦେଖନ୍ତୁ। एबे मुँ एहाकु बढ़िआ पालिश करुछि। केमिति चक् चक् करिब देखन्तु।
तुम सिर्फ पुराने चप्पल की मरम्मत ही करते हो क्या ?	ତୁମେ ପୁରୁଣା ଚପଲକୁ ଖାଲି ମରାମତି କରୁଛ କି ? तुमे पुरुणा चप्पलकु खालि मरामति करुछ कि ?
वैसा कुछ भी नहीं है साहब। नये चप्पल भी बनाता हूँ।	ସେମିତି କିଛି ନାହିଁ ଆଜ୍ଞା। ନୂଆ ଚପ୍‌ପଲ ମଧ୍ୟ ତିଆରି କରୁଛୁ। सेमिति किछि नांहि आज्ञा। नूआ चप्पल मध्य तिआरि करुछु।

4. बैंक में ବ୍ୟାଙ୍କ୍ ରେ बैंक रे (In the Bank)

क्षमा करें साहब।	କ୍ଷମା କରିବେ ଆଜ୍ଞା। क्षमा करिबे आज्ञा।
मैं इस बैंक में बचत खाता खोलना चाहता हुँ।	ମୁଁ ଏହି ବ୍ୟାଙ୍କରେ ସଂଚୟ ଖାତା ଖୋଲିବାକୁ ଚାହୁଁଛି। मुँ एहि ब्यांकरे संचय खाता खोलिबाकु चाहुछि।
ठीक है जी!	ଭଲ କଥା। भल कथा।

मैं आपको एक आवेदन पत्र देता हुं।	ମୁଁ ତୁମକୁ ଗୋଟିଏ ଆବେଦନ ପତ୍ର ଦେଉଛି । मुँ तुमकु गोटिए आबेदन पत्र देउछि।
मैं इसको कैसे भरना है महाशय।	ମୁଁ ଏହାକୁ କିପରି ପୂରଣ କରିବି ଆଜ୍ଞା ? मुँ एहाकु किपरि पूरण करिबि आज्ञा ?
आवेदन पत्र को अच्छी तरह से पढ़ने के पश्चात इसे सही-सही भरिए।	ପ୍ରଥମେ ଏହାକୁ ଭଲ ଭାବରେ ପଢ଼ିଲା ପରେ ଠିକ ଭାବର ପୂରଣ କରିବ । प्रथमे एहाकु भल भाबरे पढ़िला परे ठिक भाबरे पूरण करिब।
इस पत्र के साथ और कुछ देना है क्या ?	ଏହି ପତ୍ର ସହିତ ଆଉ କଣ ଦେବାକୁ ଅଛି ? एहि पत्र सहित आउ कण देबाकु अछि ?
इस पत्र के साथ एक हजार रूपये जमा करा दें।	ଏହି ପତ୍ର ସହିତ ହଜାର ଟଙ୍କା ଜମା କରିବାକୁ ହେବ । एहि पत्र सहित हजार टंका जमा करिबाकु हेब।
और कुछ महाशय ?	ଆଉ କିଛି ଆଜ୍ଞା ? आउ किछि आज्ञा ?
अपने किसी जान पहचान वाले हमारे किसी पुराने बैंक ग्राहक से जमानत देनी पड़ेगी ।	ଆପଣଙ୍କୁ ଚିହ୍ନିଥିବା କେହି ଆମର ବ୍ୟାଙ୍କ ଗ୍ରାହକ ଜାମିନ ପଡ଼ିବେ । आपणंकु चिन्हिथिबा केहि आमर ब्यांक ग्राहक जामिन पडिबे।
मतलब !	ମାନେ ! माने
कुछ नहीं । आवेदन पत्र में बस हस्ताक्षर करना है।	କିଛି ନାହିଁ । ଆବେଦନ ପତ୍ରରେ ଦସ୍ତଖତ କରିଦେଲେ ହେଲା । किछि नाहिँ। आबेदन पत्ररे दस्तखत करिदेले हेला।

इतना सब होने के बाद बैंक पास बुक देती हैं क्या ?	ଏତେ ସବୁ ହେଲା ପରେ ପାସବୁକ୍ ଦେଉଛନ୍ତି କି ? एते सबु हेला परे पासबुक् देउछंति कि ?
हाँ ! जरूर !	ହଁ ନିଶ୍ଚୟ ! हँ निश्चय !
मेल ट्रान्सफर का उपयोग क्या है ?	ମେଲ ଟ୍ରାନ୍ସଫରରେ ଉପଯୋଗିତା କଣ ? मेल ट्रान्सफररे उपजोगिता कण ?
यह डी.डी. से काफी आसान है ।	ଏଠାରେ ଡି.ଡି. କ୍ଷେତ୍ରରେ ବହୁତ ସୁବିଧା ରହିଛି । एठारे डि.डि. क्षेत्ररे बहुत सुबिधा रहिछि ।
अब आप यहाँ नगद डिपोजिट करेंगे तो, रुपये सीधा आप लोगों के खाते में जाता है।	ଏବେ ଆପଣ ଏଠି ଯଦି ନଗଦ ପୈଠ କରିବେ, ଟଂକା ସିଧା ଆପଣଙ୍କ ଲୋକଙ୍କ ଖାତାକୁ ଚାଲିଯିବ । एबे आपण एठि जदि नगद पैठ करिबे, टंका सिधा आपणंक लोकंक खाताकु चालिजिब ।
मैं एक जमीन की खरीद करना चाहता हूँ।	ମୁଁ ଗୋଟିଏ ଜମି କିଣିବାକୁ ଚାହୁଁଛି । मुँ गोटिए जमि किणिबाकु चाहुँछि ।
आपके बैंक में ऋण की सुविधा मिलती है क्या ?	ଆପଣଙ୍କ ବ୍ୟାଙ୍କରେ ଋଣ ସୁବିଧା ଅଛି କି ? आपणंक ब्यांकरे ऋण सुबिधा अछि कि ?
आप यह फार्म भर दीजिए । आपको ऋण मिल जायेगा ।	ଏହି ଫର୍ମକୁ ପୂରଣ କରି ଦିଅନ୍ତୁ, ଋଣ ମିଳିଯିବ । एहि फर्मकु पूरण करि दिअन्तु, ऋण मिलिजिब ।
गहनों को सुरक्षित रखने के लिए आपके पास लॉकर की सुविधा है क्या ?	ଗହଣାକୁ ସୁରକ୍ଷିତ ରଖିବାପାଇଁ ଆପଣଙ୍କ ପାଖରେ ଲକର ସୁବିଧା ଅଛି କି ? गहणा सुरक्षित रखिबा पाइँ आपणंक पाखरे लकर सुबिधा अछि कि ?

5. दर्जी की दुकान ଦର୍ଜୀ ଦୋକାନ दर्जी दुकान (Tailoring Shop)

बोलिये साब ! क्या सिलवाना है ?	କୁହନ୍ତୁ ଆଜ୍ଞା ! କଣ ସିଲାଇ କରିବାର ଅଛି ? कुहंतु आज्ञा ! कण सिलाइ करिबाकु अछि ?
सूट सिलायी करने का कितना लोगे ?	ସୁଟ୍ ସିଲାଇ କଲେ କେତେ ନେଉଛନ୍ତି ? सुट सिलाइ कले केते नेउछन्ति ?
दो हजार लेता हूँ ।	ଦୁଇ ହଜାର ନେଉଛୁ । दुइ हजार नेउछु ।
वाव ! इतना मजदूरी है क्या ?	ବାପ୍‌ରେ ! ଏତେ ଟଙ୍କା ମଜୁରୀ ? बापरे ! एते टंका मजुरी ?
इसमें बहुत काम करना पड़ता है ।	ଏଥିରେ ବହୁତ କାମ କରିବାକୁ ପଡ଼ିଥାଏ । एथिरे बहुत काम करिबाकु पड़िथाए ।
मेरे कमीज के दो बटन टूट गये हैं ।	ମୋ କୁର୍ତାରେ ଦି'ଟା ବୋତାମ ଭାଙ୍ଗି ଯାଇଛି । मो कुर्त्तारे दि टा बोताम भांगि जाइछि ।
नये वाले टांक दीजिए ।	ନୂଆ ଲଗେଇ ଦିଅ । नूआ लगेइ दिअ ।
मैं एक कमीज बनवाना चाहता हूँ ।	ମୁଁ ଗୋଟିଏ କୁର୍ତା ତିଆରି କରିବାକୁ ଚାହୁଁଛି । मुँ गोटिए कुर्त्ता तिआरि करिबाकु चाहुँछि ।
मेरे कमीज की नाप लीजिये ।	ମୋର ମାପ ନିଅନ୍ତୁ । मोर माप निअंतु ।
चुस्त के बिना, ढीली सिलाइये ।	ଚିପା କରିବେ ନାହିଁ, ଢିଲା ସିଲାଇ କରିବେ । चिपा करिबे नांहि, ढ़िला सिलाइ करिबे ।
कमीज के लिए कितना कपड़ा चाहिए ?	କୁର୍ତା ପାଇଁ କେତେ କନା ଲାଗିବ ? कुर्त्ता पाइँ केते कना लागिब ?

ढाई मीटर कपड़ा चाहिए ।	ଅଢ଼େଇ ମିଟର କନା ଲାଗିବ। अढेइ मिटर कना लागिब।
आपकी कमीज अभी सी रहे हैं साब ।	ଆପଣଙ୍କର କୁର୍ତା ବର୍ତମାନ ସିଲାଇ କରୁଛି, ଆଜ୍ଞା। आपणंकर कुर्त्ता बर्त्तमान सिलाइ करुछि, आज्ञा।
पतलून कैसा बनेगा ?	ପ୍ୟାଂଟ କେମିତି ? प्यांट केमिति ?
पतलून पेट के नीचे है ।	ପ୍ୟାଂଟ ପେଟ ତଳେ ରହିବ। प्यांट पेट तले रहिब।
पतलून पेट पर रहेगा ।	ପ୍ୟାଂଟ ପେଟ ଉପରେ ରହିବ। प्यांट पेट उपरे रहिब।
ये दोनों कब तक तैयार हो जायेंगे ?	ଏହି ଦୁଇଟା କେବେ ହୋଇଯିବ ? एहि दुइटा केबे होइजिब ?
पोंगल/त्योहार के पहले दे दूँगा ।	ପୋଙ୍ଗଲ / ପୂଜା ଆଗରୁ ଦେଇ ଦେବି। पोंगल / पूजा आगरु देइदेबि।
आप फटे हुए पुराने कपड़े भी सिलाते हैं क्या ?	ଆପଣ ଫାଟିଗଲେ ସିଲାଇ କରୁଛନ୍ତି କି ? आपण फाटिगले सिलाइ करुछंति कि ?
नहीं साहब ! उसमें काम ज्यादा होते हैं ।	ନାହିଁ ଆଜ୍ଞା ! ସେଥିରେ କାମ ବହୁତ। नांहि आज्ञा ! सेथिरे काम बहुत।
कमाना कम है ।	ପାଉଣା କମ୍। पाउणा कम्।
रेडीमेड आने के बाद हमारी आमदनी कम हो गयी ।	ରେଡିମେଡ ଆସିବା ପରେ ଆମର ରୋଜଗାର କମିଗଲା। रेडिमेड आसिबा परे आमर रोजगार कमिगला।

6. नाई की दुकान ବାରିକ ଦୋକାନ बारिक दोकान (Barber Shop)

बाल काटने का कितना लेते हो?	ବାଳ କାଟିବା ପାଇଁ କେତେ ନେଉଛନ୍ତି ? बाल काटिबा पाइँ केते नेउछन्ति ?
चालीस रूपये ।	ଚାଳିଶ ଟଙ୍କା । चालिश टंका ।
हाँ ! चालीस रूपये क्यों ?	ହାଁ ! ଚାଳିଶ ଟଙ୍କା ? हाँ ! चालिश टंका ?
इससे तो बिना बाल के रहना अच्छा है ।	ଏହାଠାରୁ ବରଂ ବାଳ ନ ରହିବା ଭଲ । एहाठारु बरं बाल न रहिबा भल ।
दाढ़ी बनाने का कितना लेते हो ?	ଦାଢ଼ି ବନେଇବାକୁ କେତେ ନେଉଛନ୍ତି ? दाढ़ि बनेइबाकु केते नेउछन्ति ?
दस रुपये ?	ଦଶ ଟଙ୍କା ? दश टंका ?
यह सब देखकर मुझे सन्यासी की जिन्दगी अच्छी लग रही है ।	ଏସବୁ ଦେଖି ତ ମୋତେ ସନ୍ୟାସୀଙ୍କ ଜୀବନ ଭଲ ବୋଲି ମନେ ହେଉଛି । एसबु देखि त मोते सन्यासींक जीबन भल बोलि मने हेउछि ।
मेरे बाल कम करो ।	ମୋ ବାଳକୁ ଛୋଟେଇ ଦିଅ । मो बालकु छोटेइ दिअ ।
मेरे बाल कट करिए ।	ମୋ ବାଳକୁ କାଟିଲ । मो बालकु काटिल ।
उसके साथ दाढी भी बनाओ ।	ତାହା ସହିତ ଦାଢ଼ି ମଧ୍ୟ ବନେଇ ଦିଅ । ताहा सहित दाढ़ि मध्य बनेइ दिअ ।

दाढ़ी बनाते समय शेवर, ट्रिम्मर जैसे यन्त्रों का इस्तेमाल नहीं करना ।	ଦାଢ଼ି କାଟିଲା ବେଳେ ସେଭର, ଟ୍ରିମର ପରି ଯନ୍ତ୍ର ବ୍ୟବହାର କରିବ ନାହିଁ। दाढ़ि काटिला बेले सेभर, ट्रिमर परि जन्त्र ब्यबहार करिब नांहि।
मेरे बाल कुछ कुछ झड़ रहे हैं ।	ମୋର ବାଳ କିଛି କିଛି ଝଡୁଛି। मोर बाल किछि किछि झड़ुछि।
यह आपका पारंपारिक है शायद ।	ଏହା ଆପଣଙ୍କର ବୋଧ ହୁଏ କୌଳିକ ବ୍ୟାପାର। एहा आपणंकर बोधहुए कौलिक ब्यापार।
बाल बढ़ने के लिए कुछ किया क्या ?	ବାଳ ବଢ଼ିବାପାଇଁ କଣ କିଛି କରିଛନ୍ତି ? बाल बढ़िबा पाइँ कण किछि करिछंति ?
कई इस्तेमाल किये । मगर फायदा कुछ भी नहीं हैं ।	ବହୁତ କିଛି ଲଗାଇଛି। ହେଲେ କିଛି ଲାଭ ହେଲାନାହିଁ। बहुत किछि लगाइछि। हेले किछि लाभ हेला नांहि।
तुम्हारा उस्तरा तेज नहीं है ।	ତୁମର ହତିଆର ଧାରୁଆ ନୁହଁ। तुमर हतिआर धारुआ नुंह।
दाढ़ी बनाते समय खरोंच नहीं आना चाहिए ।	ଦାଢ଼ି କାଟିଲା ବେଳେ ହଲଚଲ ହେବେ ନାହିଁ। दाढ़ि काटिला बेले हलचल हेबे नांहि।
मेरी मूँछे भी ठीक करो ।	ମୋର ନିଶକୁ ବି ଠିକ୍ କରିଦିଅ। मोर निशकु बि ठिक करिदिअ।
तुम्हारे उस्तरे ने काट दिया है ।	ତୁମର ହତିଆରରେ କଟିଗଲା। तुमर हतिआररे कटिगला।
वहाँ थोड़ी फिटकरी लगा दूँगा ।	ସେଠି ଟିକିଏ ଫିଟିକିରି ମାରିଦେବି। सेठि टिकिए फिटिकिरि मारिदेबि।
सिर पर थोड़ा तेल लगा दो ।	ମୁଣ୍ଡରେ ଟିକେ ତେଲ ଲଗାଇ ଦିଅ। मुंडरे टिके तेल लगाइ दिअ।

मेरे नाखून काट दो ।	ମୋର ନଖ କାଟିଦିଅ। मोर नख काटिदिअ।
सुबह कितने बजे दुकान खोलते हो ?	ସକାଳେ କେତେବେଳେ ଦୋକାନ ଖୋଲୁଛ ? सकाले केतेबेले दोकान खोलुछ ?
रविवार बहुत भीड़ रहती है ।	ରବିବାର ଦିନ ବହୁତ ଭିଡ଼ ଥାଏ। रबिबार दिन बहुत भिड थाए।
मंगलवार को हम दुकान नहीं खोलते ।	ମଙ୍ଗଳବାର ଦିନ ଆମେ ଦୋକାନ ଖୋଲୁ ନାହୁଁ। मंगलबार दिन आमे दोकान खोलु नांहु।

7. चश्मे की दुकान ଚଷମା ଦୋକାନ चषमा दोकान (Opticals Shop)

मेरे ऐनक की फ्रेम टूट गई है ।	ମୋ ଚଷମାର ଫ୍ରେମ ଭାଙ୍ଗି ଯାଇଛି। मो चषमार फ्रेम भांगि जाइछि।
इस मजबूत फ्रेम का दाम क्या है ?	ଏହି ମଜବୁତ ଫ୍ରେମର ଦାମ କେତେ ? एहि मजबुत फ्रेमर दाम केते ?
कुछ फ्रेमों के नमूने दिखाइए ।	କିଛି ଫ୍ରେମର ନମୂନା ଦେଖାନ୍ତୁ। किछि फ्रेमर नमूना देखान्तु।
यह पहन कर देखिए ।	ଏହାକୁ ପିନ୍ଧି ଦେଖନ୍ତୁ। एहाकु पिन्धि देखन्तु।
यह **नमूना** फ्रेम पहने हुए आप बहुत अच्छे दिखते हैं ।	ଏହି ନମୂନା ଫ୍ରେମକୁ ପିନ୍ଧିଲା ପରେ ତ ଆପଣ ବହୁତ ଭଲ ଲାଗୁଛନ୍ତି। एहि नमूना फ्रेमकु पिन्धिला परे त आपण बहुत भल लागुछंति।

आजकल धूप ज्यादा है।	ଆଜି କାଲି ବହୁତ ଖରା ହେଉଛି । आजि कालि बहुत खरा होउछि।
इसलिए कुछ दिनों के लिए ठंडे चश्मे पहनिये ।	ତେଣୁ କିଛି ଦିନ ପାଇଁ ଥଣ୍ଡା ଚଷମା ପିନ୍ଧନ୍ତୁ । तेणु किछि दिन पाइँ थंडा चषमा पिन्धन्तु।
मुझे कभी-कभी / अकसर आँखों से पानी / आँसू आते हैं।	ମୋର ବେଳେ ବେଳେ । ଆଖିରେ ପାଣି / ଲୁହ ଆସି ଯାଉଛି । मोर बेलेबेले । आखिरे पाणि / लुह आसि जाउछि।
मुझे दृष्टि दोष है शायद ।	ମୋର ଆଖି ଦୋଷ ବୋଧହୁଏ ଅଛି । मोर आखि दोष बोधहुए अछि।
पढ़ते समय मुझे आँख दर्द होता है ।	ପଢ଼ିଲା ବେଳେ ମୋର ଆଖିରେ କଷ୍ଟ ହେଉଛି । पढ़िला बेले मोर आाखिरे कष्ट हेउछी।
यहाँ कंम्प्यूटर द्वारा आँख की जांच करते हैं क्या ?	ଏଠି କଂପ୍ୟୁଟର ସାହାଯ୍ୟରେ ଆଖି ପରୀକ୍ଷା କରୁଛନ୍ତି କି ? एठि कंप्युटर साहाज्यरे आखि परीक्षा करुछंति कि ?
उसके लिए स्पेशालिस्ट आयेंगे ।	ତାହାପାଇଁ ସ୍ପେଶାଲିଷ୍ଟ ଆସିବେ । ताहापाइँ स्पेशालिष्ट आसिबे।
वे लोग शाम को आयेंगे ।	ସେ ସଂଧ୍ୟାରେ ଆସିବେ । से संध्यारे आसिबे।
हकीम से मिलने के लिए मैं आज शाम को आऊँगा ।	ମହାଶୟଙ୍କୁ ଦେଖା କରିବାକୁ ମୁଁ ସଂଧ୍ୟାରେ ଆସିବି । महाशयंकु देखा करिबाकु मुँ संध्यारे आसिबि।
आपकी शिकायत क्या है ?	ଆପଣଙ୍କର ଅସୁବିଧା କଣ ହେଉଛି ? आपणंकर असुबिधा कण हेउछि ?

मुझे दूर के अक्षर और चीजें स्पष्ट नहीं दिखती हैं ।	ମୋତେ ଦୂର ଅକ୍ଷର ଓ ଜିନିଷ ସ୍ପଷ୍ଟ ଦେଖା ଯାଉ ନାହିଁ । मोते दूर अक्षर ओ जिनिष स्पष्ट देखा जाउ नांहि।
आँख की जाँच आप मुफ्त में करते हैं क्या ?	ଆଖି ପରୀକ୍ଷା ଆପଣ ମାଗଣାରେ କରୁଛନ୍ତି କି ? आखि परीक्षा आपण मागणारे करुछंति कि ?
जाँच तो मुफ्त में ही करते हैं ।	ପରୀକ୍ଷା ତ ମାଗଣାରେ କରା ଯାଇଥାଏ । परीक्षा त मागणारे करा जाइथाए।
मगर ऐनक मुफ्त में नहीं देते ।	ହେଲେ ଚଷମା ମାଗଣାରେ ଦିଅନ୍ତି ନାହିଁ । हेले चषमा मागणारे दिअंति नांहि।
वह तो मुझे भी मालूम है ।	ତାହା ତ ମୁଁ ଜାଣିଛି । ताहा त मुँ जाणिछि।
फिर संदेह क्या है ?	ତାହାଲେ ସନ୍ଦେହ କାହିଁକି ? ताहाले संदेह कांहिकि ?
हाँ ! कुछ नहीं !	ହଁ ! କିଛି ନାହିଁ । हँ! किछि नांहि।
कुछ भी शक होने से संदेह जैसा बना रहता है ?	କିଛି ବି ସନ୍ଦେହରେ କରାଗଲେ, ସନ୍ଦେହ ହିଁ ରହିବ । किछि बि संदेहरे करागले, संदेह हिँ रहिब।
इसलिए संदेह छोड़ के हमरे उपर विश्वास / यकीन रखिये ।	ତେଣୁ ସନ୍ଦେହ ଛାଡ଼ି ଆମ ଉପରେ ବିଶ୍ୱାସ ରଖନ୍ତୁ । तेणु संदेह छाडि आम उपरे बिश्वास रखन्तु।
आपने जो कुछ कहा वह बिलकुल ठीक है ।	ଆପଣ ଯାହା କହିଲେ ତାହା ସଂପୂର୍ଣ୍ଣ ସତ । आपण जाहा कहिले ताहा संपूर्ण सत।

8. सड़क पर ରାସ୍ତା ଘାଟରେ रास्ता घाट रे

(On the Road)

यह रास्ता कहाँ जाता है ?	ଏହି ରାସ୍ତାଟି କୁଆଡ଼କୁ ଯାଇଛି ? एहि रास्ताटि कुआडे जाइछि ?
यह कहीं भी नहीं जाता, हम ही जाते हैं ।	ଇଏ କୁଆଡ଼କୁ ଯାଏ ନାହିଁ, ଆମେ ହିଁ ଯାଉ। इए कुआडकु जाए नांहि, आमे हिं जाउ।
आपकी बात सुनकर मुझे हँसी आ रही है ।	ଆପଣଙ୍କ କଥା ଶୁଣି ହସ ଲାଗୁଛି। आपणंक कथा शुणि हस लागुछि।
पास में कोई अच्छा होटल है क्या ?	ପାଖରେ କେଉଁଠି ଭଲ ହୋଟେଲ ଅଛି ? पाखरे केउँठि भल होटेल अछि ?
हाँ है । मगर वहाँ पानी अच्छा नहीं है ।	ହଁ ଅଛି। ହେଲେ ସେଠାରେ ପାଣି ଭଲ ନୁହେଁ। हँ अछि! हेले सेठारे पाणि भल नुहें।
इस सड़क में कई स्पीड ब्रेकर्स है ।	ଏହି ସଡ଼କରେ ସ୍ପିଡ ବ୍ରେକର କେଉଁଠି ରହିଛି ? एहि सडकरे स्पिड ब्रेकर केउँठि रहिछि ?
इस सड़क पर अकेले मोटर बाइक पर जाने से अच्छा लगता है ।	ଏହି ସଡ଼କରେ ଏକେଲା ମୋଟର ବାଇକ୍‌ରେ ଗଲେ ବହୁତ ଭଲ ଲାଗିବ। एहि सडकरे एकेला मोटर बाईकरे गले बहुत भल लागिब।
वैसा क्यों ?	ଏମିତି କାହିଁକି ? एमिति काँहिकि ?
क्या मालूम ? थोड़ा ऊपर, नीचे होते हुए जोश में जा सकते हैं ।	କେଜାଣି ? ଟିକିଏ ଉପରକୁ ତଳକୁ ହୋଇ ଆରାମରେ ଯାଇ ହେବ। केजाणि ? टिकिए उपरकु तलकु होइ आरामरे जाइ हेब।
इस सड़क के दोनो तरफ एक पेड़ भी नहीं है ।	ଏ ରାସ୍ତାର ଏପଟେ, ସେପଟେ କୌଣସି ଗଛଟିଏ ବି ନାହିଁ। ए रास्तार एपटे सेपटे कौणसि गछटिए बी नांहि।

झाड़ नहीं तो क्या ? वहाँ एक नल है देखो ।	ଝାଡ଼ ନଥିଲେ କଣ ହେଲା ? ସେଠାରେ ଗୋଟିଏ ନଳ ଅଛି ଦେଖ। झाड न थिले कण हेला ? सेठारे गोटिए नल अछि, देख।
नल तो है क्या मगर उसमें पानी होना नहीं चाहिए क्या?	ନଳ ଅଛି ତ ତାହାଲେ, ସେଥିରେ ପାଣି ରହିବା ଦରକାର ନାହିଁ କି ? नल अछि त ताहाले सेथिरे पाणि रहिबा दरकार नांहि कि ?
सब कुछ रहना यह तो अत्याशा होता है ।	ସବୁ ହେବ କହିଲେ ତ ଅତି ଆଶା ହୋଇଯିବ। सबु हेब कहिले त अति आशा होइजिब।
तुमको नमस्कार करता हूँ । वह सब छोड़ दो ।	ତୁମକୁ ନମସ୍କର କରୁଛି। ସେସବୁକୁ ଛାଡ଼। तुमकु नमस्कार करुछि। सेसबुकु छाड।
इस सड़क द्वारा मैं रेल्वे स्टेशन को जा सकता हूँ क्या ?	ଏହି ସଡ଼କରେ ମୁଁ ରେଳ ଷ୍ଟେସନକୁ ଯାଇ ପାରିବି କି ? एहि सडकरे मुं रेल ष्टेसनकु जाइ पारिबिं कि ?
हाँ ! सीधा जाइए ।	ହଁ! ସିଧା ଯାଆନ୍ତୁ। हँ! सिधा जाआन्तु।
यह सड़क बहुत अच्छी है ।आईना की तरह है ।	ଏଇ ରାସ୍ତାଟି ବହୁତ ବଢ଼ିଆ। ଅଇନା ଯେମିତି। एइ रास्ताटि बहुत बढ़िआ। अइना जेमिति।
वह सही है तो तुम अपना मुँह उसमें देख लो ।	ତାହା ସତ ଯଦି ତୁମର ମୁହଁ ସେଥିରେ ଦେଖି ନିଅ। ताहा सत जदि तुमर मुँह सेथिरे देखि निअ।
आपको कुछ होने से इस दुकान में पूछ कर लीजिए ।	ଆପଣଙ୍କର କିଛି ହେଲେ ଏହି ଦୋକାନରେ ପଚାରିବେ। आपणंकर किछि हेले एहि दोकानरे पचारिबे।

9. फलों की दुकान ଫଳ ଦୋକାନ फल दोकान (Fruit Shop)

यह कैसे दे रहे हैं ?	ଏହାକୁ କେମିତି ଦେଉଛନ୍ତି ? एहाकु केमिति देउछन्ति ?
अच्छे दाम में दे रहा हूँ ।	ଭଲ ଦାମ୍‌ରେ ଦେଉଛି । भल दामरे देउछि।
अच्छे दाम का मतलब क्या है ?	ଭଲ ଦାମର ମାନେ କଣ ? भल दामर माने कण ?
इसका मतलब मुझे देने का, आपको लेने का है ।	ତାହା ମାନେ ହେଉଛି ମୁଁ ଦେବି, ଆପଣ ନେବେ । ताहा माने हेउछि मुँ देबि, आपण नेबे ।
ये फल कच्चे दिखाई पड रहे हैं ?	ଏହି ଫଳ କଂଚା ଜଣା ପଡୁଛି ? एहि फल कंचा जणा पडुछि ?
ये अभी भी पके नहीं शायद ।	ଏହା ଏବେ ବୋଧହୁଏ ପାଚି ନାହିଁ । एहा एबे बोधहुए पाचि नाँहि।
शक मत करो ।	ସନ୍ଦେହ କରନ୍ତୁ ନାହିଁ । संदेह करन्तु नांहि।
तो क्या करें ? सीधा ले लूं क्या ?	ତାହାଲେ କଣ କରିବି ? ସିଧା ନେଇଯିବି ନା କଣ ? ताहाले कण करिबि ? सिधा नेइ जिबि ना कण ?
वैसा नहीं ! गुस्सा मत करो।	ସେମିତି ନୁହେଁ ! ରାଗନ୍ତୁ ନାହିଁ । सेमिति नुंहे ! रागन्तु नांहि।
नाराज नहीं ! खरीदते समय थोडा देखभाल करें या नहीं ?	ରାଗୁ ନାହିଁ ! କିଣିଲା ବେଳେ ଟିକେ ଦେଖିବି ନା ନାହିଁ ? रागु नांहि ! किणिला बेले टिके देखिबि ना नांहि ?

तुम्हारे पास अच्छे संतरे हैं क्या ?	ତୁମ ପାଖରେ ଭଲ କମଳା ଅଛି କି ? तुम पाखरे भल कमला अछि कि ?
हैं माँ ! आज ही ताजा आये ।	ହଁ ମା ! ଆଜି ତ ତଟକା ସବୁ ଆସିଛି । हँ मा ! आजि त तटका सबु आसिछि ।
ये तो कुछ हरे दिख रहे हैं ।	କିଛି ସବୁଜିଆ ଦେଖା ଯାଉଛି । किछि सबुजिआ देखा जाउछि ।
तो मैं आपको चुनकर पके हुए दे दूँगा ।	ମୁଁ ତ ଆପଣଙ୍କୁ ବାଛି ବାଛି ପାଚିଲ ଦେବି । मुँ त आपणंकु बाछि बाछि पाचिला देबि ।
लेकिन ये महंगे ।	ହେଲେ ଏହା ମହଙ୍ଗା । हेले एहा महंगा ।
माल की खूबी देख कर बात करिए ।	ଜିନିଷ ଦେଖି ତ କଥା କୁହନ୍ତୁ । जिनिष देखि त कथा कुहन्तु ।
खूबी तो है । मगर दाम ही अच्छा नहीं है ।	ଭଲ ଅଛି । ହେଲେ ଦର ଠିକ୍ ନାହିଁ । भल अछि । हेले दर ठिक नांहि ।
अमरूद देखे तो अभी खाने को दिल बोल रहा है ।	ପିଜୁଳି ଦେଖିଲେ ତ ମନ କହିବ ଏବେ ଖାଇବାପାଇଁ । पिजुलि देखिले त मन कहिब एबे खाइबा पाइँ ।
लेकिन इनके उपर काले धब्बे हैं ।	ହେଲେ ଏଥିରେ କଳା କଳା ଦାଗ ଅଛି । हेले एथिरे कला कला दाग अछि ।
अमृतपाणी केले बहुत अच्छे हैं ।	ଅମୃତ ଭଣ୍ଡା, କଦଳୀ ବହୁତ ଭଲ । अमृत भंडा कदली बहुत भल ।

10. सब्जी की दुकान ପରିବା ଦୋକାନ परिबा दोकान
(Vegetable Shop)

क्या कीमत है ?	ଦାମ କେତେ ? दाम केते ?
किसका है ?	କାହାର ? काहार ?
बैंगन कैसे दे रहे हो ?	ବାଇଗଣ କେମିତି ଦେଉଛ ? बाइगण केमिति देउछ ?
ये बहुत ताजा है ?	ଏହା ବହୁତ ତଟକା ଅଛି ? एहा बहुत तटका अछि।
माल ताजा हैं या नहीं मालूम नहीं, मगर दाम तो ताजे है ।	ଜିନିଷ ତଟକା କି ନାହିଁ, ଜଣା ନାହିଁ। ହେଲେ ଦର ତ ବହୁତ ରହିଛି। जिनिष तटका कि नांहि, जणा नांहि। हेले दर बहुत रहिछि।
इस प्रकार बात करोगे तो कैसे होगा जी ?	ଏମିତି କଥା କହିଲେ କିପରି ହେବ ? एमिति कथा कहिले किपरि हेब ?
नहीं तो क्या ? कल तुम ही डेढ़ किलो शकरकंद पंन्द्रह रुपये में दिया था ?	ନୁହେଁ ତ କଣ ? କାଲି ତୁମେ ଦେଢ଼ କିଲୋ ଶଂକରକଂଦକୁ ପନ୍ଦର ଟଙ୍କାରେ ଦେଇଥିଲ ? नुंहे त कण ? कालि तुमे देढ किलो शकर कंदकु पंदर टंकारे देइथिल ?
आप एक बार पूरा बाजार घूम कर के देखो तो मालूम होगा ।	ଥରେ ପୂରା ବଜାର ବୁଲି ଦେଖିଲେ ଜାଣି ପାରିବେ। ଜାଣି ପାରିବେ। थरे पूरा बजार बुलि देखिले जाणि पारिबे।

ये सब ताजा सब्जी है क्या ?	ଏସବୁ ତଟକା ପରିବା ତ ? एसबु तटका परिबा त ?
जी हाँ ! ताजा है ।	ହଁ ଆଜ୍ଞା ! ପୂରା ତଟକା ।. हँ आज्ञा ! पूरा तटका ।
मेरे पास खराब नहीं रहते है ।	ମୋ ପାଖରେ ଖରାପ ନଥାଏ । मो पाखरे खराप न थाए ।
पेठा कहाँ से लाये हो ?	କୁହ୍ମଡ଼ା କେଉଁଠୁ ଆଣିଲ ? कुम्हड़ा केउँठु आणिल ?

11. पंसारी की दुकान ତେଜରାତି ଦୋକାନ तेजराति दोकान (Grocery Shop)

आपके पास अचार में डालने वाली सब चीजें मिलती है क्या ?	ଆପଣଙ୍କ ପାଖରେ ଆଚାରରେ ଲାଗୁଥିବା ସବୁ ଜିନିଷ ମିଳିବ କି ? आपणंक पाखरे आचाररे लागुथिबा सबु जिनिष मिलिब कि ?
हाँ जरूर ।	ହଁ, ନିଶ୍ଚୟ । हँ, निश्चय ।
आधा किलो सरसों का तेल दीजिए ।	ଅଧକିଲ ସୋରିଷ ତେଲ ଦିଅ । अधकिल सोरिष तेल दिअ ।
और क्या ?	ଆଉ କଣ ? आउ कण ?

मेथी, धनियाँ, हींग, लहसून है क्या ?	ମେଥି, ଧନିଆ, ହେଙ୍ଗୁ, ରସୁଣ ଅଛି କି ? मेथि, धनिआ, हेंगु, रसुण अछि कि ?
चावल बेचते हैं क्या ?	ଚାଉଳ ବିକ୍ରି କରୁଛନ୍ତି ? चाउल बिक्रि करुछन्ति ?
बासमती चावल का दाम क्या है ?	ବାସୁମତୀ ଚାଉଳର ଦାମ କେମିତି ? बासुमती चाउलर दाम केमिति ?
एक बार मैं इधर ही घर गृहस्थी में लगने वाली कुछ चीजें खरीद कर लिया ।	ଥରେ ମୁଁ ଏଇଠୁଁ ଘର କରଣା ପାଇଁ କିଛି ଜିନିଷ କିଣିଥିଲି। थरे मुँ एइठुँ घर करणा पाइँ किछि जिनिष किणिथिलि।
आटा बहुत मोटा लग रहा है ?	ଅଟା ବହୁତ ମୋଟା ଲାଗୁଥିଲା ? अटा बहुत मोटा लागुथिला ?
मुझे काजु, लौंग, किसमिस और इलायची चाहिए ।	ମୋତେ କାଜୁ, ଲବଙ୍ଗ, କିସମିସ, ଅଳେଇଚ ଦରକାର। मोते काजु, लबंग, किसमिस, अलेइच दरकार।
बेसन, मूँगफली, तिल और साबूदाना, चीज एक-एक किलो देना ।	ବେସନ, ଗୋଟାମୁଗ, ତିଳ, ସାଗୁଦାନା ପ୍ରତ୍ୟେକ ଜିନିଷରୁ ଏକ ଏକ କିଲ ଦେବ। बेसन, गोटामुग, तिल, सागुदाना प्रत्येक जिनिषरु एक एक किल देब।
देखो तो, यह तराजू ठीक नहीं लग रहा है ।	ଦେଖନ୍ତୁ ତ ଏହି ତରାଜୁ କାହିଁକି ଠିକ୍ ଲାଗୁନାହିଁ ? देखन्तु त एहि तराजु काहिँकि ठिक लागु नांहि ?
नहीं जी । ठीक है । आपको अच्छी तरह से तौलकर देता हूँ ।	ନାହିଁ ଆଜ୍ଞା। ଠିକ୍ ଅଛି। ଆପଣଙ୍କୁ ଠିକ ଭାବରେ ଓଜନ କରିକି ଦେବି। नांहि आज्ञा। ठिक अछि। आपणंकु ठिक भाबरे ओजन करिकि देबि।

परसों दिया हुआ (सो) उड़द दाल घटिया किस्म का था	ପହର ଦିନ ଦେଇଥିବା (ସେହି) ହରଡ଼ ଡ଼ାଲି ଖରାପ ଥିଲା। पहर दिन देइथिबर (सेहि) डरड डालि खराप थिला।
हमारी चीजों को खराब कहने वाला अभी तक कोई नहीं है।	ଆମ ଜିନିଷକୁ ଖରାପ ବୋଲି ଆଜି ଯାଏଁ କେହି କେବେ କହି ନାହାନ୍ତି। आम जिनिषकु खराप बोलि आजि जाएँ केहि केबे कहि नाहाँन्ति।
आपके यहाँ की चीजों में कुछ मिलावट नहीं है, यह बात आप पूरे यकीन से कह सकते है क्या ?	ଆପଣଙ୍କ ପାଖରେ ଥିବା ଜିନିଷରେ କିଛି ମିଶାମିଶି ହୋଇ ନାହିଁ, ସେ କଥା ଆପଣ ପକ୍କା କହି ପାରିବେ ? आपणंक पाखरे थिबा जिनिषरे किछि मिशामिशि होइ नांहि, से कथा आपण पक्का कहि पारिबे ?
इस पनीर के पाकेट में कोई उपहार है क्या ?	ଏହି ପନୀର ପ୍ୟାକେଟରେ କିଛି ଉପହାର ଅଛି କି ? एहि पनीर प्याकेटरे किछि उपहार अछि कि ?
बिना मिलावट के मिट्टी का तेल भी मिलता है क्या ?	ବିନା ମିଶାମିଶିରେ କିରାସିନି ତେଲ ମିଳୁଛି କି ? बिना मिशामिशिरे किरासिनि तेल मिलुछि कि ?
सुना है कि कुछ भ्रष्टाचारी लोग आजकल मिट्टी के तेल में भी मिलावट कर रहे है।	ଶୁଣିଛି ଯେ କେତେକ ଭ୍ରଷ୍ଟାଚାରୀ ଲୋକ ଆଜିକାଲି କିରାସିନି ତେଲରେ ମିଶାମିଶି କରୁଛନ୍ତି। शुणिछि जे केतेक भ्रष्टाचारी लोक आजिकालि किरासिनि तेलरे मिशामिशि करुछन्ति।

12. कपड़े की दुकान ଲୁଗାପଟା ଦୋକାନ लुगापटा दोकान (Cloth Shop)

आइये, आइये, अंदर आइये, यहाँ बैठिये। ଆସନ୍ତୁ, ଆସନ୍ତୁ, ଭିତରକୁ ଆସନ୍ତୁ, ଏଠାରେ ବସନ୍ତୁ।

आसन्तु, आसन्तु, भितरकु आसन्तु, एठारे बसन्तु।

आपको क्या चाहिये ? क्या दिखाना है बोलिये। ଆପଣଙ୍କୁ କଣ ଦରକାର ? କଣ ଦେଖାଇବାକୁ ହେବ କୁହନ୍ତୁ।

आपणंकु कण दरकार ? कण देखाइबाकु हेब कुहन्तु।

हमें साड़ी दिखाइये। ଆମକୁ ଶାଢ଼ି ଦେଖାନ୍ତୁ।

आमकु शाढि देखान्तु।

किस कीमत में चाहिए जी ? କେତେ ଦାମ ଭିତରେ ଚାହୁଁଛନ୍ତି ?

केते दाम भितरे चाहुछन्ति ?

कोई सस्ती सी। କିଛି ଶସ୍ତା ଧରଣର।

किछि शस्ता धरणर।

आपके पास रेशमी साडियाँ हैं क्या ? ଆପଣଙ୍କ ପାଖରେ ସିଲ୍କ ଶାଢ଼ି ଅଛି କି ?

आपणंक पाखरे सिल्क शाढि अछि कि ?

हैं, लेकिन महँगी है। ଅଛି। ହେଲେ ମହଙ୍ଗା ହେବ।

अछि। हेले महंगा हेब।

आप ये साड़ियाँ कहाँ से लाते हो ? ଆପଣ ଏ ଶାଢ଼ିସବୁ କେଉଁଠାରୁ ଆଣୁଛନ୍ତି ?

आपण ए शाढिसबु केउँठारु आणुछन्ति ?

कई प्रांतों से लाते हैं। ବିଭିନ୍ନ ଜାଗାରୁ ଆଣୁଛୁ।

बिभिन्न जागारु आणुछु।

इस साड़ी की क्या कीमत है ? ଏଇ ଶାଢ଼ୀର ଦାମ୍ କେତେ ?

एइ शाढिर दाम केते ?

यह नमूना मुझे पसंद नहीं है।	ଏ ନମୂନା ମତେ ପସନ୍ଦ ହେଉନାହିଁ। ए नबूना मते पसन्द हेउ नांहि।
यह पसंद नहीं तो दूसरी साड़ी दिखाता हूँ।	ଏଇଟା ପସନ୍ଦ ହେଉ ନାହିଁ ତ ଆଉ ଅନ୍ୟ ଦେଖାଉଛି। एइटा पसन्द हेउ नांहि त आउ अन्य देखाउछि।
वो नहीं रोजमर्रा के लिये कुछ साड़ियाँ दिखाइये।	ଇଏ ତାହା ନୁହଁ ସବୁଦିନିଆ ଶାଢ଼ି ଦେଖାଅ। इए ताहा नुंह सबुदिनिआ शाढि देखाअ।
साड़ी कितनी लम्बी है?	ଶାଢ଼ି କେତେ ଲମ୍ବା ଅଛି? शाढि केते लम्बा अछि?
हमारी सभी साड़ियाँ छह मीटर लंबी है।	ଆମର ସବୁ ଶାଢ଼ୀ ଛଅ ମିଟର ଲମ୍ବା। आमर सबु शाढि छअ मिटर लम्बा।
मुझे एंक कपड़ा चाहिए।	ମୋର ଗୋଟିଏ କପଡ଼ା ଦରକାର। मोर गोटिए कपड़ा दरकार।
लेकिन मैं जितना चाहता हूँ, उतना नाप कर देना।	ହେଲେ ମୋର ଯେତିକି ଦରକାର ମୋତେ ସେତିକି ମାପ କରିକି ଦେବ। हेले मोर जेतिकि दरकार मोते सेतिकि माप करिकि देब।
यहाँ के कपड़ों को देखकर तो सभी कुछ खरीदने का मन कर रहा है ।	ଏଠିକା କପଡ଼ା ଦେଖି ସବୁ କିଣିବାକୁ ମନେ ହେଉଛି। एठिका कपड़ा देखि सबु किणिबाकु मने हेउछि।
फिर देर क्यों करते हैं, जी! अभी खरीद लिजिए।	ଡେରି କାହିଁକି ଆଜ୍ଞା! ବର୍ତମାନ କିଣନ୍ତୁ। डेरि कांहिकि आज्ञ! बर्तमान किण्न्तु।
मेरे पास पैसे कम पड़ गये है, नहीं तो मैं अभी तक सब खरीद लेता।	ମୋ ପାଖରେ ପଇସା କମ ହେବ, ନହେଲେ ମୁଁ ଏବେ ସବୁ କିଣି ନିଅନ୍ତି। मो पाखरे पइसा कम हेब, नहेले मुँ एबे सबु किणि निअन्ति।

कोइ परवाह नहीं, आपके पास पैसे नहीं तो बाद में भी दे सकते हैं।	କିଛି ବ୍ୟସ୍ତ ହେବାର ନାହିଁ, ଆପଣଙ୍କ ପାଖରେ ପଇସା ନାହିଁ ତ ନାହିଁ। ପରେ ମଧ୍ୟ ଦେଇ ପାରିବେ। किछि ब्यस्त हेबार नाँहि, आपणंक पाखरे पइसा नांहि त नांहि। परे मध्य देइ पारिबे।
वह कैसे ?	ତାହା କିପରି ? ताहा किपरि ?
वह कुछ नहीं भी साब ! हम क्रेडिट कार्ड स्वीकार करते हैं।	ତାହା ! କିଛି ନୁହେଁ ଆଜ୍ଞା ! ଆମେ କ୍ରେଡିଟ କାର୍ଡ ଗ୍ରହଣ କରୁଛୁ। ताहा किछि नुहें आज्ञा ! आमे क्रेडिट कार्ड ग्रहण करुछु।
अहॉ ! नहीं जी ! भागते हुए दूध क्यों पीयें ?	ଆହାଁ ! ନାହିଁ ଆଜ୍ଞା ! ଦୌଡ଼ି ଦୌଡ଼ି କାହିଁକି ଦୁଧ ପିଇବେ ? आहाँ ! नांहि आज्ञा: ! दौडि दौडि कांहिकि दुध पिइबे ?
अच्छी बात है ! सब लोग आपके जैसे होते तो यह दुनिया कितनी सुंदर होती ?	ଠିକ୍ କଥା ! ସବୁଲୋକ ଆପଣଙ୍କ ପରି ହେଲେ ଏ ଦୁନିଆ କେଡ଼େ ସୁନ୍ଦର ହୋଇ ଉଠନ୍ତା ? ठिक कथा ! सबुलोक आपणंक परि हेले ए दुनिआ केते सुंदर होइ उठंता।

13. बाजार ବଜାର बजार (Market)

इस शहर में बाजार कहाँ है ?	ଏଇ ସହରରେ ବଜାର କେଉଁଠି ଅଛି ? एइ सहररे बजार केउँठि अछि ?
कौन सा बाजार ?	କେଉଁ ବଜାର ? केउँ बजार ?

कौन सा बाजार मतलब ?	କେଉଁ ବଜାର ମାନେ ? केउँ बजार माने ?
मतलब ! मछली का बाजार, सब्जी का बाजार या कपड़ा बाजार।	ମାନେ ! ମାଛ ବଜାର, ପରିବା ବଜାର ବା କପଡ଼ା ବଜାର । माने ! माछ बजार, परिबा बजार बा कपडा बजार।
यहाँ (इधर) इतने बाजार होते हैं मुझे मालुम नहीं है।	ଏଠି ଏତେ ବଜାର ଅଛି, ମୋତେ ଜଣା ନ ଥିଲା । एठि एते बजार अछि, मोते जणा न थिला।
मुझे साधारण बाजार जाना है ?	ମୋତେ ସାଧାରଣ ବଜାରକୁ ଯିବାର ଅଛି । मोते साधारण बजारकु जिबार अछि।
इस तरफ से गये तो मोन्डा मार्केट आता है ।	ଏହି ବାଟରେ ଗଲେ ମୋଣ୍ଡା ମାର୍କେଟ ଆସିବ ।. एहि बाटरे गले मोन्डा मार्केट आता है।
वहाँ (उधर) आपको सभी चीजें मिलती है ।	ସେଠି (ସେଠାରେ) ଆପଣଙ୍କୁ ସବୁ ଜିନିଷ ମିଳିବ । सेठि (सेठारे) आपणंकु सबु जिनिष मिलिब।
आपके पास पाँच रूपये के छुट्टे पैसे हैं क्या ?	ଆପଣଙ୍କ ପାଖରେ ପାଂଚ ଟଙ୍କାର ଖୁଚୁରା ପଇସା ହେବ କି ? आपणंक पाखरे पांच टंकार खुचुरा पइसा हेब कि ?
इधर सब चीजें बहुत महँगी लग रही हैं ।	ଏଇଠି ଆପଣଙ୍କୁ ସବୁ ଜିନିଷ ମହଙ୍ଗା ଲାଗିବ । एइठि आपणंकु सबु जिनिष महंगा लागिब।
वह आपका भ्रम है ।	ଏସବୁ ଆପଣଙ୍କ ଭ୍ରମ । एसबु आपणंक भ्रम।
वही है क्या ?	ସେଇଟା କି ? सेइटा कि ?

वह बिना कुछ भी नहीं है ?	ତାହା ବିନା ତ କିଛି ନାହିଁ।. ताहा बिना त किछि नांहि।
इधर क्या खास चीज मिलती है ?	ଏଠି କଣ କିଛି ସ୍ୱତନ୍ତ୍ର ଜିନିଷ ମିଳେ ? एठि कण किछि स्वतंत्र जिनिष मिले ?
कई हें ।	ଅନେକ ଜିନିଷ ଅଛି। अनेक जिनिष अछि।
वे क्या है ।	ତାହା କଣ ? ताहा कण ?
यहाँ लकड़ी से बनायी गई गुड़ियाँ भी मिलती हैं।	ଏଠାରେ କାଠ ତିଆରି କଣ୍ଢେଇ ମିଳେ। एठारे काठ तिआरि कंढेइ मिले।
मुझे चंदन से बनायी गई एक टोकरी चाहिए ।	ମୋତେ ଚନ୍ଦନ ନିର୍ମିତ ଗୋଟିଏ ଡାଲା ଦରକାର। मोते चन्दन निमर्ति गोटिए डाला दरकार।
वह तो नहीं मिलती मगर हाथी दांत की चीजें तो मिलती है ।	ତାହା ତ ମିଳେ ନାହିଁ ହେଲେ ହାତୀ ଦାନ୍ତର ଜିନିଷମାନ ମିଳିବ। ताहा त मिले नांहि हेले हाती दान्तर जिनिषमान मिलिब।
अब तो इसे देखकर ही जायेंगे ।	ଏବେ ତ ତାହାହେଲେ ତାକୁ ଦେଖିକି ହିଁ ଯିବି। एबे त ताहाहेले ताकु देखिकि हिँ जिबि।

14. बस स्टैण्ड ବସ ଷ୍ଟାଣ୍ଡ बस ष्टाण्ड (Bus Stand)

यहाँ बस स्टैण्ड कहाँ है ?	ଏଠାରେ ବସଷ୍ଟାଣ୍ଡ କେଉଁଠି ଅଛି ?
	एठारे बसष्टान्ड केउँठि अछि ?
आधा किलोमीटर दूर में है ।	ଅଧ କିଲୋମିଟର ଦୂରରେ ଅଛି ।
	अध किलो मिटर दूररे अछि ।
प्रार्थना पर बस रोकने की जगह कहाँ है ?	ପ୍ରାର୍ଥନା କଲେ ବସ କେଉଁଠି ରହୁଛି ?
	प्रार्थना कले बस केउँठि रहुछि ?
जहाँ देखे वहाँ बस है ।	ଯେଉଁଠି ଦେଖିବ ସେଠି ଖାଲି ବସ ଥିବ ।
	जेउँठि देखिब सेठि खालि बस थिब ।
लेकिन यहाँ एक बस भी नहीं रूक रही है ।	ହେଲେ ଗୋଟାଏ ବସ ବି ରହୁ ନାହିଁ ।
	हेले गोटाए बस बि रहु नांहि ।
वह ऑटो नहीं है । जहाँ हाथ उठे तो वहाँ रोकने को	ଇଏତ ଅଟୋ ନୁହେଁ । ଯେଉଁଠି ହାତ ଉଠାଇଲେ ସେଇଠି ରହିବ ।
	इए त अटो नुंहे । जेउँठि हात उठाइले सेइठि रहिब ।
जहाँ पर लोग खड़े है वहाँ बस चाहिए या नहीं ?	ଯେଉଁଠି ଲୋକମାନେ ଠିଆ ହୋଇଥିବେ, ସେଠାରେ ବସ ଅଟକିବ ନା ନାହିଁ ?
	जेउँठि लोकमाने ठिआ होइथिबे, सेठारे बस अटकिब ना नँहि ?
वैसे रोकते गये तो बस एक मीटर भी आगे नहीं जायेगी ।	ସେମିତି ଅଟକିଲେ ତ ବସ ଗୋଟାଏ ମିଟର ବି ଆଗକୁ ଆଗେଇ ପାରିବ ନାହିଁ ।
	सेमिति अटकिले त बस गोटाए मिटर बि आगकु आगेइ पारिब नांहि ।
उस बस में बहुत ज्यादा यात्री है ।	ଏହି ବସରେ ବହୁତ ଯାତ୍ରୀ ଅଛନ୍ତି ।
	एहि बसरे बहुत जात्रि अछंति ।
वे लोग कैसे है वह देखो ।	ସେ ଲୋକମାନେ କେମିତି ସେଠି ଦେଖନ୍ତୁ ।
	से लोकमाने केमिति सेठि देखन्तु ।

वे सब खड़े हैं ।	ଏମାନେ ତ ସବୁ ଠିଆ ହୋଇଛନ୍ତି ।
	एमाने त सबु ठिआ होइछन्ति ।
यही है सिटी बस का मतलब !	ଏହି ହେଉଛି ସିଟି ବସର ସ୍ୱରୂପ।
	एहि हेउछि सिटि बसर स्वरूप।
टिकट कहाँ लेना है ?	ଟିକେଟ କେଉଁଠୁ ନେବାକୁ ହେବ ?
	टिकेट केउँठु नेबाकु हेब ?
कांउटर में लीजिये ।	କାଉଁଟରରୁ ନିଅନ୍ତୁ।
	काउँटररु निअन्तु।
बस में नहीं देते हैं क्या ?	ବସରେ ଦେଉ ନାହାନ୍ତି କି ?
	बसरे देउ नांहान्ति कि ?
जिल्लों को जानेवाली बस का स्टैंड कहाँ है ?	ଜିଲ୍ଲାଗୁଡ଼ିକୁ ଯିବାପାଇଁ ବସର ଷ୍ଟାଣ୍ଡ କେଉଁଠି ?
	जिल्लागुडिकु जिबापाइँ बसर ष्टान्ड केउँठठि ?
इधर ही रहो । मैं एकबार समय सारिणी को देख कर आता हूँ ।	ଏଇଠି ଥାଆନ୍ତୁ। ମୁଁ ଥରେ ସମୟ ସାରିଣୀକୁ ଦେଖିକି ଆସୁଛି।
	एइठि थाआन्तु। मुँ थरे समय सारिणीकु देखिकी आसुछि।
यहाँ से राज्य में चारों ओर जाने वाली बसें मिलती हैं क्या ?	ଏଇଠୁଁ ରାଷ୍ଟ୍ରର ଚାରିଆଡ଼କୁ ଯାଉଥିବା ବସମାନ ମିଳିବ କି ?
	एइटुँ राष्ट्रर चारिआड़कु जाउथिबा बसमान मिलिब कि ?
नहीं मिलती है ।	ନାହିଁ, ମିଳିବ ନାହିଁ।
	नांहि, मिलिब नांहि।
थोड़ी दूर जाने के बाद बस बदलनी पड़ेगी ।	କିଛି ବାଟ ଗଲା ପରେ ବସ ବଦଳାଇବାକୁ ପଡ଼ିବ।
	किछि बाट गला परे बस बदलाइबाकु पड़िब।

हैदराबाद से राजमन्ड्री जाने में कितना समय लगता है ?	ହାଇଦ୍ରାବାଦରୁ ରାଜମଣ୍ଡି ଯିବାକୁ କେତେ ସମୟ ଲାଗୁଛି ?
	हाइद्राबादरु राजमन्ड्री जिबाकु केते समय लागुछि ?
नौ घंटे तक लग जाते हैं ।	ନଅ ଘଂଟା ପର୍ଯ୍ୟନ୍ତ ସମୟ ଲାଗିବ ।
	नअ घन्टा पर्ज्यन्त समय लागिब ।
आजकल बस यात्रा भी बहुत मुश्किल हो रही है ।	ଆଜିକାଲି ବସ ଯାତ୍ରା ବହୁତ କଠିଣ ହୋଇ ଯାଇଛି ।
	आजिकालि बस जात्रा बहुत कठिण होइ जाइछि ।
खटारा बस पर चढ़ना मुझे पसंद नहीं है ।	ମତେ ଖଟରା ବସରେ ଚଢ଼ିବାକୁ ଭଲ ଲାଗେ ନାହିଁ ।
	मते खतरा बसरे चढिबाकु भल लागे नांहि ।

15. हमारा राज्य ଆମ ରାଜ୍ୟ आम राज्य (Our State)

हमारा राज्य का नाम आन्ध्र प्रदेश है ।	ଆମ ରାଜ୍ୟର ନାମ ଆନ୍ଧ୍ର ପ୍ରଦେଶ ।
	आम राज्यर नाम आन्ध्र प्रदेश ।
इसमें तेईस जिले हैं ।	ଏଠାରେ ତେଇଶିଟି ଜିଲ୍ଲା ରହିଛି ।
	एठारे तिइशिटि जिल्ला रहिछि ।
हमारे राष्ट्र में तीन प्रान्त है ।	ଆମ ରାଷ୍ଟ୍ରରେ ତିନୋଟି ପ୍ରାନ୍ତ ରହିଛି ।
	आम राष्ट्ररे तिनोटि प्रान्त रहिछि ।
उनके नाम कोस्ता, रायलसीमा और तेलंगाणा हैं ।	ତାହାର ନାମ କୋସ୍ତା, ରାୟଲସୀମା ଓ ତେଲେଙ୍ଗାନା ।
	ताहार नाम कोस्ता, रायलसीमा ओ तेलेन्गाना ।
इन तीनों प्रान्तों में लोग एक ही भाषा बोलते हैं ।	ଏହି ତିନୋଟିରେ ଲୋକମାନେ ଗୋଟିଏ ଭାଷା କୁହନ୍ତି ।
	एहि तिनोटिरे लोकमाने गोटिए भाषा कुहन्ति ।

समुंदर किनारे वाले प्रान्त कोस्ता कहलाते हैं।

ସମୁଦ୍ର କୂଳବର୍ତୀ ସୀମାକୁ କୋଷ୍ଟା କୁହାଯାଉଛି ।

समुद्र कूलबर्ती सीमाकु कोस्ता कुहा जाउछि।

इसलीए श्रीकाकुलम से नेल्लुर तक के प्रान्त कोस्ता जिले कहलाते हैं।

ଏହି କାରଣରୁ ଶ୍ରୀକାକୁଲମ ଠାରୁ ନେଲ୍ଲୁର ପର୍ଯ୍ୟନ୍ତ ସୀମାକୁ କୋଷ୍ଟା ଜିଲ୍ଲା କୁହା ଯାଉଛି ।

एहि कारणरु श्रीकाकुलम ठारु नेल्लुर पर्ज्यन्त सीमाकु कोस्ता जिल्ला कुहा जाउछि।

श्री कृष्ण देवराय ने जिस प्रांत पर शासन किया वह रायलसीमा कहलाता है ।

ଶ୍ରୀ କୃଷ୍ଣ ଦେବରାୟ ଯେଉଁ ପ୍ରାନ୍ତକୁ ଶାସନ କରିଥିଲେ ତାହାକୁ ରାୟଲସୀମା କୁହାଯାଉଛି ।

श्री कृष्ण देबराय जेउँ प्रान्तकु शासन करिथिले ताहाकु रायल सीमा कुहा जाउछि।

इसलिए कडपा, कर्नूल, चित्तूर और अनन्तपूर जिले को रायलसीमा कहलाता हैं ।

ଏହି କାରଣରୁ କଡ଼ପା, କର୍ନୁଲ, ବିତୁର ଓ ଅନନ୍ତନୁର ଜିଲ୍ଲାକୁ ରାୟଲ ସୀମା କୁହାଯାଉଛି ।

एहि कारणरु कड़पा, कर्नुल, बितुर ओ अनन्तनुर जिल्लाकु रायल सीमा कुहा जाउछि।

तब महाराष्ट्र, कर्नाटक और आन्ध्र प्रदेश राष्ट्रों में से कुछ प्रांत मुस्लिम शासन में थे ।

ବର୍ତମାନ ମହାରାଷ୍ଟ୍ର, କର୍ଣ୍ଣାଟକ ଓ ଆନ୍ଧ୍ରପ୍ରଦେଶ ରାଷ୍ଟ୍ରର କିଛି ସୀମା ମୁସଲମାନ ଶାସନାଧୀନ ରହିଥିଲା ।

बर्त्तमान महाराष्ट्र, कर्णाटक ओ आन्ध्र प्रदेश राष्ट्रर किछि सीमा मुसलमान शासनाधीन रहिथिला।

यह सब एक ही तरह राज्य थे।

ସେ ସବୁ ଗୋଟିଏ ପ୍ରକାର ରାଜ୍ୟ ଥିଲା ।

से सबु गोटिए प्रकार राज्य थिला।

इस राज्य में तेलुगु बात करनेवाले प्रांत को तेलंगाणा कहते थे ।

ଏହି ରାଜ୍ୟମାନଙ୍କ ମଧ୍ୟରୁ ତେଲୁଗୁ କଥା କୁହାଯାଉଥିବା ସୀମାକୁ ତେଲେଙ୍ଗାନା କୁହା ଯାଉଛି ।

एहि राज्यमानंक मध्यरु तेलुगु कथा कुहाजाउथिबा सीमाकु तेलेंगाना कुहा जाउछि।

वही उसके बाद तेलंगाणा जैसा बन गया है ।

ତାହାହିଁ ପରବର୍ତ୍ତୀ କାଳରେ ତେଲେଙ୍ଗାନା ବୋଲି ନାମିତ ହେଲା।

ताहाहिँ परबर्त्ती कालरे तेलेंगाना बोलि नामित हेला।

हमारे राज्य की राजधानी हैदराबाद है।

ଆମ ରାଜ୍ୟର ରାଜଧାନୀ ହୈଦରାବାଦ।

आम राज्यर राजधानी हैदराबाद।

हमारे राष्ट्र में कृष्णा, गोदावरी, मंजीरा, तुंगभद्रा जैसी पवित्र नदियाँ बहती है ।

ଆମ ରାଷ୍ଟ୍ରରେ କୃଷ୍ଣା, ଗୋଦାବରୀ, ମଂଜୀରା, ତୁଂଗଭଦ୍ରା ପ୍ରଭୃତି ପବିତ୍ର ନଦୀମାନ ପ୍ରବାହିତ ହେଉଛି।

आम राष्ट्ररे कृष्णा, गोदाबरी, मंजरी, तुंगभद्रा प्रभृति पबित्र नदीमान प्रबाहित हेउछि।

इस राज्य में कई दरगाह, मस्जिद, चर्च और देवालय हैं ।

ଏହି ରାଜ୍ୟରେ କେତେ ଦର୍ଗାହ, ମସ୍‌ଜିଦ୍, ଚର୍ଚ୍ଚ ଓ ଅନେକ ଦେବାଳୟ ରହିଛି।

एहि राज्यरे केते दर्गाह, मसजिद्, चर्च ओ अनेक देबालय रहिछि।

हमारा राज्य शांति चाहने वाला है।

ଆମ ରାଜ୍ୟ ଏକ ଶାନ୍ତି ପ୍ରିୟ ରାଷ୍ଟ୍ର।

आम राज्य एक शान्ति प्रिय राष्ट्र।

यहाँ के निवासी शांति प्रिय हैं।

ଏଠାକାର ଲୋକମାନେ ଶାନ୍ତିପ୍ରିୟ।

एठाकार लोकमाने शान्तिप्रिय।

भारत देश में आन्ध्र प्रदेश को एक विशिष्ट स्थान प्राप्त है।

ଭାରତ ଦେଶରେ ଆନ୍ଧ୍ର ପ୍ରଦେଶକୁ ଏକ ସ୍ୱତନ୍ତ୍ର ସ୍ଥାନ ପ୍ରାପ୍ତ ହୋଇଛି।

भारत देशरे आन्ध्र प्रदेशकु एक स्वतन्त्र स्थान प्राप्त होइछि।

16. जलपान गृह ଜଳଖିଆ କେନ୍ଦ୍ର जलखिआ केन्द्र (Tiffin Centre)

भाई साहब ! इसके आस पास कोई अच्छा जलपान गृह है क्या ?	ଭାଇ ! ଏଇ ଆଖ ପାଖରେ କୌଣସି ଭଲ ଜଳଖିଆ କେନ୍ଦ୍ର ଅଛି କି ? भाई ! एइ आख पाखरे कौणसि भल जलखिआ केन्द्र अछि कि ?
है साब ! सीधा जा के दाइ तरफ मुडिये ।	ଅଛି ଆଜ୍ଞା ! ସିଧା ଯାଇ ଡାହଣକୁ ବୁଲିଗଲେ । अछि आज्ञा ! सिधा जात्र डाहणकु बुलिगले ।
हम सभी मिलकर एक अच्छा होटल में जायेंगे ।	ଆମେ ସମସ୍ତେ ମିଶିକି ଗୋଟିଏ ଭଲ ହୋଟେଲକୁ ଯିବା । आमे समस्ते मिशिकि गोटिए भल होटेलकु जिबा ।
अभी नहीं थोड़ी देर के बाद देखेंगे ।	ବର୍ତ୍ତମାନ ନୁହେଁ । ଆଉ କିଛି ସମୟ ପରେ ଦେଖିବା । बर्त्तमान नुंहे । आउ किछि समय परे देखिबा ।
नास्ता सबेरे में करते हैं । दोपहर में नहीं ।	ଜଳଖିଆ ସକାଳେ କରନ୍ତି । ଦ୍ୱିପ୍ରହରରେ ନୁହେଁ । जलखिआ सकाले करन्ति । द्विप्रहररे नुंहे ।
आप क्या लेते हैं ?	ଆପଣ କଣ ନେବେ ? आपण कण नेबे ?
हमारे को इडली, दोसा चाहिये ।	ମୋତେ ଇଡିଲି, ଦୋସା ଦରକାର । मोते इडिलि, दोसा दरकार ।
साम्बर गरम है क्या ?	ସମ୍ବର ଗରମ ଅଛି ? सम्बर गरम अछि ?
पहले पानी लाओ ।	ପ୍ରଥମେ ପାଣି ଆଣ । प्रथमे पाणि आण ।

यह मेज साफ करो ।	ଏହି ମେଜଟା ସଫା କର ।
	एहि मेजटा सफा कर।
इधर बहुत गंदगी है ।	ଏଠି ବହୁତ ଅସନା ହୋଇଛି ।
	एठि बहुत असना होइछि।
उधर अच्छा है वहाँ बैठेंगे ।	ସେଠାରେ ଭଲ ଅଛି, ସେଇଠି ବସିବା ।
	सेठारे भल अछि, सेइठि बसिबा।
यहाँ पंखा है, लेकिन घुमता नहीं, लाइट है, पर जलती नहीं है।	ଏଠି ପଙ୍ଖା ଅଛି, ହେଲେ ବୁଲୁ ନାହିଁ, ଲାଇଟ୍ ଅଛି ହେଲେ ଜଳୁ ନାହିଁ ।
	एठि पंखा अछि, हेले बुलु नांहि। लाइट अछि, हेले जलु नांहि।
मुझे थोड़ा दूध चाहिए।	ମୋର ସାମାନ୍ୟ ଦୁଧ ଦରକାର ।
	मोर सामान्य दुध दरकार।
दूध पसंद है। मगर उसमें चीनी डालना पसंद नहीं है।	ଦୁଧ ଭଲ ଲାଗେ । ହେଲେ ସେଥିରେ ଚିନି ପକେଇଲେ ଭଲ ଲାଗେ ନାହିଁ ।
	दुध भल लागे। हेले सेथिरे चिनि पकाइले भल लागे नांहि।
दोसा में प्याज डालना ।	ଦୋସାରେ ପିଆଜ ପକାଇବ ।
	दोसारे पिआज पकाइब।
सबसे अच्छा मसाला दोसा।	ସବୁଠୁ ଭଲ ମଶଲା ଦୋସା ।
	सबुठु भल मशला दोसा।
यहाँ अच्छी चीजें मिलती है क्या ?	ଏଠାରେ ଭଲ ଜିନିଷ ମିଳୁଛି କି ?
	एठारे भल जिनिष मिलुछि कि ?
इधर एक बार खा लिया तो बस।	ଏଠି ଥରେ ଖାଇଲେ ତ ହେଲା ।
	एठि थरे खाइले त हेला।
बार-बार इधर ही खाने का मन करता है ।	ବାରମ୍ବାର ଏଇଠି ଖାଇବାକୁ ମନ ହବ ।
	बारम्बार एइठि खाइबाकु मन हब।

17. भोजनालय ଭୋଜନାଳୟ भोजनालय (Hotel)

मुझे भूख लग रही है।	ମୋତେ ଭୋକ କଲାଣି ।
मोते भोक कलाणि।
इधर एक ही भोजनालय है।	ଏଠି ଗୋଟିଏ ମାତ୍ର ଭୋଜନାଳୟ ଅଛି।
एठि गोटिए मात्र भोजनालय अछि।
वहाँ पर खाना अच्छा मिलता है क्या?	ସେଠି ଖାଇଲେ ଭଲ ହେବ ତ?
सेठि खाइले भल हेब त?
स्वाद अच्छा है।	ସ୍ୱାଦ ଭଲ।
स्वाद भल।
क्या चाहिए साहब?	କଣ ଦରକାର କରୁଛନ୍ତି ଆଜ୍ଞା?
कण दरकार करुछन्ति आज्ञा?
मुझे मेनु चाहिए।	ମୋତେ କଣ କଣ ଅଛି ତାହାର ତାଲିକା ଦରକାର।
मोते कण कण अछि ताहार तालिका दरकार।
क्या चाहिए साहब?	କଣ ଚାହୁଛନ୍ତି (ଖାଇବେ) ଆଜ୍ଞା?
कण चाहुछन्ति (खाइबे) आज्ञा?
मुझे दक्षिण भारतीय खाना चाहिए।	ମୋତେ ଦକ୍ଷିଣ ଭାରତୀୟ ଖାଦ୍ୟ ଦରକାର।
मोते दक्षिण भारतीय खाद्य दरकार।
आपको दक्षिण भारतीय खाना बहुत पसंद है क्या?	ଆପଣଙ୍କୁ ସାଉଥ ଇଣ୍ଡିଆନ ଖାଦ୍ୟ କଣ ବହୁତ ପସନ୍ଦ?
आपणंकु साउथ इन्डिआन खाद्य कण बहुत पसन्द?
मुझे बहुत पसन्द है।	ମୋତେ ବହୁତ ଭଲ ଲାଗେ।
मोते बहुत भल लागे।

किसलिए इतना पसंद है आपको ?	କେଉଁଥି ପାଇଁ ଏତେ ପସନ୍ଦ ଆପଣଙ୍କୁ ? केउँथि पाइँ एते पसन्द आपणंकु ?
इसमें मुझे छह स्वाद मिलते हैं।	ସେହି ଖାଇବାରେ ମୋତେ ଛଅଟି ସ୍ୱାଦ ମିଳିଥାଏ। सेहि खाइबारे मोते छअटि स्वाद मिलिथाए।
मतलब ?	ମାନେ ? माने ?
जैसे चावल लीजिए वह फिका रहता है।	ଯେମିତି ଭାତ ନେଲେ ତାହା ହାଲକା ଲାଗେ। जेमिति भात नेले ताहा हालका लागे।
उसमें दाल, घी, आचार मिलाए तो स्वाद कैसा होता है मालूम ?	ସେଥିରେ ଡାଲି, ଘିଅ ଓ ଆଚାର ମିଶାଇଲେ ତାହାର ସ୍ୱାଦ କିପରି ହୁଏ ଜାଣିଛ ? सेथिरे डालि, घिअ ओ आचार मिशाइले ताहार स्याद किपरि हुए जाणिछ ?
नहीं बता सकता हुँ मैं।	ମୁଁ କହି ପାରିବି ନାହିଁ। मुँ कहि पारिबि नांहि।
तुम ही खाकर समझ लो।	ତୁମେ ଖାଇଲେ ବୁଝିବ। तुमे खाइले बुझिब।
भोजन में गुझिया भी है।	ଭୋଜନରେ ବାରମଜା ମଧ୍ୟ ଅଛି। भोजनरे बारमजा मध्य अछि।
खाली गुझिया नहीं साब पुड़ी, छोंका बात, बरोयें, सुखी सब्जी भी देगें।	ଖାଲି ବାରମଜା ନୁହେଁ, ସେଥିରେ ପୁରୀ, ଛଂକା, ବରା, ଭଜା ମଧ୍ୟ ଦେବେ। खालि बारमजा नुहें, सेथिरे पुरी, छंका, बरा, भजा मध्य अछि।
धन्यवाद भाई, मुझे अच्छा खाना खिलाया।	ଧନ୍ୟବାଦ ଭାଇ। ମୋତେ ଭଲ ଖାଦ୍ୟ ଖୁଆଇଲେ। धन्यबाद भाइ। मोते भल खाद्य खुआइल।

मैं कितना बख्शीस दूँ। | ମୁଁ କେତେ ଦେବି।
मुँ केते देबि।

यह आपकी मर्जी है। | ତାହା ଆପଣଙ୍କ ଖୁସି ଉପରେ ନିର୍ଭର କରେ ଆଜ୍ଞା।
ताहा आपणंक खुसि उपरे निर्भर करे आज्ञा।

इधर सेवा थोड़ी सुस्त /धीमी है। | ଏଠାରେ ସେବା କିଛି ପରିମାଣରେ ଧୀମା।
एठारे सेबा किछि परिमाणरे धीमा।

18. डाकघर ଡାକଘର डाक घर (Post Office)

डाकघर कहाँ है ? | ଡାକଘର କେଉଁଠି ?
डाकघर केउँठि ?

थोड़ा सीधा जाकर बाईं तरफ पलटे तो एक चढ़ाव आता है । | ଟିକିଏ ଆଗକୁ ଯାଇ ବାମ ପଟକୁ ଗଲେ ଗୋଟିଏ ଉଠାଣି ଆସିବ।
टिकिए आगकु जाइ बाम पटकु गले गोटिए उठाणि आसिब।

वह चढ़कर दाईं ओर देखे तो लाल बोर्ड पर सफेद अक्षरों में दिखता है । | ତାକୁ ଚଢ଼ି ଡାହାଣକୁ ଅନାଇଲେ ଲାଲ ବୋର୍ଡରେ ଧଳା ଅକ୍ଷରରେ ଲେଖା ନଜରକୁ ଆସିବ।
ताकु चढि डाहाणकु अनाइले लाल बोर्डरे धला अक्षररे लेखा नजरकु आसिब।

मैं इस चिट्ठी को जल्दी से भेजना चाहता हूँ। | ମୁଁ ଏହି ଚିଠିକୁ ଜଲ୍‌ଦୀ ପଠାଇବାକୁ ଚାହୁଁଛି।
मुँ एहि चिठिकु जलदी पठाइबाकु चाहुँछि।

स्पीड पोस्ट में भेजिए। | ସ୍ପୀଡ ପୋଷ୍ଟରେ ପଠାନ୍ତୁ।
स्पीड पोष्टरे पठान्तु।

लिफाफे पर कितने का डाक टिकट चिपकाना साहब ? | ଲଫାଫାରେ କେତେ ଟଙ୍କାର ଡାକଟିକଟ ଲଗାଇବି ?
लफाफारे केते टंकार डाकटिकट लगाइबि ?

और टिकट चिपकाने की जरूरत नहीं है । | ଆଉ ଟିକେଟ ଲଗାଇବା ଦରକାର ନାହିଁ।
आउ टिकेट लगाइबा दरकार नांहि।

कृपया, आप इस लिफाफे को तोलते हैं क्या ?

ଦୟାକରି ଏହି ଲଫାଫାକୁ ଓଜନ କରୁଛନ୍ତି କି ?

दयाकरि एहि लफाफाकु ओजन करुछन्ति कि ?

इसके भार के (वजन के) अनुसार आप इसपर अस्सी रूपये का टिकट चिपकाइये ।

ଏହାର ଓଜନ ଅନୁସାରେ ଆପଣ ଏଥିରେ ଅଶୀ ଟଙ୍କାର ଟିକେଟ ଲଗାଇବେ।

एहार ओजन अनुसारे आपण एथिरे अशी टंकार टिकेट लगाइबे।

पत्र जल्दी पहुँचने के लिए पिनकोड नंबर सही लिखना जरूरी है ।

ପତ୍ର ଚଂଚଳ ପହଂଚିବା ପାଇଁ ପିନକୋଡ ନମ୍ବର ଠିକ ଲେଖିବା ଦରକାର।

पत्र चन्चल पहँचिबा पाइँ पिनकोड नम्बर ठिक लेखिबा दरकार।

बुक पोस्ट लिफाफा है तो इसे बन्द नहीं करें ।

ବୁକପୋଷ୍ଟର ଲଫାପା ଥିଲେ ବନ୍ଦ କରିବ ନାହିଁ।

बुकपोष्ट लफाफा थिले बन्द करिब नांहि।

मनीअर्डर कब तक लेते हैं ?

ମନି ଅର୍ଡର କେତେବେଳ ଯାଏ ନେଉଛନ୍ତି ?

मनि अर्डर केतेबेले जाए नेउछन्ति ?

तीन बजे तक स्वीकार करते हैं।

ତିନିଟା ବେଳ ଯାଏ ନେଉଛୁ।

तिनिटा बेल जाए नेउछु।

हजार रूपये भेजने के लिये कितना शुल्क है ?

ହଜାରେ ଟଙ୍କା ପଠାଇବାକୁ ହେଲେ କେତେ ଶୁଳ୍କ ନେଉଛ ?

हजारे टंका पठाइबाकु हेले केते शुल्क नेउछ ?

पचास रूपये।

ପଚାଶ ଟଂକା।

पचाश टंका।

मनीआर्डर फर्म कैसे भरते हैं साहब ?

ମନିଅର୍ଡର ଫର୍ମ କିପରି ପୂରଣ କରିବା ଆଜ୍ଞା ?

मनिअर्डर फर्म किपरि पूरण करिबा आज्ञा ?

उसको कैसे भरना है यह उसपर तीन भाषाओं में लिखा है ।

ତାହାକୁ କିପରି ପୂରଣ କରିବେ ତାହା ତିନିଗୋଟି ଭାଷାରେ ଲେଖା ଯାଇଛି ।

ताहाकु किपरि पूरण करिबे ताहा तिनिगोटि भाषारे लेखा जाइछि।

डाक कब निकलती है ?

ଡାକ କେତେବେଳେ ବାହାରୁଛି ?

डाक केतेबेले बाहारुछि ?

अभी की डाक तो निकल गया।

ଏବେକାର ପୋଷ୍ଟ ତ ବାହାରି ଗଲାଣି ।

एबेकार पोष्ट त बाहारि गलाणि।

अगला दोपहर के बाद चार बजे निकालते है ।

ଆର ପୋଷ୍ଟ ଦ୍ୱିପ୍ରହରର ଚାରିଟା ବେଳେ ବାହାରିବ ।

आर पोष्ट द्विप्रहररे चारिटा बेले बाहारिब।

आज चिट्ठियों को बाँटते हैं क्या ?

ଆଜି ଚିଠି ବଂଟା ଯିବ କି ?

आजि चिठि बण्टा जिब कि ?

क्यों नहीं करते ? जरूर करते हैं ।

କାହିଁକି ହେବ ନାହିଁ ? ନିଶ୍ଚୟ ହେବ ।

काँहिकि हेब नांहि ? निश्चय हेब।

19. रेलवे स्टेशन ରେଲଓ୍ୱେ ଷ୍ଟେସନ रेलवे स्टेशन (Railway Station)

आज मैं राजमन्ड्री जाना चाहता हूँ ।

ଆଜି ମୁଁ ରାଜମଣ୍ଡ୍ରି ଯିବାକୁ ଚାହୁଁଛି ।

आजि मुँ राजमन्ड्री जिबकु चाहुँछि।

कैसे जाना चाहते है ?

କେମିତି ଯିବାକୁ ଚାହୁଛନ୍ତି ?

केमिति जिबाकु चाहुछन्ति ?

रेल से या बस से ?

ରେଲରେ ନା ବସରେ ?

रेलरे ना बसरे ?

रेल द्वारा जाना है तो नौ घंटे में आराम से जा सकते हैं।

ରେଳ ଦ୍ୱାରା ତ ନ ଘଂଟାରେ ଆରମରେ ଯାଇ ପାରିବେ ।

रेल द्वारा त न घन्टारे आरामरे जाइ पारिबे।

आप आरक्षण करा लिये हैं क्या ?	ଆପଣ ଆରକ୍ଷଣ କରି ସାରିଛନ୍ତି କି ? आपण आरक्षण करि सारिछन्ति कि ?
हाँ ! हो गया ।	ହଁ! ହୋଇ ଯାଇଛି। हँ! होइ जाइछि।
हमारे नसीब से खिड़की के पास सीट मिली है ।	ମୋ ଭାଗ୍ୟକୁ ଝରକା ପାଖକୁ ସିଟ ମିଳିଛି। मो भाग्यकु झरका पाखकु सिट मिलिछि।
आप आपनी सीट पर बैठे हैं या दूसरों की सीट पर बैठे हैं, देख लिजिए ।	ଆପଣ ଆପଣଙ୍କ ସିଟରେ ବସିଛନ୍ତି ନା ଅନ୍ୟ ସିଟରେ ବସିଛନ୍ତି ଦେଖି ନିଅନ୍ତୁ। आपण आपणंक सिटरे बसिछन्ति ना अन्य सिटरे बसिछन्ति देखि निअन्तु।
मैं सब देखकर बैठा हूँ ।	ମୁଁ ସବୁ ଦେଖି ବସିଛି। मुँ सबु देखि बसिछि।
खिडकी बंद कर लो नहीं तो कचरा अंदर आ जायेगा ।	ସେହି ଝରକାକୁ ବନ୍ଦ କରି ଦିଅ ନହେଲେ ଅଳିଆ ଭିତରକୁ ଆସୁଛି। सेहि झरकाकु बन्द करि दिअ नहेले अलिआ भितरकु आसुछि।
खाने का डिब्बा किस तरफ है ?	ଖାଇବା ଡିବା କେଉଁ ପଟରେ ? खाइबा डिबा केउँ पटरे ?
वह उस तरफ है ।	ତାହା ସେ ପଟେ। ताहा से पटे।
मैं कल रात की गाड़ी से मुंबई जाऊँगा ।	ମୁଁ କାଲି ରାତି ଗାଡ଼ିରେ ମୁମ୍ବେଇ ଯିବି। मुँ कालि राति गाडिरे मुम्बेइ जिबि।
मुंबई के लिए एक ही गाड़ी जाती है क्या ?	ମୁମ୍ବେଇକୁ ଗୋଟିଏ ଗାଡ଼ି ଯାଉଛି କି ? मुम्बेइकु गोटिए गाडि जाउछि कि ?
एक ही गाड़ी जाती है ।	ଗୋଟିଏ ଗାଡ଼ି ଯାଉଛି। गोटिए गाडि जाउछि।
ठीक है तो कोई बात नहीं ।	ଅଛି ତ, ତାହାଲେ କିଛି କଥା ନାହିଁ। अछि त, ताहाले किछि कथा नाहिँ।

नहीं तो बीच में गाड़ी बदलना पड़ेगा ।	ନହେଲେ ମଝିରେ ଗାଡି ବଦଳାଇବାକୁ ପଡ଼ିବ। नहेले मझिरे गाडि बदलाइबाकु पडिब।
मैं आपके साथ स्टेशन आऊँगा ।	ମୁଁ ଆପଣଙ୍କ ସହିତ ଷ୍ଟେସନକୁ ଯିବି। मुँ आपणंक सहित ष्टेसनकु जिबि।
ऐसा है, तो तुम जल्दी तैयार हो जाना ।	ତାହାଲେ ତୁମେ ଜଲ୍‌ଦୀ ପ୍ରସ୍ତୁତ ହୋଇଯାଅ। ताहाले तुमे जल्दी प्रस्तुत होइजाअ।
वे लोग गाड़ी नहीं पकड़ सके ।	ସେମାନେ ଗାଡି ଧରି ପାରିଲେ ନାହିଁ। सेमाने गाडि धरि पारिले नांहि।
आज गाड़ी बहुत देर से आ रही है ।	ଆଜି ଗାଡ଼ି ବହୁତ ଡେରୀରେ ଆସିବ। आजि गाडि बहुत डेरीरे आसिब।
हाँ ! जी ! आज सही समय से पीछे चल रही है ।	ହଁ ଆଜ୍ଞା ! ଆଜି ଠିକ ସମୟ ଠାରୁ ପଛେଇକି ଚାଲିଛି। हँ आज्ञा ! आजि ठिक समय ठारु पछेइ कि चालिछि।
खाने के लिए गाड़ी से उतरने की जरूरत नहीं है ।	ଖାଇବା ପାଇଁ ଗାଡିରୁ ଓହ୍ଲାଇବା ଦରକାର ନାହିଁ। खाइबा पाइँ गाडिरु ओल्हाइबा दरकार नांहि।
खाना गाड़ी में ही मिलता है ।	ଖାଇବା ଜିନିଷ ଗାଡିରେ ମିଳିବ। खाइबा जिनिष गाडिरे मिलिब।
खाना अच्छा मिले तो कितना भी दूर हो तो भी कोइ बात नहीं, मैं सफर कर सकता हूँ ।	ଖାଇବା ଜିନିଷ ଭଲ ମିଳିଲେ ଯେତେ ଦୂରରେ ହେଲେ ମଧ୍ୟ ମୁଁ ଯିବାକୁ ଚାହେଁ। खाइबा जिनिष भल मिलिले जेते दूररे हेले मध्य मुँ जिबाकु चाहें।

20. खेल ଖେଳ खेल (Sports)

आप कौन सा खेल खेलते हैं ?	ଆପଣ କେଉଁ ଖେଳ ଖେଳନ୍ତି ? आपण केउँ खेल खेलन्ति ?
मैं शतरंज खेलता हूँ ।	ମୁଁ ଚେସ ଖେଳେ। मुँ चेस खेले।

आपको कौन सा खेल पसंद है ।	ଆପଣଙ୍କୁ କେଉଁ ଖେଳ ପସନ୍ଦ ? आपणंकु केउँ खेल पसन्द ?
मैं पतंग उड़ा सकता हूँ ।	ମୁଁ ଗୁଡ଼ି ଉଡାଇ ପାରିବି । मुँ गुडि उडाइ पारिबि।
वे लोग कौन से खेल में कुशल खिलाडी है	ସେମାନେ କେଉଁ ଖେଳର କୁଶଳ ଖେଳାଳୀ ? सेमाने केउँ खेलर कुशल खेलाली ?
वे लोग कबड्डी अच्छा खेलते हैं ।	ସେମାନେ କବାଡୀ ଭଲ ଖେଳନ୍ତି । सेमाने कबाडी भल खेलन्ति।
आजकल क्रिकेट को अधिक प्रोत्साहन मिल रहा है ।	ଆଜିକାଲି କ୍ରିକେଟକୁ ଅଧିକ ପ୍ରୋତ୍ସାହନ ମିଳୁଛି । आजिकालि क्रिकेटकु अधिक प्रोत्साहन मिलुछि।
आज या कल नहीं भाई उसको हमेशा प्रोत्साहन मिलता जा रहा है मालूम ? आपण	ଆଜି ବା କାଲି ନୁହେଁ, ସବୁବେଳେ ତାକୁ ପ୍ରୋତ୍ସାହନ ମିଳୁଛି । ଆପଣ ଜାଣି ନାହାନ୍ତି । आजि बा कालि नेंहे, सबुबेले ताकु प्रोत्साहन मिलुछि। जाणि नाहान्ति।
आप जो बोल रहें हैं वह सही है ।	ଆପଣ ଯାହା କହୁଛନ୍ତି ତାହା ସତ । आपण जाहा कहुछन्ति ताहा सत।
क्रिकेट के अलावा और दूसरा खेल नहीं है क्या ?	କ୍ରିକେଟ ବଦଳରେ କଣ ଆଉ କେଉଁ ଅନ୍ୟ ଖେଳ କଣ ନାହିଁ ? क्रिकेट बदलरे कण आउ केउँ अन्य खेल कण नांहि ?
मुझे ऊँची कूद पसंद है ।	ମତେ ଉଂଚ ଡେଇଁବା ପସନ୍ଦ । मते उँच डेइँबा पसन्द।
तुम उतना अच्छा कर सकते हो ?	ତୁମେ ସେଥିରେ ଭଲ କରି ପାରିବ ? तुमे सेथिरे भल करि पारिब ?

नहीं ! नहीं ! अच्छा देख सकता हूँ ।	ନାଁ! ନାଁ! ମୁଁ ଭଲ ଦେଖିପାରେ। नाँ! नाँ! मुँ भल देखिपारे।
वह कौन है मालूम ?	ସେ କିଏ ଆପଣ ଜାଣିଛନ୍ତି ? से किए आपण जाणिछन्ति ?
मालूम है, तेज धावक है ।	ଜାଣେ, କ୍ଷିପ୍ର ଦୌଡାଳୀ। जाण, क्षिप्र दौडाली।
आपके कलाशाला में रोज़ाना खेलने के लिए पिरीयड है क्या ?	ଆପଣଙ୍କ କଳାଶାଳାରେ ପ୍ରତ୍ୟହ ଖେଳିବାପାଇଁ ପିରିୟଡ ଅଛି କି ? आपणंक कलाशालारे प्रत्यह खेलिबापाइँ पिरियड अछि कि ?
जी हाँ ! हर रोज हम चार बजे मैदान में जाते हैं।	ହଁ ଆଜ୍ଞା ! ପ୍ରତ୍ୟହ ଆମେ ଚାରିଟା ବେଳେ ପଡିଆକୁ ଯାଉ। हँ आज्ञा ! प्रत्यह आमे चारिटा बेले पडिआकु जाउ।
आप लोग वहाँ कौन कौन सा खेल खेलते हैं ?	ଆପଣମାନେ ସେଠାରେ କେଉଁ କେଉଁ ଖେଳ ଖେଳନ୍ତି ? आपणमाने सेठारे केउँ केउँ खेल खेलन्ति ?
आप नहीं हँसे तो मैं बोलूं ?	ଆପଣ ହସିବେ ନାହିଁ ତ ମୁଁ କହିବି ? आपण हसिबे नांहि त मुँ कहिबि ?
मै नहीं हँसूगा बोलो ।	ମୁଁ ହସିବି ନାହିଁ କୁହ। मुँ हसिबि नांहि कुह।
वहाँ हम कंचे भी खेलते हैं ।	ସେଠାରେ ଆମେ ଗୋଲି ମଧ୍ୟ ଖେଳୁ। सेठारे आमे गोलि मध्य खेलु।
उसको तैरना पसंद है ।	ତାହାକୁ ପହଁରିବାକୁ ଭଲ ଲାଗେ। ताहाकु पहँरिबाकु भल लागे।
लेकिन पानी नहीं है ।	ହେଲେ ପାଣି ନାହିଁ। हेले पाणि नांहि।

खेलों में कौन हारेगा, कौन जीतेगा किसी को भी मालूम नहीं है ।	ଖେଳରେ କିଏ ହାରିବ, କିଏ ଜିତିବ କାହାକୁ ମଧ୍ୟ ଜଣା ନଥାଏ। खेलरे किए हारिब, किए जितिब काहाकु मध्य जणा नथाए।
एक बात तो पक्की है, खिलाड़ियों का स्वास्थ्य अच्छा रहता है ।	ଗୋଟିଏ ଜିନିଷ ତ ପକ୍କା ଯେ ଖେଳାଳୀମାନଙ୍କ ସ୍ୱାସ୍ଥ୍ୟ ଭଲ ରହୁଛି। गोटिए जिनिष त पक्का जे खेलालीमानंक स्वास्थ्य भल रहुछि।

21. स्वास्थ्य ସ୍ୱାସ୍ଥ୍ୟ स्वास्थ्य (Health)

आप कैसे हो ?	ଆପଣ କେମିତି ଅଛନ୍ତି ? आपण केमिति अछन्ति ?
ठीक नहीं हूँ ।	ଭଲରେ ନାହିଁ। भलरे नांहि।
क्या हुआ ?	କଣ ହୋଇଛି ? कण होइछि ?
आखिर मुझे पेट में दर्द हो रहा है ।	ମୋର ପେଟରେ ପ୍ରବଳ ବ୍ୟଥା ହେଉଛି। मोर पेटरे प्रबल ब्याथा हेउछि।
क्यों ?	କାହିଁକି ? कांहिकि ?
वह मालूम हो जाए तो इतना गड़बड़ क्यों ?	ତାହା ଜଣା ଥିଲେ ଏତେ କଷ୍ଟ କାହିଁକି ପାଆନ୍ତି ? ताहा जणा थिले एते कष्ट कांहिकि पाआन्ति ?
एक या दो बार है तो ठीक है ।	ଥରେ କି ଦି ଥର ହେଲେ ଠିକ ଅଛି। थरे कि दि थर हेले ठिक अछि।
बार-बार आ रही पेट में कुछ हुआ जैसा मालूम पड़ता है ।	ବାରମ୍ବାର ହେଲେ ତ ପେଟରେ କିଛି ଗଡ଼ବଡ ହେଉଛି ବୋଲି ବୁଝିବାକୁ ହେବ। बारम्बार हेले त पेटरे किछि गडबड हेउछि बोलि बुझिबाकु हेब।

इसके पहले आप अच्छे थे ।	ଏହା ଆଗରୁ ତ ଆପଣ ଭଲ ଥିଲେ । एहा आगरु त आपण भल थिले ।
मुझे एक धंधे में (व्यापार में) नुकसान हुआ है ।	ମୋର ଗୋଟାଏ ଧଂଧାରେ (ବ୍ୟାପାରରେ) କ୍ଷତି ହୋଇଛି । मोर गोटिए धंधारे (ब्यापाररे) क्षति होइछि ।
उस घबराहट में समय पर नहीं खाया ।	ଘାବରାରେ ଠିକ ସମୟରେ ଖାଇ ବି ପାରୁନାହିଁ । घाबरारे ठिक समयरे खाइ बि पारुनांहि ।
कौन सी दवा ली है ?	କଣ ଔଷଧ ଖାଉଛ ? कण औषध खाउछ ?
कई दवाइयाँ ली ।	କେତେ ଔଷଧ ଖାଇଲିଣି । केते औषध खाइलिणि ।
आपके बच्चे कैसे हैं ?	ଆପଣଙ୍କ ପିଲାମାନେ କିପରି ଅଛନ୍ତି ? आपणंक पिलामाने किपरि अछन्ति ?
छोटे बच्चे को सिर मे दर्द, बड़े बच्चे को खाँसी है ?	ଛୋଟର ମୁଣ୍ଡ ବିନ୍ଧୁଛି, ବଡର ଖାସ ହେଉଛି ? छोटर मुण्ड बिन्धुछि, बडर खास हेउछि ?
इसका मतलब क्या हुआ आपको मालूम ?	ଏହାର ମାନେ କଣ ଜାଣୁଛ ? एहार माने कण जाणुछ ?
आप लोग स्वास्थ्य के नियमों की अनदेखी कर रहे हैं	ଆପଣ ସ୍ୱାସ୍ଥ୍ୟ ନିୟମକୁ ପାଳନ କରୁ ନାହାନ୍ତି । आपण स्वास्थ्य नियमकु पालन करु नांहान्ति ।
क्या करना चाहिए ?	କଣ କରିବି ? कण करिबि ?
हर दिन सुबह में एक डेढ़ लीटर पानी पीजिए ।	ପ୍ରତିଦିନ ସକାଳେ ଗୋଟାଏ କି ଦେଢ଼ ଲିଟର ପାଣି ପିଅନ୍ତୁ । प्रतिदिन सकाले गोटिए कि देढ लिटर पाणि पिअन्तु ।

सुबह में पानी पीने से मुझे सिर भारी लगता है ।	ସକାଳେ ପାଣି ପିଇଲେ ମୋ ମୁଣ୍ଡ ଭାରୀ ହେଲାପରି ଲାଗୁଛି । सकाले पाणि पिइले मो मुंड भारी हेलापरि लागुछि।
आप सिगरेट पीते हैं क्या ?	ଆପଣ ସିଗାରେଟ ଟାଣନ୍ତି କି ? आपण सिगारेट टाणन्ति कि ?
तुम कुछ गोलियाँ देते हो क्या ?	ତୁମେ କିଛି ବଟିକା କାହିଁକି ଦେଉଛ ? तुमे किछि बटिका कांहिकि देउछ ?
मैं तो नहीं देता, मगर वे देते हैं।	ମୁଁ ତ ଦେଉ ନାହିଁ, ହେଲେ ସେ ଦିଅନ୍ତି । मुँ त देउ नांहि, हेले से दिअन्ति।
स्वास्थ्य ही सबकुछ है ।	ସ୍ୱାସ୍ଥ୍ୟ ହିଁ ସବୁକିଛି । स्वास्थ्य हिँ सबुकिछि।
यह सबसे अच्छी बात है ।	ସେହି କଥା ହିଁ ସବୁଠାରୁ ମହତ୍ୱପୂର୍ଣ୍ଣ । सेहि कथा हिँ सबुठारु महत्वपूर्ण।

22. हकीम ବୈଦ୍ୟ बैद्य (Doctor)

यहाँ बैठिये ।	ଏଇଠି ବସନ୍ତୁ । एइठि बसन्तु।
समस्या क्या है ?	ଅସୁବିଧା କଣ ? असुबिधा कण ?
श्वास लेते समय दर्द हो रहा है ।	ନିଃଶ୍ୱାସ ନେଲା ବେଳକୁ କଷ୍ଟ ହେଉଛି । नि:श्वास नेला बेलकु कष्ट हेउछि।
श्वास लीजिए ।	ନିଃଶ୍ୱସ ନିଅନ୍ତୁ । नि:श्वास निअन्तु।

यह समस्या कब से है ?	ଏହି ଅସୁବିଧା କେବେଠୁଁ ହେଲାଣି ? एहि असुबिधा केबेठुँ हेलाणि ?
सात महीने से ।	ସାତ ମାସ ହେଲା ହେଲାଣି । सात मास हेला हेलाणि ।
और क्या समस्या है आपको ?	ଆଉ କଣ ଆପଣଙ୍କର ଅସୁବଧା ହେଉଛି ? आउ कण आपण
भार बढ़ गया है ।	ଓଜନ ବଢ଼ି ଗଲାଣି । ओजन बढ़ि गलाणि ।
अकसर खाँसी होती है ।	ତା' ଉପରେ ପୁଣି କାଶ । ता उपरे पुणि काश ।
कुछ भी करने का मन नहीं करता है ।	କିଛି କରିବାକୁ ଇଛା ହେଉନାହିଁ । किछि करिबाकु इच्छा हेउनाँहि ।
मन चिड चिडा हो रही है ।	ଭିଡି ମୋଡି ହଲା ପରି ଲାଗୁଛି । भिडि मोडि हला परि लागुछि ।
एक सवाल पूछा तो सौ जवाब दे दिये ।	ଗୋଟିଏ ପ୍ରଶ୍ନ ପଚାରିଲି ତ, ଶହେ ସମାଧାନ ଦେଇଦେଲେ । गोटिए प्रश्न पचारिलि त , शहे समाधान देइदेले ।
क्या करुं साहब?	କଣ କରିବି ଆଜ୍ଞା ? कण करिबि आज्ञा ?
समस्याओं से मैं संग्राम कर रहा हूँ ।	ସମସ୍ୟା ସହିତ ମୁଁ ଲଢ଼େଇ କରୁଛି । समस्या सहित मुँ लढेइ करुछि ।

सबसे पहला और सबसे बडी दवा क्या है मालूम, आप बातें कम करना ।	ସବୁଠାରୁ ଭଲ ଓ ସବୁଠାରୁ ବଡ଼ ଔଷଧ କଣ ଜାଣିଛ, ତୁମେ କମ କଥା କହିବ। सबुठारु भल ओ सबुठारु बड औषध कण जाणिछ, तुमे कम कथा कहिब।
आहार के बारे में जागरूक रहिये ।	ଖାଦ୍ୟ ସଂପର୍କରେ ସତର୍କ ହେବେ। खाद्य संपर्करेर सतर्क हेबे
थोड़े दिनों तक दो बार ही खाना खाईए ।	କିଛି ଦିନ ଯାଏଁ ଦିଇ ଥର ଖାଦ୍ୟ ଖାଆନ୍ତୁ। किछि दिन जाएँ दिइ थर खाद्य खाआन्तु।
घबराइए मत ।	ଛାନିଆ ହୁଅ ନାହିଁ। छानिआ हुअ नांहि।
मैं गोलियाँ दे रहा हूँ ।	ମୁଁ ବଟିକା ଦେଉଛି। मुँ बटिका देउछि।
उनको समय पर मैं जैसा बोलूं वैसे लीजिए ।	ଆପଣ ଏହାକୁ ଠିକ ସମୟରେ ମୁଁ ଯେମିତି କହିଲି ସେମିତି ଖାଇବେ। आपण एहाकु ठिक समयरे मुं जेमिति कहिलि सेमिति खाइबे।
आपको जुकाम तो नहीं है ना ?	ଆପଣଙ୍କର କେଉଁଠି ଜଖମ ତ ହୋଇ ନାହିଁ ? आपणंकर केउँठि जखम त होइ नांहि ?
प्रत्येक दिन सुबह में व्यायाम शुरू कीजिए ।	ପ୍ରତ୍ୟେକ ଦିନ ସକାଳେ ବ୍ୟାୟାମ ମଧ୍ୟ ଆରମ୍ଭ କରି ଦିଅନ୍ତୁ। प्रत्येक दिन सकाले व्यायाम मध्य आरंभ करि दिअन्तु।
धन्यवाद हकीम !	ଧନ୍ୟବାଦ ବୈଦ ମହାଶୟ (ଡାକ୍ତର ବାବୁ)। धन्यबाद बैद महाशय (डाक्तर बाबु)।

23. मनोरंजन ମନୋରଂଜନ मनोरंजन (Entertainment)

आजकल कई लोग मनोरंजन के लिए बहुत खर्च करते।	ଆଜିକାଲି କେତେ ଲୋକ ମନୋରଂଜନ ପାଇଁ ବହୁତ ଖର୍ଚ୍ଚ କରୁଛନ୍ତି। आजिकालि केते लोक मनोरंजन पाई बहुत खर्च करुछन्ति।
इस यांत्रिक जीवन में सब को ज्यादा तनाव हो रहा है ।	ଏହି ଯାନ୍ତ୍ରିକ ଜୀବନରେ ସମସ୍ତଙ୍କୁ ଏକ ପ୍ରକାର ଆକର୍ଷଣ ଅଧିକ ହେଉଛି। एहि जांत्रिक जीबनरे समस्तंकु एक प्रकार आकर्षण अधिक हेउछि।
प्रत्येक आदमी सुख से जीना चाहता है ।	ପ୍ରତ୍ୟେକ ଲୋକ ସୁଖରେ ରହିବାକୁ ଚାହୁଛନ୍ତି। प्रत्येक लोक सुखरे रहिबाकु चाहुछन्ति।
मगर भावनाओं और सुख के बीच कोई रिश्तेदारी नहीं होती है।	ହେଲେ ଭାବିବା ପାଇଁ ଓ ସୁଖ ପାଇଁ କୌଣସି ସଂପର୍କୀୟର ଲୋଡା ନଥାଏ। हेले भाबिबा पाइँ ओ सुख पाइँ कौणसि संपर्कीयर लोडा नथाए।
इसके लिए हमलोग मनोरंजन के पीछे भागते है ।	ସେଥିପାଇଁ ମନୋରଂଜନ ପଛରେ ଦୌଡୁଛନ୍ତି। सेथिपाइँ मनोरंजन पछरे दौडुछन्ति।
कुछ लोगों को संगीत पसंद है ।	କେତେ ଲୋକଙ୍କୁ ସଂଗୀତ ପସନ୍ଦ। केते लोकंकु संगीत पसन्द।
और कुछ लोगों को सिनेमा पसंद है ।	ଆଉ କେତେ ଲୋକମାନଙ୍କୁ ସିନେମା ପସନ୍ଦ। आउ केते लोकमानंकु सिनेमा पसन्द।
यह सब किसलिए ?	ଏସବୁ କାହିଁକି ? एसबु कांहिकि ?
मन की शान्ति के लिए ।	ମନ ଶାନ୍ତି ପାଇଁକି। मन शांति पाइँकि।

मन में चिन्ता और तनाव जितना ज्यादा रहता है उतना मनोरंजन के तरफ खींचता है ।	ମନରେ ଚିନ୍ତା ଓ ଆକର୍ଷଣ ଭାବ ଯେତିକି ରହିବ, ସେତିକି ମନୋରଂଜନ ଆଡକୁ ଟାଣି ହୋଇଯିବ। मनरे चिंता ओ आकर्षण भाब जेतिकि रहिब, सेतिकि मनोरंजन आडकु टाणि होइजिब।
क्योंकि मालूम है जितनी देर मन मनोरंजन में लगा रहता है उतनी देर वह प्रसन्न रहता है ।	କାରଣ ଜଣା ଯାଇଥାଏ ଯେ ଯେତେବେଳ ପର୍ଯ୍ୟନ୍ତ ମନ ମନୋରଂଜନରେ ଲାଗି ରହିଥିବ, ସେତେ ବେଳ ଯାଏ ସେ ପ୍ରସନ୍ନ ରହିଥିବ। कारण जणा जाइथाए जे जेतेबेल पर्ज्यन्त मन मनोरंजनरे लागि रहिथिब, सेतेबेल जाए से प्रसन्न रहिथिब।
उधर देखो बच्चे क्या कर रहे हैं ?	ସେଇଠି ଦେଖନ୍ତୁ ପିଲାମାନେ କଣ କରୁଛନ୍ତି ? सेइठि देखन्तु, पिलामाने कण करुछन्ति ?
वहाँ पर बच्चे झूले पर खेल रहे हैं ।	ଏଠି ପିଲାମାନେ ଝୁଲଣାରେ ଖେଳୁଛନ୍ତି। एठि पिलामाने झुलणारे खेलुछन्ति।
उन लोगों को देखो ।	ସେମାନଙ୍କୁ ଦେଖ। सेमानंकु देख।
वे लोग बहुत खुश हैं ।	ଏହି ଲୋକମାନେ ବହୁତ ଖୁସୀ ଅଛନ୍ତି। एहि लोकमाने बहुत खुसी अछन्ति।
वह तो मुझे भी मालूम है ।	ତାହା ତ ମତେ ବି ଜଣା। ताहा त मते बि जणा।
उनके पास धन ज्यादा है ।	ତାଙ୍କ ପାଖରେ ଧନ ବହୁତ ଅଛି। तांक पाखरे धन बहुत अछि।
इसलिए उनके दिल में सुख और शान्ति रहती है ।	ସେଥିପାଇଁ ତାଙ୍କ ହୃଦୟରେ ସୁଖ ଓ ଖୁସି ଅଛି। सेथिपाइँ तांक हृदयरे सुख ओ खुसि अछि।
वैसा मत सोचिए ।	ସେମିତି ଭାବନ୍ତୁ ନାହିଁ। सेमिति भाबन्तु नांहि।

मन को थोड़ा आराम दीजिये ।

ମନକୁ ସାମାନ୍ୟ ଆରମ ଦିଅନ୍ତୁ ।
मनकु सामान्य आरम दिअन्तु।

इसके लिए प्रत्येक व्यक्ति को खेल या संगीत में मन लगाना पड़ता है ।

ଏହିଥି ପାଇଁ ପ୍ରତ୍ୟେକ ପୁରୁଷ ଓ ନାରୀଙ୍କୁ ଖେଳ ବା ସଂଗୀତରେ ମନ ଦେବାକୁ ପଡ଼ିଥାଏ ।
एहिथि पाइँ प्रत्येक पुरुष ओ नारींकु खेल बा संगीतरे मन देबाकु पडिथाए।

तुम सुख पूर्वक जीना चाहते हो तो आज से नाटक, नृत्य, खेल या संगीत सीखने के लिए तैयार हो जाओ ।

ତୁମେ ସୁଖଦାୟକ ଜୀବନ ଯାପନ ଚାହୁଁଛନ୍ତି ତ ଆଜିଠାରୁ ନାଟକ, ନାଚ, ଖେଳ ବା ସଂଗୀତ ଶିଖିବାପାଇଁ ପ୍ରସ୍ତୁତ ହୋଇ ଯାଆନ୍ତୁ ।
तुमे सुखदायक जीबन जापन चाहुछन्ति त आजिठारु नाटक, नाच, खेल बा संगीत शिखिबा पाइँ प्रस्तुत होइ जाआन्तु।

24. बेकरी ରୋଟି ଦୋକାନ रोटि दोकान (Bakery)

आज मुझे एक अच्छे बेकरी में जाना है ?

ଆମେ ଆଜି ଗୋଟେ ଭଲ ରୋଟି ଦୋକନକୁ ଯିବା ?
आमे आजि गोटे भल रोटि दोकानकु जिबा ?

क्यों ?

କାହିଁକି ?
कांहिकि ?

कुछ विशेष है क्या ?

କିଛି ବିଶେଷ କାରଣ ଅଛି କି ?
किछि बिषेष कारण अछि कि ?

जी हाँ ! परसों हमारे बेटे का जन्म दिन है ।

ହଁ ! ପଅର ଦିନ ମୋ ପୁଅର ଜନ୍ମ ଦିନ ।
हँ! पअर दिन मो पुअर जन्म दिन।

उस गली में एक बेकरी है ।

ସେହି ଗଳିରେ ଗୋଟିଏ ରୁଟି ଦୋକାନ ଅଛି ।
सेहि गलिरे गोटिए रुटि दोकान अछि।

वह नानबाई ताजा रोटियाँ बेचता है ।

ସେ ନାନବାଇ ଟଟକା ରୋଟି ବିକ୍ରି କରନ୍ତି ।
से नानबाई तटका रोटि बिक्रि करन्ति।

ठीक है, उसके पास जायेंगे ।

ଠିକ୍ ଅଛି । ତାହାଲେ ତାଙ୍କ ପାଖକୁ ଯିବା ।
ठिक अछि। ताहाले तांक पाखकु जिबा।

भाई साहब ! आप एक बर्थ डे केक का आर्डर ले सकते हैं क्या ?	ଭାଇ ! ଆପଣ ଗୋଟିଏ ଜନ୍ମଦିନ କେକ ପାଇଁ ଅର୍ଡର ନେଇ ପାରିବେ କି ? भाइ ! आपण गोटिए जन्मदिन केक पाइँ अर्डर नेइ पारिबे कि ?
जी हाँ साहब!	ନିଶ୍ଚିତ ରୂପରେ ନେବୁ ଆଜ୍ଞା ! निश्चित रूपरे नेबु आज्ञा।
कैसा चाहिये केक साहब ?	କେମିତିଆ କେକ୍ ହେବା ଦରକାର ଆଜ୍ଞା ? केमितिआ केक् हेबा दरकार आज्ञा ?
आपके यहाँ किस प्रकार के केक मिलते हैं ?	ଆପଣଙ୍କ ପାଖରେ କି କି ପ୍ରକାରର କେକ୍ ମିଳୁଛି ? आपणंक पाखरे कि कि प्रकारर केक मिलुछि ?
सादा केक, बटर केक, स्पेशल केक, अंडा केक, बिना अंडा बाले केक, सभी मिलते हैं, हमारे पास ।	ସାଦା କେକ, ବଟର କେକ, ସ୍ପେଶାଲ କେକ, ଅଂଡା କେକ, ବିନା ଅଂଡାର କେକ୍, କିଛି ମଧ୍ୟ ମିଳିଯିବ, ଆମ ପାଖରେ । सादा केक, बटर केक, स्पेशाल केक, अंडा केक, बिना अंडार केक, किछि मध्य मिलिजिब । आम पाखरे।
केक के आर्डर के लिए एडवान्स दीजिए ।	କେକ ପାଇଁ ଆଡଭାନ୍ସ ଦିଅନ୍ତୁ । केक पाइँ आडभान्स दिअन्तु।
केक के उपर क्या लिखना है यह भी बताइये ।	କେକରେ କଣ ଲେଖା ଯିବ ତାହା ବି କୁହନ୍ତୁ । केकरे कण लेखा जिब ताहा बि कुहन्तु।
मुझे एक जैम के शीशी और एक दर्जन अण्डे दीजिए ।	ମୋତେ ଗୋଟିଏ ଜାମ ବୋତଲ ଓ ଗୋଟିଏ ଡର୍ଜନ ଅଣ୍ଡା ଦିଅନ୍ତୁ । मोते गोटिए जाम बोतल ओ गोटिए डर्जन अंडा दिअन्तु।
आप मुझे कल जो कुछ दिया वे चीजें ताजा नहीं थी ।	ଆପଣ ମୋତେ କାଲି ଯାହା ଦେଇଥିଲେ, ତାହା ତଟକା ନଥିଲା । आपण मोते कालि जाहा देइथिले, ताहा तटका नथिला।
यह बात मैं नहीं मानता ।	ସେ କଥାକୁ ମୁଁ ମାନି ନେଇ ପାରିବି ନାହିଁ । से कथाकु मुँ मानि नेइ पारिबि नांहि।

मैं सच बोल रहा हूँ।	ମୁଁ ସତ କହୁଛି। मुँ सत कहुछि।
हम कभी भी खराब चीजें नहीं रखते हैं।	ଆମେ କେବେହେଲେ ମଧ୍ଯ ଖରାପ ହୋଇ ଯାଇଥିବା ଜିନିଷ ରଖୁ ନାହୁଁ। आमे केबेहेले मध्य खराप होइ जाइथिबा जिनिष रखु नाहुँ।
मैं लाकर के दिखाउँ क्या ?	ମୁଁ ଆଣିକି ଦେଖାଇବି କି ? मुँ आणिकि देखाइबि कि ?
नाराज मत हो साहब।	ରାଗନ୍ତୁ ନାହିଁ ସାର। रागन्तु नांहि सार।
कैसा भी एक एक बार कितनी भी अच्छी चीज़ है तो भी खराब हो जाती है साब।	କେମିତି ବି ଥରେ ଥରେ ଯେତେ ଭଲ ଜିନିଷ ହୋଇ ଥିଲେ ମଧ୍ଯ ଖରାପ ହୋଇ ଯାଉଛି ସାର। केमिति बि थरे थरे जेते भल जिनिष होइथिले मध्य खराप होइ जाउछि सार।
ठीक है।	ଠିକ ଅଛି। ठिक अछि।
मुझे एक आईसक्रीम दो।	ମୋତେ ଗୋଟିଏ ଆଇସକ୍ରୀମ ଦିଅ। मोते गोटिए आइसक्रिम दिअ।
उसको, दो पेस्ट्रीयाँ एक डिब्बे में रख के भेज दो।	ତାହାକୁ, ଦିଇଟା ପେଷ୍ଟ୍ରି ଗୋଟିଏ ଡବାରେ ରଖିକି ଦେଇଦିଅ। ताहाकु, दिइटा पेष्ट्रि गोटिए डबारे रखिकि देइदिअ।

25. मरम्मत ମରାମତି मरामति (Repair)

भाई साब ! हमारा कंप्यूटर काम नहीं कर रहा है ।	ଭାଇ ! ଆମର କଂପ୍ୟୁଟରଟି କାମ କରୁ ନାହିଁ । भाइ ! आमर कंप्युटरटि काम करुनांहि ।
आपके कंप्यूटर में खराबी क्या है ?	ଆପଣଙ୍କ କଂପ୍ୟୁଟରରେ କଣ ଖରାପ ହୋଇଛି ? आपणंक कंप्युटररे कण खराप होइछि ?
मुझे मालूम नहीं है ।	ମତେ ଜଣା ନାହିଁ । मते जणा नांहि ।
कंप्यूटर कहाँ है ?	କଂପ୍ୟୁଟର କେଉଁଠି ଅଛି ? कंप्युटर केउँठि अछि ?
उस हॉल में रखा है ?	ସେହି ହଲରେ ଅଛି ? सेहि हलरे अछि ?
यह कब तक ठीक काम किया है ?	ତାହା କେବେ ଯାଏଁ କାମ କରୁଥିଲା ? ताहा केबे जाएँ काम करुथिला ?
कल रात तक ।	କାଲି ରାତି ପର୍ଯ୍ୟନ୍ତ । कालि राति पर्ज्यन्त ।
किसी ने कुछ किया क्या ?	ଆଉ କେହି କଣ କରିଥିଲେ କି ? आउ केहि कण करिथिले कि ?
किसी ने कुछ भी नहीं किया तो कैसे रूक गया ?	କେହି କିଛି କରି ନାହାନ୍ତି ତ କେମିତି ରହିଗଲା ? केहि किछि करि नांहान्ति त केमिति रहिगला ?
वह तो बोल रहा हूँ ।	ତାହାହିଁ କହୁଛି । ताहाहिँ कहुछि ।
किसी ने इसको ठीक करने की कोशिश की ।	କେହି ଏହାକୁ ସଜାଡିବାକୁ ଚେଷ୍ଟା କରିଥିଲେ । केहि एहाकु सजाड़िबाकु चेष्टा करिथिले ।

लेकिन मेरी पूरी मेहनत बेकार हो गयी ।	ହେଲେ ମୋର ପୂରା ମେହନତ ବେକାର ହୋଇଗଲା । हेले मोर पूरा मेहनत बेकार होइगला।
इसे ठीक करने में कितना खर्चा आ जायेगा ?	ଏହାକୁ ଠିକ କରିବାପାଇଁ କେତେ ଖର୍ଚ୍ଚ ହୋଇଯିବ ? एहाकु ठिक करिबा पाइँ केते खर्च होइजिब ?
अभी मैं नहीं बोल सकता ।	ବର୍ତ୍ତମାନ ମୁଁ କହି ପାରିବି ନାହିଁ । बर्त्तमान मुँ कहि पारिबि नांहि।
अब तो मैं इसे अपने दुकान में ले जाता हूँ ।	ଏବେ ତ ମୁଁ ଏହାକୁ ମୋର ଦୋକାନକୁ ନେଇକି ଯାଉଛି । एबे त मुँ एहाकु मोर दोकानकु नेइकि जाउछि।
अच्छी तरह देख कर आपको इसमें खराबी के बारे में बताउँगा।	ପୂରାପୂରି ଦେଖି ଏଥିରେ ଖରାପ କଣ ହୋଇଛି ଆପଣଙ୍କୁ କହୁଛି । पूरापूरि देखि एथिरे खराप कण होइछि आपणंकु कहुछि।
आपके पास हाथौड़ा है ?	ଆପଣଙ୍କ ପାଖରେ ହାତୁଡି ଅଛି କି ? आपणंक पाखरे हातुड़ि अछि कि ?
है, मगर क्यों ?	ଅଛି, ହେଲେ କାହିଁକି ? अछि, हेले कांहिकि ?
मुझे घर में थोड़ा मरम्मत करनी है।	ମୋର ଘରେ କିଛି ମରାମତି କରିବାକୁ ଅଛି । मोर घरे किछि मरामति करिबाकु अछि।
मेरे खिड़की की कीलें टुट गई है।	ମୋର ଝରକାର ଖିଲ ଭାଂଗି ଯାଇଛି । मोर झरकार खिल भांगि जाइछि।
अपना काम होने के बाद हमारा काम करोगे क्या ?	ନିଜର କାମ ସରିଗଲେ ଆମ କାମ କରିବେ କି ? निजर काम सरिगले आम काम करिबे कि ?

ओ! जरुर!	ହଁ! ନିଶ୍ଚୟ! हँ! निश्चय!
घर में ऐसी ही छोटी मोटी चीजों की मरम्मत कराने की इच्छा है।	ଘରେ ଏମିତି ଛୋଟିଆ ମୋଟିଆ ଜିନିଷର ମରାମତି କରାଇବାର ଇଚ୍ଛା ଅଛି। घरे एमिति छोटिआ मोटिआ जिनिषर मरामति कराइबार इच्छा अछि।

26. कंप्यूटर खरीदना ‌ କଂପ୍ୟୁଟର କ୍ରୟ ‌ कंप्युटर क्रय (Computer Purchase)

मुझे एक कंप्यूटर चाहिए।	ମୋର ଗୋଟିଏ କଂପ୍ୟୁଟର ଦରକାର। मोर गोटिए कंप्युटर दरकार।
किस कम्पनी का चाहिए?	କେଉଁ କଂପାନୀର ଦରକାର? केउँ कंपानीर दरकार?
आपके पास कौन सी कम्पनी का है?	ତୁମ ପାଖରେ କେଉଁ କଂପାନୀର ଅଛି? तुम पाखरे केउँ कंपानीर अछि?
हमारे पास कई कम्पनियों के हैं।	ଆମ ପାଖରେ କେତେ କଂପାନୀର ରହିଛି। आम पाखरे केते कंपानीर रहिछि।
कौन सी कम्पनी सबसे अच्छी है?	କେଉଁ କଂପାନୀ ସବୁଠାରୁ ଭଲ? केउँ कंपानी सबुठारु भल?
साहब! मैं बेचने वाला हूँ।	ଆଜ୍ଞା! ମୁଁ ବିକିବା ବାଲା। आज्ञा! मुँ बिकिबा बाला।
मुझे सभी कम्पनी अच्छे लगते हैं।	ମୋତେ ସବୁ ଭଲ ଲାଗୁଛି। मोते सबु भल लागुछि।
कौनसी कम्पनी का कंप्यूटर ज्यादा बिकते है।	କେଉଁ କଂପାନୀର କଂପ୍ୟୁଟର ଅଧିକ ବିକ୍ରି ହେଉଛି? केउँ कंपानीर कंप्युटर अधिक बिक्रि हेउछि?

सच बोलूं तो हम कम्प्युटर बनाकर बेचते हैं।	ସତ କହିବାକୁ ଗଲେ ଆମେ ତିଆରି କରିକି ବିକ୍ରିକରୁ। सत कहिबाकु गले आमे तिआरि करिकि बिक्रिकरु।
मतलब !	ମାନେ ! माने !
अलग-अलग कंपनी की चीजें लगाकर एक बढ़िया सेट बनाते हैं साहब।	ଭିନ୍ନ ଭିନ୍ନ କଂପାନୀର ଜିନିଷମାନଙ୍କୁ ଲଗାଇ ଗୋଟିଏ ସେଟ ତିଆରି କରୁ ଆଜ୍ଞା ! भिन्न भिन्न कंपानीर जिनिषमानंकु लगाई गोटिए सेट तिआरि करु आज्ञा !
मुझे समझ में नहीं आया है।	ମୁଁ ବୁଝି ପାରୁ ନାହିଁ। मुँ बुझि पारु नांहि।
कैसे बताउँ तो आपकी समझ में आएगा।	କେମିତି କହିଲେ ଆପଣ ବୁଝି ପାରିବେ। केमिति कहिले आपण बुझि पारिबे।
देखिए साहब !	ଦେଖନ୍ତୁ ଆଜ୍ଞା ! देखन्तु आज्ञा:
जैसे ! मनीटर 'एक्स' कंपनी का है तो की बोर्ड 'वाई' कंपनी का, युपीएस 'जेड' कंपनी का है और माउस 'ए' कंपनी का।	ଯେମିତି ! ମନିଟର 'ଏକ୍ସ' କଂପାନୀର ତ କୀ ବୋର୍ଡ 'ବି' କଂପାନୀର, ୟୁପିଏସ ଜେଡ' କଂପାନୀର ତ ମାଉସ 'ଏ' କଂପାନୀର। जेमिति ! मनिटर एक्स कंपानीर त की-बोर्ड बि कंपानीर, युपिएस् जेड कंपानीर।
ठीक है साहब !	ଆଛା ଠିକ ଅଛି ! आछा ठिक अछि: !
मेरे लिए एक अच्छा सेटसा बनाइये।	ମୋ ପାଇଁ ଗୋଟିଏ ଭଲ ସେଟ ବନାନ୍ତୁ। मो पाइँ गोटिए भल सेट बनान्तु।

वैसा करके तैयार करने में कितना खर्च हो जाएगा ?	ସେମିତି କଲେ କେତେ ଖର୍ଚ୍ଚ ଆସିଯିବ ? सेमिति कले केते खर्च आसिजिब ?
कम से कम बत्तीस हजार रुपये।	ଅତି କମରେ ବତିଶ ହଜାର ଟଙ୍କା। अति कमरे बतिश हजार टंका।
आप उसे चालू करके दिखाते हो क्या ?	ଆପଣ ତାକୁ ଚଳେଇ କରି ଦେଖାଉଛନ୍ତି କି ? आपण ताकु चलेइ करि देखाउछन्ति कि ?
किस्तों पर खरीदने की व्यवस्था है क्या ?	କିସ୍ତିରେ କିଣିବାର ସୁଯୋଗ ରହିଛି କି ? किस्तीरे किणिबार सुजोग रहिछि कि ?
चालीस प्रतिशत नकद और जो बच गये उसे छः प्रतिशत बराबर की मासिक किस्तों में देना पड़ता है।	ଚାଳିଶ ପ୍ରତିଶତ ନଗଦ ଦେବେ ଓ ଯାହା ବାକି ରହିବ ତାକୁ ଛଅ ପ୍ରତିଶତରେ ସମାନ ଭାବରେ ମାସିକିଆ କିସ୍ତିରେ ଦେବାକୁ ପଡ଼ିବ। चालिश प्रतिशत नगद देबे ओ जाहा बाकि रहिब ताकु छअ प्रतिशत समान भाबरे मासिकिआ किस्तीरे देबाकु पड़िब।
यह सेट कबतक तैयार मिलेगा ?	ଏ ସେଟ କେବେକୁ ହୋଇ ଯାଇଥିବ ? ए सेट केबेकु होइ जाइथिब ?
कल शाम तक वह सेट आपके घर में रहेगा।	କାଲି ସଂନ୍ଧ୍ୟା ସୁଦ୍ଧା ସେଟ ଆପଣଙ୍କ ଘରେ ଥିବ। कालि संध्या सुद्धा सेट आपणंक घरे थिब।

27. दवाइयों की दुकान ଔଷଧ ଦୋକାନ ओषध दोकान

(Medical Shop)

इस पुर्जे में लिखी हुई दवाइयाँ दीजिए।	ଏହି ଚିଠାରେ ଲେଖା ହୋଇଥିବା ଔଷଧ ଦିଅନ୍ତୁ। एहि चिठारे लेका होइथिबा औषध दिअन्तु।
हमारे पास एक्स गोली नहीं है, वाई देना है क्या ?	ମୋ ପାଖରେ ଏକ୍ସ ବଟିକା ନାହିଁ। ୱାଇ ବଟିକା ଦେବି ? मो पाखरे एक्स बटिका नाँहि। व्याइ बटिका देबि कि ?
डॉक्टर ने जो लिखा मुझे वही चाहिये।	ଡାକ୍ତର ଯାହା ଲେଖିଛନ୍ତି, ତାହାକୁ ମତେ ଦିଅ। डाक्तर जाहा लेखिछन्ति, तांहाकु मते दिअ।
कृपया मुझे माफ कर दीजिए।	ଦୟାକରି ମୋତେ କ୍ଷମା କରନ୍ତୁ। दयाकरि मोते क्षमा करन्तु।
हमारे पास माल खत्म हो गया है।	ଆମ ପାଖରେ ମାଲ ଶେଷ ହୋଇଗଲାଣି। आम पाखरे माल शेष होइ गलाणि।
कब आयेगा ?	କେବେ ଆସିବ ? केबे आसिब ?
परसों तक नया माल आने की आशा है।	ପଅର ଦିନ ପର୍ଯ୍ୟନ୍ତ ନୂଆ ମାଲ ଆସିବାର ଆଶା ଅଛି। पअर दिन पर्ज्यन्त नूआ माल आसिबार आशा अछि।
मुझे एक दर्दनाशक दवा चाहिये।	ମୋତେ ଗୋଟିଏ ଦରଜ ନାଶକ ଔଷଧ ଦରକାର। मोते गोटिए दरज नाशक औषध दरकार।
कितनी उम्र वाले के लिये ?	କେତେ ବର୍ଷ ବୟସ ପାଇଁ ? केते बर्ष बयस पाइँ ?
बड़ी उम्र के लिये।	ବଡ ଲୋକଙ୍କ ପାଇଁ। बड लोकंक पाइँ।

हकीम का पुर्जा नहीं होने पर हम दवाइयाँ नहीं बेचते हैं।

ବୈଦ୍ୟ (ଡାକ୍ତର)ଙ୍କ ଚିଠା ନଥିଲେ ଆମେ ଔଷଧ ବିକ୍ରି କରୁନାହୁଁ।

बैद्यंक (डाक्तंक) चिठा नथिले आमे औषध बिक्रि करुनाँहु।

इस बार दे दीजिए। अगली बार नहीं देना।

ଏଥର ଦିଅନ୍ତୁ। ଆଉ ଥରକୁ ପଛକେ ଦେବେ ନାହିଁ।

एथर दिअन्तु! आउ थरकु पछके देबे नांहि।

देने में कुछ परेशानी नहीं है मगर कोई समस्या उत्पन्न हुई तो कौन जिम्मेदार होगा?

ଦେବାର ଅସୁବିଧା ନାହିଁ, ହେଲେ କିଛି ସମସ୍ୟା ହେଲେ କିଏ ଜିମାଦାରୀ ହେବ ?

देबारे असुबिधा नांहि, हेले किछि समस्या हेले किए जिमादारी हेब?

आप मत पुछो,

ଆପଣ ପଚାରନ୍ତୁ ନାହିଁ,

आपण पचारन्तु नांहि।

हमें नहीं बेचना है।

ଆମକୁ ବିକ୍ରି କରିବାର ନାହିଁ।

आमकु बिक्रि करिबार नांहि।

साहब! मुझे एक मलहम दीजिए।

ଆଜ୍ଞା ! ମୋତେ ଏକ ମଲମ ଦିଅନ୍ତୁ।

आज्ञा! मोते एक मलम दिअन्तु।

यह मलहम सिर्फ ऊपरी इस्तेमाल के लिए है।

ଏହି ମଲମ କେବଳ ଉପରେ ଲଗାଇବା ପାଇଁ।

एहि मलम केबल उपरे लगाइबा पाँइ।

वह मुझे मालूम है।

ତାହା ମୋତେ ଜଣା ଅଛି।

ताहा मोते जणा अछि।

मैंने पिछले महीने में एक टॉनिक खरीदा है।

ମୁଁ ଗଲା ମାସରେ ଗୋଟିଏ ଟନିକ କିଣିଛି।

मुँ गला मासरे गोटिए टनिक किणिछि।

वही टॉनिक एक और दे दीजिए।

ସେହି ଟନିକରୁ ଗୋଟାଏ ଦିଅ।

सेहि टनिकरु गोटाए दिअ।

दे रहा हूँ। लेकिन दाम वह नहीं है।

ଦେଉଛି। ହେଲେ ଦାମ ସେଇଆ ନାହିଁ।

देउछि। हेले दाम सेइआ नांहि।

दीजिए क्या करते हैं हम।	ଦିଅନ୍ତୁ କଣ ଆମେ କରିବା। दिअन्तु कण आमे करिबा।
वैसा नाराज मत होना साब।	ଏପରି ରାଗନ୍ତୁ ନାହିଁ ଆଜ୍ଞା। एपरि रागन्तु नांहि आज्ञा।
नाराज नहीं हों तो क्या ? खुशी से नाचने लगूं?	ରାଗିବି ନାହିଁ ତ କଣ ? ଖୁସିରେ ନାଚିବି ? रागिबि नांहि त कण ? खुसिरे नाचिबि ?

28. सिटी बस स्टाप ସିଟୀ ବସ ଷ୍ଟପ सिटी बस स्टप (City Bus Stop)

मौलाली जानेवाली बस कहाँ पर मिलती है ?	ମୌଲାଲୀ ଯିବାକୁ ବସ କେଉଁଠି ମିଳିବ ? मौलाली जिबाकु बस केउँठि मिलिब ?
इधर सीधा जाकर के बाईं तरफ मुड़िये।	ଏଠାରୁ ସିଧା ଯାଇ ବାଁ ପଟକୁ ବୁଲିଯିବ। एठारु सिधा जाइ बाँ पटकु बुलिजिब।
यह मौलाली जाने वाला बस स्टाप है क्या ?	ଏହା ମୌଲାଲୀ ଯିବାକୁ ବସ ଷ୍ଟପ କି ? एहा मौलाली जिबाकु बस ष्टप कि ?
हाँ ! यही है।	ହଁ ! ଏଇଠି। हँ ! एइठि।
बस कब तक आयेगी ?	ବସ କେତେବେଳେ ଆସିବ ? बस केतेबेले आसिब ?
लगभग दस मिनट में आनी चाहिए।	ପାଖାପାଖି ଦଶ ମିନିଟରେ ଆସିବା ଦରକାର। पाखापाखि दश मिनिटरे आसिबा दरकार।

यहाँ से मौलाली जाने में कितना समय लगता है ?	ଏଇଠୁ ମୌଲାଲୀ ପହଁଚିବା ପାଇଁ କେତେ ସମୟ ଲାଗୁଛି ? एइठु मौलालि पहँचिबा पाइँ केते समय लागुछि।
तीस मिनट लगते हैं।	ତିରିଶ ମିନିଟ ଲାଗେ। तिरिश मिनिट लागे।
बसें समय पर आती है कि नहीं ?	ବସ ଠିକ ସମୟରେ ଆସେ ନା ନାହିଁ ? बस ठिक समयरे आसे ना नांहि ?
हाँ आयेगी।	ହଁ ଆସିବ। हँ आसिब।
बसें समय पर आये तो उसमें भीड़ नहीं रहती है।	ବସ ସମୟରେ ଆସିଲେ ଭିଡ ରହେ ନାହିଁ। बस समयरे आसिले भिड़ रहे नांहि।
बसों में भीड़ अधिक रहती है क्या ?	ବସରେ ଭିଡ ଅଧିକ ରହେ କି ? बसरे भिड़ अधिक रहे कि ?
वैसा नहीं है! लेकिन देर होने से क्या होगा ?	ସେମିତି ନୁହେଁ ! କିନ୍ତୁ ଡେରୀ ହେଲେ କଣ କରାଯିବ ? सेमिति नुहें! किन्तु डेरी हेले कण कराजिब ?
लोग जमा होते रहते हैं या नहीं।	ଲୋକମାନେ ଜମା ହୋଇ ରହନ୍ତି ନା ନାହିଁ ? लोकमाने जमा होइ रहन्ति ना नांहि ?
ज्यादा भीड में मुझे ड़र लगता है।	ବେଶୀ ଭିଡରେ ମୋତେ ଡର ଲାଗେ। बेशी भिड़रे मोते डर लागे।
डरना मत।	ଡରନ୍ତୁ ନାହିଁ। डरन्तु नांहि।

इस शहर में भीड़ होना आम बात है।	ଏହି ସହରରେ ଭିଡ ହେବା ସାଧାରଣ କଥା। एहि सहररे भिड़ हेबा साधारण कथा।
मेरे बचपन के दिनों में इस शहर में डबल डेकर बसें चलती थी।	ମୋ ପିଲା ବେଳେ ସହରରେ ଦ୍ୱିମହଲା ବସ ଚାଲୁଥିଲା। मो पिलाबेले सहररे द्विमहला बस चालुथिला।
वह जमाना बदल गया है।	ସେ ଯୁଗ ବଦଳି ଗଲାଣି। से जुग बदलि गलाणि।
अब तो देखने के लिये भी एक बस नहीं मिलती।	ଏବେ ଦେଖିବାକୁ ବି ବସଟିଏ ମିଳୁନାହିଁ। एबे देखिबाकु बि बसटिए मिलुनांहि।
वह आनेवाली बस कहाँ जाती है?	ସେଇ ଆସୁଥିବା ବସଟି କେଉଁଠିକି ଯିବ ? सेइ आसुथिबा बसटि केउँठाकु जिब ?
वह तो टांक बण्ड की और जाती है।	ତାହା ତ ଟାଂକ ବଣ୍ଡକୁ ଯିବ। ताहा त टांक बन्डकु जिब।
इस में चढ़ने से बीच में उतरने का मौका मिलता है क्या?	ଏଥିରେ ଚଢ଼ିଲେ ମଝିରେ ଓହ୍ଲାଇବାକୁ ସୁଯୋଗ ମିଳିବ କି ? एथिरे चढिले मझिरे ओल्हाइबाकु सुजोग मिलिब कि ?
नहीं।	ନାଁ। नाँ।
क्यों?	କାହିଁକି ? काहिँकि ?
वह मेट्रो लैनर है।	ତାହା ହେଉଛି ମେଟ୍ରୋ ଲେନର। ताहा हेउछि मेट्रो लेनर।
वह कहीं भी नहीं रुकती है।	ତାହା କେଉଁଠି ବି ହେଲେ ଅଟକିବ ନାହିଁ। ताहा केउँठि बि हेले अटकिब नाँहि।

29. सिटी बस में ସିଟି ବସରେ सिटी बसरे (In the City Bus)

रोको भाई, रोको , रोको।	ରୁହ ଭାଇ, ରୁହ ରୁହ। रुह भाइ, रुह रुह।
बस स्टाप वहाँ पर है तो बस यहाँ पर रोकी।	ବସ ଷ୍ଟାଣ୍ଡ ସେଠି ତ ବସ ଏଠି ରହିଲାଣି। बस ष्टान्ड सठि त बस एठि रहिलाणि।
चढ़ो भाई! चढ़ो चढ़ो।	ଚଢ ଭାଇ ! ଚଢ଼ ଚଢ଼। चढ भाइ ! चढ चढ!
अंदर जाओ।	ଭିତରକୁ ଯାଆନ୍ତୁ। भितरकु जाआन्तु।
अंदर जगह नहीं है।	ଭିତରେ ଯାଗା ନାହିଁ। भितरे जागा नांहि।
बोल कर रुको जगह नहीं उधर नहीं।	କହିକି ରଖ, ଜାଗା ନାହିଁ ଏଠି ନାହିଁ। कहिकि रख, जागा नांहि एठि नांहि।
जगह नहीं तो क्या करूँ ?	ଜାଗା ନାହିଁ ତ କଣ କରିବି ? जागा नांहि त कण करिबि ?
जगह बनाकर अंदर जाओ।	ଜାଗା ତିଆରି କରି ଚାଲ ଭିତରକୁ ଚାଲ। जागा तिआरि करि चाल भितरकु चाल।
मैं वैसा नहीं कर सकता हूँ।	ସେମିତି ମୁଁ କରି ପାରିବି ନାହିଁ। सेमिति मुँ करि पारिबि नांहि।

वैसा है तो हट जाओ।	ସେମିତି ହେଲେ ଚାଲି ଯାଅ। सेमिति हेले चालि जाअ।
हट जाओ! हट जाओ!	ଘୁଂଚି ଚାଲ! ଚାଲ! घुंचि चाल! चाल!
कहाँ हटें भाई!	କୁଆଡକୁ ଘୁଂଚିବୁ ଭାଇ? कुआड़कु घुंचिबु भाइ?
आप थोड़ा हटें तो मैं अंदर जा सकता हूँ।	ଆପଣ ଟିକିଏ ଘୁଂଚନ୍ତୁ ମୁଁ ଭିତରକୁ ଯାଇ ପାରିବି। आपण टिकिए घुंचन्तु मुँ भितरकु जाइ जाइ पारिबि।
इधर देखो।	ଏଠିକି ଦେଖନ୍ତୁ। एठिकि देखन्तु।
थोड़ी भी जगह है तो अंदर जाओ।	ଟିକିଏ ବି ଜାଗା ଅଛି ତ ଭିତରକୁ ଯାଅ। टिकिए बि जागा अछि त भितरकु जाअ।
हवा नहीं आ रहा है।	ପବନ ଆସୁ ନାହିଁ। पबन आसु नांहि।
आगे चलो! आगे चलो!	ଆଗକୁ ଚାଲ! ଆଗକୁ ଚାଲ! आगकु चाल! आगकु चाल!
पीछे कुछ सीटे है।	ପଛରେ ସିଟ ଅଛି। पछरे सिट अछि।
औरतों के सीटों पर पुरुष नहीं बैठ सकते।	ମହିଳାଙ୍କ ସିଟରେ ପୁରୁଷ ବସି ପାରିବେ ନାହିଁ। महिलांक सिटरे पुरुष बसि पारिबे नांहि।

उठो!

ଉଠ!
उठ!

औरतों को इज्जत दो।

ସ୍ତ୍ରୀ ଲୋକଙ୍କୁ ସମ୍ମାନ ଦିଅ।
स्त्री लोकंकु सम्मान दिअ।

भाई साब! सेक्रेटारीयट आने पर मुझे बताना।

ଭାଇ! ସେକ୍ରେଟାରିଏଟ୍ ଆସିଲେ ମତେ କହିବ।
भाइ! सेक्रेटारिएट् आसिले मते कहिबे।

वही आने वाला है।

ଏଇଠି ଆସିବ।
एइठि आसिब।

आपका स्टॉप आ गया है, उतरिये।

ଆପଣଙ୍କ ଷ୍ଟପେଜ ଆସିଗଲା, ଓହ୍ଲାନ୍ତୁ।
आपणंक ष्टपेज आसिगला, ओल्हान्तु।

30. पेड़ और पौधे ଗଛ ଲତା गछ लता (Trees and Plants)

इस गली में एक भी पेड़ नहीं है।

ଏହି ଗଳିରେ ଗୋଟାଏ ବି ହେଲେ ଗଛ ନାହିଁ।
एहि गलिरे गोटाए बि हेले गछ नांहि।

गली में क्या? सड़क पर भी नहीं है।

ଗଳିରେ କଣ ? ସଡକ ଉପରେ ବି ନାହିଁ।
गलिरे कण? सड़क उपरे बि नांहि।

क्यों है?

ଏମିତି କାହିଁକି ?
एमिति कांहिकि?

इन्सान की आशा बढ़ जाने के कारण ऐसा हो रहा है।

ମଣିଷଙ୍କ ଆଶା ବଢ଼ି ଯିବାରୁ ଏମିତି ହୋଇଛି।
मणिषंक आशा बढ़ि जिबारु एमिति होइछि।

हमें नये पेड़ को लगाना चाहिए।	ଆମକୁ ଗଛ ଲଗାଇବା ଦରକାର। आमकु गछ लगाइबा दरकार।
पेड़ों से हमें अच्छी हवा मिलती है।	ଗଛରୁ ଆମକୁ ଭଲ ପବନ ମିଳିଥାଏ। गछरु आमकु भल पबन मिलिथा,।
गर्मी के मौसम में पेड़ की छाया में बैठने से तो मन प्रसन्न होता है।	ଖରାଦିନେ ଗଛ ଛାଇରେ ବସିଲେ ତ ମନ ପ୍ରସନ୍ନ ହୋଇଯାଏ। खरादिने गछ छाइरे बसिले त मन प्रसन्न होइजाए।
पौधे लगाना एक अच्छी आदत है।	ଗଛଲତା ଲଗାଇବା ହେଉଛି ଗୋଟିଏ ଭଲ ଅଭ୍ୟାସ। गछ लता लगाइबा हेउछि गोटिए भल अभ्यास।
पेड़ रात ही रात में नहीं बढ़ जाते हैं।	ଗଛ ରାତାରାତି ବଢ଼ି ଯିବ ନାହିଁ। गछ राता राति बढ़ि जिब नांहि।
वे धीरे- धीरे बढ़ते हैं।	ତାହା ଧୀରେ ଧୀରେ ବଢ଼ନ୍ତି। ताहा धीरे धीरे बढ़न्ति।
पेड़ लगाना और उसकी रखवाली करना हमारी जिम्मेदारी है।	ଗଛ ଲଗାଇବା ଓ ତାହାର ଯତ୍ନ ନେବା ହେଉଛି ଆମର କର୍ତବ୍ୟ। गछ लगाइबा ओ ताहार जत्न नेबा हेउछि आमर कर्त्तब्य
पेड़ पौधों की रखवाली करनी चाहिए।	ଗଛଲତାର ଯତ୍ନ ନେବା ଦରକାର। गछलतार जत्न नेबा दरकार।
पेड पौधे में पत्ते रहते हैं।	ଗଛ ଲତାରେ ପତ୍ର ରହିଥାଏ। गछ लतारे पत्र रहिथाए।
पत्तों से हमें शुद्ध हवा प्राप्त होती है।	ପତ୍ରରୁ ଆମେ ଶୁଦ୍ଧ ବାୟୁ ପାଇ ଥାଉ। पत्ररु आमे शुद्ध बायु पाइथाउ।

हवा से हमारा श्वास और स्वास्थ्य अच्छा रहता है।	ପବନରୁ ଆମର ଶ୍ୱାସ ଓ ସ୍ୱାସ୍ଥ୍ୟ ଭଲ ରୁହେ। पबनरु आमर श्वास ओ स्वास्थ्य भल रुहे।
पेड़ों पर चढ़ना भी शरीर के लिये अच्छा है।	ଗଛରେ ଚଢ଼ିବା ମଧ୍ୟ ଶରୀର ପକ୍ଷରେ ଉତମ। गछरे चढ़िबा मध्य शरीर पक्षरे उत्तम।
कुछ पेड़ और पौधे हमेशा हरे रहते हैं।	କେତେକ ଗଛ ଓ ଲତା ସବୁବେଳେ ସବୁଜ ରହିଥାନ୍ତି। केतेक गछ ओ लता सबुबेले सबुज रहिथान्ति।
कई पेड़ हमें लकड़ी देते हैं।	କେତେକ ଗଛ ଆମକୁ କାଠ ଦିଅନ୍ତି। केतेक गछ आमकु काठ दिअन्ति।
हमें भी अपनी बगीचे में पेड़ और पौधे लगाना चाहिए।	ଆମକୁ ମଧ୍ୟ ନିଜ ବଗିଚାରେ ଗଛଲତା ଲଗାଇବା ଦରକାର। आमकु मध्य निज बगिचारे गछलता लगाइबा दरकार।
पेड और पौधें हमें जिन्दगी देते हैं।	ଗଛ ଓ ଲତା ଆମକୁ ଜୀବନ ଦେଇଥାନ୍ତି। गछ ओ लता आमकु जीबन देइथान्ति।
वे जिन्दगी अच्छी बनाते हैं।	ସେମାନେ ଜୀବନକୁ ଠିଆ ବି କରାନ୍ତି। सेमाने जीबनकु ठिआ बि करान्ति।
कुछ पेड विशाल वृक्ष बन जाते हैं।	କିଛି ଗଛ ବଡ ବୃକ୍ଷ ହୋଇଥାନ୍ତି। किछि गछ बड़ बृक्ष होइथान्ति।
कुछ बृक्ष फैलते हैं।	କେତେକ ବୃକ୍ଷ ବିସ୍ତାରିତ ହୋଇଥାନ୍ତି। केतेक बृक्ष बिस्तारित होइथान्ति।
और कुछ लता के समान फैलते हैं।	ଆଉ କିଛି ଲତା ପରି ମାଡି ଯାଆନ୍ତି। आउ किछि लता परि माड़ि जाआन्ति।

31. प्रोत्साहन ପ୍ରୋତ୍ସାହନ प्रोत्साहन (Encouragement)

हाय! डेविड कैसे हो?

ହାଏ ! ଡେବିଡ କିପରି ଅଛ ?

हाए! डेबिड किपरि अछ?

ठीक हूँ।

ଭଲ ଅଛି ।

भल अछि।

तुम्हारा धंधा कैसा चल रहा है?

ତୁମ କାମ କେମିତି ଚାଲିଛି ?

तुम काम केमिति चालिछि?

अच्छा नहीं है।

ଭଲ ନାହିଁ ।

भल नांहि।

क्या हुआ?

କଣ ହୋଇଛି ?

कण होइछि?

उन दिनों यहाँ सिर्फ मेरी ही दुकान थी।

ସେତେବେଳେ ମୋର ଖାଲି ଦୋକାନ ଥିଲା ।

सेतेबेले मोर खालि दोकान थिला।

वह अच्छी चलती थी।

ତାହା ଭଲ ଚାଲିଥିଲା ।

ताहा भल चालिथिला।

मेरा धंधा देख कर और दो-तीन लोगों ने दुकान शुरु कर दिया।

ମୋ କାରବାର ଦେଖି ଦୁଇ ତିନି ଜଣ ଲୋକ ଦୋକାନ ଆରମ୍ଭ କରିଦେଲେ ।

मो कारबार देखि दुइ तिनि जण लोक दोकान आरंभ करिदेले।

इसलिए मेरा धंधा चौपट हो गया।

ସେଥିପାଇଁ ମୋର କାରବାର ମାନ୍ଦା ହୋଇଗଲା ।

सेथिपाइँ मोर कारबार मान्दा होइगला।

चिंता मत करो।

ଚିନ୍ତା କର ନାହିଁ ।

चिन्ता कर नांहि।

भगवान पर विश्वास रखकर कोशिश करते जाओ।	ଭଗବାନଙ୍କ ଉପରେ ଭରସା ରଖି ଚେଷ୍ଟା କରିଚାଲ। भगबानंक उपरे भरसा रखि चेष्टा करिचाल।
तुम अच्छा धंधा करते हो।	ତୁମେ ଭଲ ବ୍ୟବସାୟ କରୁଛ। तुमे भल ब्यबसाय करुछ।
हम आपके साथ हैं।	ଆମେ ଆପଣଙ୍କ ସାଙ୍ଗରେ ଅଛୁ। आमे आपणंक सांगरे अछु।
हमारा समर्थन हमेशा आपके साथ है।	ମୋର ସମର୍ଥନ ସର୍ବଦା ତୁମ ସହିତ ରହିଛି। मोर समर्थन सर्बदा तुम सहित रहिछि।
आप जरुर सफल होगें।	ଆପଣ ନିଶ୍ଚିତ ଭାବରେ ସଫଳ ହେବେ। आपण निश्चित भाबरे सफल हेबे।
आप मत डरना।	ଆପଣ ଡରନ୍ତୁ ନାହିଁ। आपण डरन्तु नांहि।
व्यापार में सबको समस्याएँ आती है।	ବ୍ୟବସାୟରେ ସମସ୍ତଙ୍କୁ ସମସ୍ୟା ମାଡି ଆସିଥାଏ। ब्यबसायरे समस्तंकु समस्या माड़ि आसिथाए।
वह तो सहज है।	ତାହା ତ ସହଜ। ताहा त सहज।
आप हिम्मत से आगे बढ़िये।	ଆପଣ ସାହସର ସହିତ ଆଗକୁ ବଢ଼ି ଚାଲନ୍ତୁ। आपण साहसर सहित आगकु बढ़ि चालन्तु।
व्यापार के लिए ऋण चाहिए तो हमें बतायें।	ବ୍ୟବସାୟ ପାଇଁ ଋଣ ଦରକାର କଲେ ମୋତେ କହିବେ। ब्यबसाय पाइँ ऋण दरकार कले मोते कहिबे।

किसी को भी छोड़िये परवाह नहीं।	କାହାକୁ ବି ଛାଡନ୍ତୁ ଖାତିର ନାହିଁ। काहाकु बि छाडन्तु खातिर नांहि।
लेकिन हिम्मत मत हारिये।	ହେଲେ ସାହସ ହରାଅ ନାହିଁ। हेले साहस हराअ नांहि।
हिम्मत रहने से तो गया हुआ धन भी वापस लौट आयेगा।	ସାହସ ଥିଲେ ଯାହା ଯାଇଛି ତାହା ମଧ୍ୟ ଫେରି ଆସିବ। साहस थिले जाहा जाइछि ताहा मध्य फेरि आसिब।
आप सही रास्ते पर हैं।	ଆପଣ ଠିକ ବାଟରେ ଅଛନ୍ତି। आपण ठिक बाटरे अछन्ति।

32. बातचीत କଥାବାର୍ତା कथाबार्त्ता (Conversation)

खुशी के मौके पर आप सब का स्वागत है।	ଖୁସୀ ଅବସରରେ ଆପଣ ସମସ୍ତଙ୍କୁ ସ୍ୱାଗତ। खुसी अबसररे आपण समस्तंकु स्वागत।
आपको जन्म दिन की शुभकामनायें।	ଆପଣଙ୍କୁ ଜନ୍ମ ଦିନର ଶୁଭ କାମନା। आपणंकु जन्म दिनर शुभ कामना।
मेरी बधाई स्वीकार करें।	ମୋର ଅଭିନନ୍ଦନ ସ୍ୱୀକାର କରନ୍ତୁ। मोर अभिनन्दन स्वीकार करन्तु।
महाशय! मैं अपने दोस्तों की तरफ से आपका अभिनंदन करता हूँ।	ଆଜ୍ଞା! ମୁଁ ନିଜର ସମସ୍ତ ସାଙ୍ଗ ମାନଙ୍କ ତରଫରୁ ଆପଣଙ୍କୁ ଅଭିନନ୍ଦନ କରୁଛି। आज्ञा! मुं निजर समस्त सांग मानंक तरफरु आपणंकु अभिनन्दन करुछि।
मुझे विश्वास है कि आप उन्नति के शिखर पर पहूँचेंगे।	ମୋର ବିଶ୍ୱାସ ଯେ ଆପଣ ଉନ୍ନତିର ଶିଖରରେ ପହୁଁଚିବେ। मेार बिश्बास जे आपण उन्नतिर शिखररे पहुंचिबे।

आपको देखकर बहुत खुशी हुई है।	ଆପଣଙ୍କୁ ଦେଖି ବହୁତ ଖୁସୀ ଲାଗିଲା। आपणंकु देखि बहुत खुसि लागिला।
मैं आपके समक्ष एक प्रस्ताव रखना चाहता हूँ।	ମୁଁ ଆପଣଙ୍କ ସମ୍ମୁଖରେ ଏକ ପ୍ରସ୍ତାବ ରଖିବାକୁ ଚାହୁଁଛି। मुँ आपणंक सम्मुखरे एक प्रस्ताब रखिबाकु चांहुछि।
मुझे माफ कर दीजिए।	ମୋତେ କ୍ଷମା କରି ଦିଅନ୍ତୁ। मोते क्षमा करि दिअंतु।
मेरा मन प्रसन्न नहीं है।	ମୋ ମନ ଭଲ ନାହିଁ। मो मन भल नांहि।
हाँ, परवाह नहीं।	ହଁ, ପରବା ନାହିଁ। हँ, परबा नाहिँ।
जिन्दगी एक दिन से नहीं चलती है।	ଜୀବନ ଗୋଟିଏ ଦିନରେ ସରି ଯାଉନାହିଁ। जीबन गोटिए दिनरे सरि जाउनाहि।
फिर मिलेंगे।	ପୁଣି ଦେଖାହେବ। पुणि देखाहेब।

33. परिवार ପରିବାର परिबार (Family)

हम सब एक हैं।	ଆମେ ସମସ୍ତେ ଏକ। आमे समस्ते एक।
यही परिवार की नींव है।	ଏହା ହିଁ ପରିବାରର ମୂଳ। एहा हिँ परिबारर मूल।
पुराने समय में संयुक्त पारिवारिक व्यवस्था होती थी ।	ଆଗକାଳରେ ଯୌଥ ପରିବାରର ବ୍ୟବସ୍ଥା ରହିଥିଲା। आग कालरे जौथ परिबारर ब्यबस्था रहिथिला।

वह प्यार और संगति से तैयार किया गया है।	ତାହା ପ୍ରେମ ଓ ଅନୁସଂଗ ସହିତ ନିର୍ମିତ ହୋଇଥିଲା। ताहा प्रेम ओ अनुसंग सहित निर्मित होइथिला।
क्योंकी उसमें चार या पाँच पीढ़ी के लोग एक साथ रहते थे।	କାରଣ ସେଥିରେ ଚାରି ବା ପା□ ପୀଢ଼ୀର ଲୋକମାନେ ଏକାଠି ରହୁଥିଲେ। कारण सेथिरे चारि बा पांच पीढ़ीर लोकमाने एकाठि रहुथिले।
इस नये जमाने में परिवार मतलब मैं, मेरे पत्नी और बच्चे हैं।	ଏହି ନୂଆ ସମୟରେ ପରିବାର କହିଲେ ମୁଁ, ମୋର ସ୍ତ୍ରୀ ଓ ମୋର ପିଲାମାନେ। एहि नूआ समयरे परिबार कहिले मुँ, मोर स्त्री ओ मोर पिलामाने।
उसके बिना कुछ भी नहीं है।	ତାହା ଛଡା ଅନ୍ୟ କିଛି ନୁହେଁ। ताहा छड़ा अन्य किछि नुंहे।
आपके परिवार में कौन-कौन रहते हैं?	ଆପଣଙ୍କ ପରିବାରରେ କିଏ କିଏ ରହୁଛନ୍ତି? आपणंक परिबाररे किए किए रहुछन्ति?
आपके परिवार में बड़े लोगों की संख्या कितनी है?	ଆପଣଙ୍କ ପରିବାରରେ ବଡ ଲୋକଙ୍କ ସଂଖ୍ୟା କେତେ? आपणंक परिबाररे बड़ लोकंक संख्या केते?
वहाँ एक बृद्ध दिखाई दे रहे हैं।	ସେଠି ଗୋଟିଏ ବୁଢ଼ା ଦେଖା ଯାଉଛି। सेठि गोटिए बुढ़ा देखा जाउछि।
वह हमारे दादाजी हैं।	ସେ ଆମର ଜେଜେ ବାପା। से आमर जेजे बापा।
दादाजी अभी भी अमरुद दांत से काटकर खाते हैं।	ଜେଜେବାପା ଏବେ ମଧ୍ୟ ପିଜୁଳି ଦାନ୍ତରେ ଚୋବାଇ ଖାଆନ୍ତି। जेजेबापा एबे मध्य पिजुलि दान्तरे चोबाइ खाआन्ति।

34. घर ଘର घर (House)

घर का अर्थ क्या होता है ?

ଘର ଅର୍ଥ କଣ ?

घर अर्थ कण ?

घर का मतलब एक छत चार दीवार और दरवाजे के अंदर से रहने योग्य जगह है।

ଘର ଅର୍ଥ ଗୋଟିଏ ଛାତ ଚାରିଗୋଟି ପାଚେରୀ ଓ କବାଟ ଭିତରେ ରହିବା ଯୋଗ୍ୟ ନିବାସ ସ୍ଥଳ।

घर अर्थ गोटिए छात चारिगोटि पाचेरी ओ कबाट भितरे रहिबा जोग्य निबास स्थल।

वह क्या करते हैं ?

ସେ କଣ କରୁଛନ୍ତି ?

से कण करुछन्ति ?

घर एक दुसरे को मिलाती है।

ଘର ଜଣଙ୍କୁ ଅନ୍ୟ ଜଣଙ୍କ ସହିତ ପରିଚିତ କରାଏ।

घर जणंकु अन्य जणंक सहित परिचित कराए।

हम सब की वही पहली पाठशाला है।

ଆମ ସମସ୍ତଙ୍କର ତାହା ହିଁ ହେଉଛି ପ୍ରାଥମିକ ପାଠଶାଳା।

आम समस्तंकर ताहा हिँ हेउछि प्राथमिक पाठशाला।

ईटं और पत्थरों से बनायी गयी हर इमारत निवास के योग्य नहीं हो सकती है।

ଇଟା ଓ ପଥରମାନରେ ତିଆରି କରାଯାଇଥିବା ପ୍ରତ୍ୟେକ ଅଟ୍ଟାଳିକା ନିବାସ ଯୋଗ୍ୟ ହୋଇ ନଥାଏ।

इटा ओ पत्थरमानरे तिआरि करा जाइथिबा प्रत्येक अट्टालिका निबास जोग्य होइ नथाए।

उसमें वास्तु का होना जरुरी है।

ସେଥିରେ ବାସ୍ତୁ ରହିଥିବା ଦରକାର।

सेथिरे बास्तु रहिथिबा दरकार।

यह आपका अपना घर हो या किराये का ?	ଏହା ଆପଣଙ୍କର ନିଜ ଘର ନା ଭଡା ଘର ? एहा आपणंकर निज घर ना भड़ा घर ?
अपना घर और किराया के घर में बहुत फर्क होता है।	ନିଜ ଘର ଓ ଭଡା ଘର ମଧ୍ୟରେ ବହୁତ ପାର୍ଥକ୍ୟ ଅଛି । निज घर ओ भड़ा घर मध्यरे बहुत पार्थक्य अछि।
इसलिये हमारी सरकार सबके मुफ्त में या सस्ते में घर देने की कोशिश कर रही हुं।	ଏଇଥି ପାଇଁ ଆମ ସରକାର ସମସ୍ତଙ୍କୁ ମାଗଣାରେ ବା ସସ୍ତାରେ ଘର ଦେବାପାଇଁ ଚେଷ୍ଟା କରୁଛନ୍ତି । एइथि पाइँ आम सरकार समस्तंकु मागणारे बा सस्तारे घर देबा पाइँ चेष्टा करुछन्ति।
कहीं जाने पर अपना घर ही सर्वोत्तम रहता है।	କୁଆଡେ ଯିବାକୁ ହେଲେ ନିଜର ଘର ହିଁ ସର୍ବୋତମ । कुआडे जिबाकु हेले निजर घर हिँ सबोत्तम।
मैं भी मानता हूँ।	ମୁଁ ସ୍ୱୀକାର କରୁଛି । मुँ स्वीकार करुछि।

35. सामर्थ्य ସାମର୍ଥ୍ୟ सामर्थ्य (Efficiency)

मैं तुम्हें कुछ काम दुं तो तुम इसे कर सकते हो क्या ?	ମୁଁ ତୁମକୁ କିଛି କାମ ଦେବି ତ ତୁମେ ତାହାକୁ କରି ପାରିବ କି ? मुँ तुमकु किछि काम देबि त तुमे ताहाकु करि पारिब कि ?
कौन सा काम ?	ତାହା କେଉଁ କାମ ? ताहा केउँ काम ?
कुछ भी।	ଯାହା ବି । जाहा बि।

ऐसा नहीं बोलो।	ସେମିତି କୁହନ୍ତୁ ନାହିଁ। सेमिति कुहन्तु नांहि।
अलग-अलग काम अलग व्यक्ति अच्छा कर सकते हैं।	ଭିନ୍ନ ଭିନ୍ନ କାମ ଭିନ୍ନ ଭିନ୍ନ ଲୋକ ଭଲ ଭାବରେ କରି ପାରିବେ। भिन्न भिन्न काम भिन्न भिन्न लोक भल भाबरे करि पारिबे
वह कार अच्छा चला सकते हैं।	ସେ କାର ଭଲ ଚଳାଇ ପାରନ୍ତି। से कार भल चलाइ पारन्ति।
मैं साईकिल चला सकता हुँ। मगर कार नहीं चला सकता।	ମୁଁ ସାଇକେଲ ଚଳାଇ ପାରେ। ହେଲେ କାର ଚଳାଇ ପାରିବି ନାହିଁ। मुँ साइकेल चलाइ पारे। हेले कार चलाइ पारिबि नांहि।
यह आदमी तलाब में तैर सकता है।	ଏହି ଲୋକ ପୋଖରୀରେ ପହଁରି ପାରେ। एहि लोक पोखरीरे पंहरि पारे।
मगर वह अच्छी तरह बात नहीं कर सकता है।	ହେଲେ ସେ ଲୋକଟି ଭଲ ଭାବରେ କଥା କହି ପାରେ ନାହିଁ। हेले से लोकटि भल भाबरे कथा कहि पारे नांहि।
यह तेलुगु, हिन्दी और अंग्रेजी में धारा प्रवाह बात कर सकता है।	ଏ ତେଲୁଗୁ, ହିନ୍ଦୀ ଓ ଇଂରାଜୀ ରେ ଧାରାବାହିକ ଭାବରେ କହି ପାରିବେ। ए तेलुगु, हिन्दी ओ इंराजीरे धाराबाहिक भाबरे कहि पारिबे।
लेकिन किसी भी भाषा में नहीं लिख सकता है।	ହେଲେ କୌଣସି ଭାଷାରେ ଲେଖି ପାରନ୍ତି ନାହିଁ। हेले कौणसि भाषारे लेखि पारन्ति नांहि।
सबको एक जैसा सामर्थ्य नहीं रहता है।	ସେପରି ସାମର୍ଥ୍ୟ ସମସ୍ତଙ୍କ ପାଖରେ ଏକା ପରି ରହିବ ନାହିଁ। सेपरि सामर्थ्य समस्तंक पाखरे एका परि रहिब नांहि।

36. विनती ଅନୁରୋଧ अनुरोध (Request)

मुझे कुछ सहायता कर सकते हो क्या ?	ମୋତେ କିଛି ସାହାଯ୍ୟ କରିବେ କି ? मोते किछि साहाज्य करिबे कि ?
करने का मन है, मगर नहीं कर सकता हूँ।	କରିବାପାଇଁ ମନ ଅଛି, ହେଲେ କରି ପାରୁନାହିଁ। करिबापाइँ मन अछि, हेले करि पारुनांहि।
हाथ से नहीं कर सकते हो तो मुँह से करो।	ହାତରେ କରି ନ ପାରିଲେ ମୁହଁରେ କର। हातरे करि न पारिले मुंहरे कर।
मैं अब किसी भी तरह सहायता नहीं कर सकता हूँ।	ମୁଁ ବର୍ତମାନ କୌଣସି ପ୍ରକାରରେ କରି ପାରିବି ନାହିଁ। मुँ बर्त्तमान कौणसि प्रकाररे करि पारिबि नांहि।
कृपा करके उस आदमी को बुलाइए।	ଦୟାକରି ସେହି ଲୋକଟିକୁ ଡାକନ୍ତୁ। दयाकरि सेहि लोकटिकु डाकन्तु।
आप थोड़ा झुक सकते हैं क्या ?	ଆପଣ ଟିକେ ନଇଁ ପାରିବେ କି ? आपण टिके नइँ पारिबे कि ?
भाई साहब, मेरी फाइल लाइए।	ଭାଇ, ମୋ ଫାଇଲଟି ଆଣିଲେ। भाई, मो फाइलटि आणिले।
आप वहाँ जाकर एक पार्सल ला सकते हैं क्या ?	ଆପଣ ସେଠାକୁ ଯାଇ ଏକ ପାର୍ସଲ ଆଣି ପାରିବେ କି ? आपण सेठाकु जाइ एक पार्सल आणि पारिबे कि ?
तुम मुझे एक सच बात बता सकते हो क्या ?	ତୁମେ ମୋତେ ଗୋଟିଏ ସତ କଥା କହି ପାରିବେ କି ? तुमे मोते गोटिए सत कथा कहि पारिब कि ?
इतनी हिम्मत मेरे पास नहीं है मुझे छोड़िये।	ଏତେ ସାହସ ମୋ ପାଖରେ ନାହିଁ, ମୋତେ ଛାଡନ୍ତୁ। एते साहस मो पाखरे नांहि, मोते छाडन्तु।

कृपया मेरी बात सुनिए।	ଦୟାକରି ମୋର କଥା ଶୁଣନ୍ତୁ। दयाकरि मोर कथा शुणन्तु।
कृपा करके मुझे जाने दीजिए।	ଦୟାକରି ମୋତେ ଯିବାକୁ ଦିଅନ୍ତୁ। दयाकरि मोते जिबाकु दिअ।

37. सलाह ପରାମର୍ଶ परामर्श (Advice)

मुझे आपकी सलाह चाहिए।	ମୋତେ ଆପଣଙ୍କ ପରାମର୍ଶ ଦରକାର। मोते आपणंक परामर्श दरकार।
क्या हुआ ?	କଣ ହେଲା ? कण हेला ?
कुछ भी नहीं।	କିଛି ତ ହୋଇନାହିଁ। किछि त होइनांहि।
कुछ भी नहीं हो रहा है इसलिए मैं आपकी सलाह चाहता हूँ।	କିଛି ବି ହେଉ ନାହିଁ ଏଣୁକରି ମୁଁ ଆପଣଙ୍କ ପରାମର୍ଶ ଚାହୁଁଛି। किछि बि हेउ नांहि एणुकरि मुं आपणंक परामर्श चाहुंछि।
ठीक है।	ଠିକ ଅଛି। ठिक अछि।
पैसा चाहिये तो नहीं दूँगा।	ପଇସା ଚାହିଁବେ ତ ଦେବି ନାହିଁ। पइसा चांहिबे त देबि नांहि।

लेकिन सलाह चाहिये तो जरुर दूँगा।

ହେଲେ ପରାମର୍ଶ ଚାହିବେ ତ ନିଶ୍ଚୟ ଦେବି।

हेले परामर्श चाहिबे त निश्चय देबि।

वह तो मुझे भी मालूम है।

ତାହା ତ ମୋତେ ମଧ୍ୟ ଜଣା।

ताहा त मोते मध्य जणा।

कुछ भी चाहिए तो कोशिश करनी पड़ती है।

କିଛି ବି ଦରକାର କଲେ ଚେଷ୍ଟା କରିବାକୁ ପଡିଥାଏ।

किछि बि दरकार कले चेष्टा करिबाकु पड़िथाए।

अच्छा समय होने के लिए समय का इंतजार भी जरुरी है।

ଭଲ ସମୟ ହେବାପାଇଁ ସମୟକୁ ଅପେକ୍ଷା କରିବା ମଧ୍ୟ ଆବଶ୍ୟକ।

भल समय हेबापाइँ समयकु अपेक्षा करिबा मध्य आबश्यक।

परीक्षा में उत्तीर्ण होने के लिए मेहनत करना जरुरी है।

ପରୀକ୍ଷାରେ ଉତୀର୍ଣ୍ଣ ପାଇଁ ପରିଶ୍ରମ କରିବା ଆବଶ୍ୟକ।

परीक्षारे उत्तीर्ण पाइँ परिश्रम करिबा आबश्यक।

अच्छे स्वास्थ्य के लिए योगा प्रतिदिन करें।

ଭଲ ସ୍ୱାସ୍ଥ୍ୟ ପାଇଁ ପ୍ରତିଦିନ ଯୋଗ କର।

भल स्वास्थ्य पाइँ प्रतिदिन जोग कर।

38. मन की प्रसन्नता ମନର ପ୍ରସନ୍ନତା मनर प्रसन्नता

(Peace of Mind)

मेरा मन अच्छा नहीं है।

ମୋ ମନ ଭଲ ନାହିଁ।

मो मन भल नांहि।

मैं अभी घबरा रहा हूँ।

ମୁଁ ବ□ମାନ ଘାବରେଇ ଯାଉଛି।

मुँ बर्त्तमान घाबरेइ जाउछि।

मैं अच्छा आदमी हूँ।	ମୁଁ ଭଲ ଲୋକ। मुँ भल लोक।
क्योंकि मगर मेरा मन अच्छा नहीं है।	କାହିଁକି ନା ମୋର ମନ ଭଲ ନାହିଁ ? कांहिकि ना मोर मन भल नांहि ?
तुम क्या काम करते हो ?	ତୁମେ କଣ କାମ କରୁଛ ? तुमे कण काम करुछ ?
कुछ भी नहीं करता हूँ।	କିଛି ବି କରୁନାହିଁ। किछि बि करुनांहि।
तुम्हारी समस्या वही है।	ତୁମର ସମସ୍ୟା ହେଉଛି ସେଇଆ। तुमर समस्या हेउछि सेइआ।
किसी एक काम के उपर ध्यान रखने से घबराने का मौका नहीं मिलता है।	କୌଣସି ଏକ କାମ ଉପରେ ଧ୍ୟାନ ରହିଲେ ଘାବରେଇବାକୁ ସୁଯୋଗ ଆସିବ ନାହିଁ। कौणसि एक काम उपरे ध्यान रहिले घाबरेइबाकु सुजोग आसिब नांहि।
मन प्रसन्न रखने के लिये हमेशा हँसते रहना चाहिए।	ମନରେ ଶାନ୍ତି ପାଇଁ ସବୁବେଳେ ହସିବା ଦରକାର। मनरे शान्ति पाइँ सबुबेले हसिबा दरकार।
गुस्से में मत रहो।	ରାଗିକି ରୁହ ନାହିଁ। रागिकि रुह नांहि।
किसी से भी झगड़ा मत करना।	କାହାରି ସହିତ ଝଗଡ଼ା କର ନାହିଁ। काहारि सहित झगड़ा कर नांहि।
मन किसी को दिखाई नहीं पड़ता है।	ମନ କାହାରିକୁ ଦେଖା ଯାଏ ନାହିଁ। मन काहारिकु देखा जाए नांहि।

39. प्रशंसा ପ୍ରଶଂସା प्रशंसा (Praise)

आपने अच्छा किया।	ଆପଣ ଭଲ କଲେ। आपण भल कले।
वह अच्छा है।	ତାହା ହିଁ ଭଲ। ताहा हिँ भल।
वह दृश्य देखकर मैं खुश हुआ।	ସେହି ଦୃଶ୍ୟ ଦେଖି ମୁଁ ଖୁସି ହେଲି। सेहि दृश्य देखि मुँ खुसि हेलि।
तुम सच बोलने वाले हो।	ତୁମେ ସତ କହିବାର ଲୋକ। तुमे सत कहिबार लोक।
तुम कितने अच्छे आदमी हो।	ତୁମେ କେତେ ଭଲ ଲୋକ। तुमे केते भल लोक।
वह औरत सुंदर है।	ସେହି ନାରୀଟି ସୁନ୍ଦର। सेहि नारीटि सुंदर।
मुझे यह बहुत पसंद है।	ମୋତେ ଏହା ବହୁତ ପସନ୍ଦ। मोते एहा बहुत पसन्द।
आप यह काम इतनी जल्दी कैसे कर सकते हैं?	ଆପଣ ଏହି କାମ ଏତେ ଜଲଦୀ କେମିତି କରି ପାରୁଛ ? आपण एहि काम एते जल्दी केमिति करि पारुछ ?
आपने जो सेवा की उसे मैं जिन्दगी भर याद रखुंगा।	ଆପଣ ଯେଉଁ ସେବା କଲେ ତାହାକୁ ମୁଁ ସାରା ଜୀବନ ମନେ ରଖିବି। आपण जेउँ सेबा कले ताहाकु मुँ सारा जीबन मने रखिबि।

आप के जैसा कोई भी बात नहीं कर सकते हैं।	ଆପଣଙ୍କ ପରି ଆଉ କେହି କଥା କହି ପାରିବେ ନାହିଁ। **अपाणंक परि आउ केहि कथा कहि पारिबे नांहि।**
भगवान की कृपा से आप मुझे मिल गये।	ଭଗବାନଙ୍କ ଦୟାରୁ ଆପଣ ମୋତେ ମିଳିଗଲେ। **भगबानंक दयारु आपण मोते मिलिगले।**
अच्छी तरह बात करने लिये भी भगवान की कृपा चाहिए।	ଭଲ ଭାବରେ କଥାବାର୍ତା କରିବାପାଇଁ ମଧ୍ୟ ଭଗବାନଙ୍କ କୃପା ଦରକାର। **भल भाबरे कथाबार्त्ता करिबा पाइँ मध्य भगबानंक कृपा दरकार।**

40. क्रोध କ୍ରୋଧ क्रोध (Anger)

यह काम तुमने क्यों किया ?	ଏ କାମ ତୁମେ କାହିଁକି କଲ ? **ए काम तुमे कांहिकि कल ?**
यह बोलने वाले तुम कौन हो ?	ଏହା କହିବା ପାଇଁ ତୁମେ କିଏ ? **एहा कहिबा पाइँ तुमे किए ?**
सीधी बात करो।	ସିଧା କଥା କୁହ। **सिधा कथा कुह।**
और कैसे बात करुं ?	ଆଉ କେମିତି କଥା କହିବି ? **आउ केमिति कथा कहिबि ?**
मैं कैसे बात कर रहा हूँ ? तुम कैसे बात कर रहे हो ?	ମୁଁ କେମିତି କଥା କହୁଛି ? ତୁମେ କେମିତି କଥା କହୁଛ ? **मुँ केमिति कथा कहुछि ? तुमे केमिति कथा कहुछ ?**

बात करने का यही तरीका हैं क्या ?	କଥା କହିବାର ଏହା କଣ ଶୈଳୀ ? कथा कहिबार एहा कण शैली ?
मेरी निंदा करते हो ?	ମୋର ନିନ୍ଦା କରୁଛ ? मोर निन्दा करुछ ?
दिमाग नहीं है, ऐसा नहीं बोलना।	ବୁଦ୍ଧି ନାହିଁ, ଏମିତି କୁହନ୍ତି ନାହିଁ ? बुद्धि नांहि, एमिति कुहन्ति नांहि ?
मेरा समय व्यर्थ बर्बाद मत करो।	ମୋ ସମୟକୁ ବୃଥାରେ ନଷ୍ଟ କର ନାହିଁ। मो समयकु बृथारे नष्ट कर नांहि।
इसके बारे में आप क्या सोच रहे हैं ?	ଏହା ଉପରେ ତୁମେ କଣ ଚିନ୍ତା କରୁଛ ? एहा उपरे तुमे कण चिन्ता करुछ ?
मुझे मालूम नहीं है।	ମୋତେ ଜଣା ନାହିଁ। मोते जणा नांहि।
धीरे-धीरे समझ में आ गया है।	ଆସ୍ତେ ଆସ୍ତେ ବୁଝି ପାରୁଛି। आस्ते आस्ते बुझि पारुछि।
हँसी-मजाक की बात छोड़ो।	ଥଟା-ମଜାର କଥା ଛାଡ। थटा-मजार कथा छाड।

41. कृतज्ञता କୃତଜ୍ଞତା कृतज्ञता (Gratitude)

आपने मेरी काफी सहायता की।	ଆପଣ ମୋତେ ଭଲ ସାହାଯ୍ୟ କଲେ। आपण मोते भल साहाज्य कले।
ऐसा बोलना आपकी अच्छाई है।	ଏପରି କହିବା ଆପଣଙ୍କର ଭଲଗୁଣ। एपरि कहिबा आपणंकर भलगुण।
तुम दयालु हो।	ତୁମେ ଜଣେ ଦୟାଳୁ। तुमे जणे दयालु।
उस समय आप वैसी हमारी सहायता नहीं करते तो हम लोग इस प्रकार नहीं रहते।	ସେହି ସମୟରେ ଆପଣ ସେପରି ସହାୟତା ନ କରିଥିଲେ ଆମେ ଏବେ ଏପରି ନ ଥାଆନ୍ତୁ। सेहि समयरे आपण सेपरि सहायता न करिथिले आमे एबे एपरि न थाआन्तु।
मैं आपको नहीं भूल सकता।	ମୁଁ ଆପଣଙ୍କୁ ଭୁଲି ପାରୁ ନାହିଁ। मुँ आपणंकु भुलि पारु नांहि।
मैं नहीं बता सकता कि मैं आपका कितना कृतज्ञ हूँ।	ମୁଁ କହି ପାରିବି ନାହିଁ ଯେ ମୁଁ ଆପଣଙ୍କ ଠାରେ କେତେ କୃତଜ୍ଞ ବୋଲି। मुँ कहि पारिबि नांहि जे मुँ आपणंक ठारे केते कृतज्ञ बोलि।
आपने जो आतिथ्य प्रदान किया इसके लिये धन्यवाद।	ଆପଣ ଯେଉଁ ଆତିଥ୍ୟ ପ୍ରଦାନ କଲେ ସେଥିପାଇଁ ଧନ୍ୟବାଦ। आपण जेउँ आतिथ्य प्रदान कले सेथिपाइँ धन्यबाद।
आप मेरे घर आये यही मेरे लिए बड़ी बात है।	ଆପଣ ଆମ ଘରକୁ ଆସିଛନ୍ତି ଏହା ହିଁ ବଡ କଥା। आपण आम घरकु आसिछन्ति एहा हिँ बड़ कथा।

आपके दिए गए सलाह के कारण में समस्याओं से बच गया ।	ଆପଣ ଦେଇଥିବା ପରାମର୍ଶ ହେତୁ ମୁଁ ବିପଦରୁ ବଂଚିଗଲି । आपण देइथिबा परामर्श हेतु मुँ बिपदरु बंचिगलि।
आपकी बातें सुनकर मेरा मन प्रसन्न हो रहा है।	ଆପଣଙ୍କ କଥା ଶୁଣି ମୋର ମନ ଆନନ୍ଦିତ ହେଉଛି । आपणंक कथा शुणि मोर मन आनन्दिर हेउछि।
आपका इस प्रकार कृतज्ञ होना मुझे समझ में नहीं आर रहा है।	ଆପଣଙ୍କର ଏହି ପ୍ରକାରରେ କୃତଜ୍ଞ ହେବାକୁ ମୁଁ ଆଦୌ ବୁଝି ପାରୁ ନାହିଁ । आपणंकर एहि प्रकाररे कृतज्ञ हेबाकु मुँ आदौ बुझि पारु नांहि।
यह आपका बड़प्पन है।	ଏହା ଆପଣଙ୍କର ମହାନତା । एहा आपणंकर महानता।

42. निमंत्रण ନିମନ୍ତ୍ରଣ निमंत्रण (Invitation)

परसों मैं एक पार्टी दे रहा हूँ।	ପଅର ଦିନ ମୁଁ ଗୋଟିଏ ଭୋଜି ଦେଉଛି । पअर दिन मुँ गोटिए भोजि देउछि।
उसमें आपको जरुर आना है।	ଏଥର ଆପଣ ନିଶ୍ଚୟ ଆସିବେ । एथर आपण निश्चय आसिबे।
कहाँ दे रहे हैं?	କେଉଁଠି ଦେଉଛନ୍ତି ? केउँठि देउछन्ति ?
अपने घर में।	ନିଜ ଘରେ । निज घरे।

उधर बस जाती है क्या ?	ସେଠାକୁ ବସ ଯାଉଛି କି ? सेठाकु बस जाउछि कि ?
अंदर आइए।	ଭିତରକୁ ଆସନ୍ତୁ । भितरकु आसन्तु ।
वहाँ पंखे के नीचे बैठिए।	ସେଇଠି ପଂଖା ତଳେ ବସନ୍ତୁ । सेइठि पंखा तले बसन्तु ।
हम सभी कल एक नाटक देखने के लिये जा रहे हैं।	ଆମ୍ଭେମାନେ ସମସ୍ତେ କାଲି ଗୋଟିଏ ନାଟକ ହେଉଛି, ଦେଖିବାକୁ ଯାଉଛୁ । आम्भेमाने समस्ते कालि गोटिए नाटक हेउछि, देखिबाकु जाउछु ।
आप भी जायेंगे क्या ?	ଆପଣ ବି ଯିବେ କି ? आपण बि जिबे किं ?
हम टहलने के लिए जाते हैं।	ମୁଁ ବୁଲାବୁଲି କରିବାକୁ ଯାଏ । मुँ बुलाबुलि करिबाकु जाए ।
आपको टहलना पसंद है क्या ?	ଆପଣଙ୍କୁ ବୁଲାବୁଲି କରିବାକୁ ଭଲ ଲାଗେ କି ? आपणंकु बुलाबुलि करिबाकु भल लागे कि ?
ऐसा नहीं है लेकिन मुझे कल एक और काम है।	ସେମିତି ନୁହେଁ, ହେଲେ କାଲି ମୋର ଆଉ ଏକ କାମ ଅଛି । सेमिति नुंहे, हेले कालि मोर आउ एक काम अछि ।

43. क्षमा मांगना କ୍ଷମା ପ୍ରାର୍ଥନା क्षमा प्रार्थना (Sorry)

मुझे क्षमा करें।	ମୋତେ କ୍ଷମା କରନ୍ତୁ। मोते क्षमा करन्तु।
मैं नहीं आप ही मुझे क्षमा करें।	ମୁଁ ନୁହେଁ ଆପଣ ହିଁ ମତେ କ୍ଷମା କରନ୍ତୁ। मुँ नुंहे आपण हिँ मते क्षमा करन्तु।
लेकिन मुझे वैसा नहीं करना था।	ହେଲେ ମୋର ସେପରି କରିବାର ନଥିଲା। हेले मोर सेपरि करिबार नथिला।
ठीक है, यह सब भूल जाओ।	ହେଉ ହେଲା, ଏହାକୁ ଭୁଲି ଯାଅ। हेउ हेला, एहाकु भुलि जाअ।
आपको कोई तकलीफ दी है तो मुझे क्षमा कीजिए।	ଆପଣଙ୍କୁ କୌଣସି ଅସୁବିଧାରେ ପକାଇଛି ତ ମୋତେ କ୍ଷମା କରନ୍ତୁ। आपणंकु कौणसि असुबिधारे पकाइछि त मोते क्षमा करन्तु।
कोई बात नहीं उसके बारे में मत सोचो।	କିଛି କଥା ନାହିଁ ସେ ବିଷୟରେ ଆଦୌ ଚିନ୍ତା କର ନାହିଁ। किछि कथा नांहि से बिषयरे आदौ चिन्ता कर नांहि।
मैं सब क्षमा करता हूँ।	ମୁଁ ସବୁକିଛି କ୍ଷମା କରିଦିଏ। मुँ सबुकिछि क्षमा करिदिए।

44. प्रकृति ପ୍ରକୃତି प्रकृति (Nature)

यह मंद वायु है।	ଏହା ମଳୟ ପବନ। एहा मलय पबन।
आकाश नीले रंग का है।	ଆକାଶ ନୀଳ ରଂଗର। आकाश नील रंगर।
आकाश बादलों से भरा है।	ଆକାଶ ବାଦଲଗୁଡ଼ିକରେ ପୂରି ଉଠିଛି। आकाश बादलगुड़िकरे पूरि उठिछि।
पत्ते हवा में उड़ रहे हैं।	ପତ୍ରଗୁଡିକ ପବନରେ ଉଡୁଛନ୍ତି। पत्र गुड़िक पबनरे उडुछन्ति।
मेघों ने सूरज को ढक दिया है।	ମେଘମାନେ ସୂର୍ଯ୍ୟଙ୍କୁ ଢ଼ାଂକି ଦେଇଛନ୍ତି। मेघमाने सूर्ज्यंकु ढांकि देइछन्ति।
सारी जमीन बारिश से भींग गयी है।	ସାରା ଜମିଟା ବର୍ଷାରେ ଭିଜି ଗଲା। सारा जमिटा बर्षारे भिजि गला।
आज बहुत गर्मी है।	ଆଜି ବହୁତ ଗରମ। आजि बहुत गरम।
कल पूरी रात बारिश पड़ती रही।	କାଲି ସାରା ରାତି ବର୍ଷା ଅଜାଡି ହେଉଥିଲା। कालि सारा राति बर्षा अजाड़ि हेउथिला।
परसों तो मुसलाधार बारिश हो रही थी।	ପଅରଦିନ ତ ମୁଷଳଧାରାରେ ବର୍ଷା ହେଉଥିଲା। पअरदिन त बुषलधारारे बर्षा हेउथिला।
लेकिन आज तो तेज धूप है।	ହେଲେ ଆଜି ତ ବହୁତ ଖରା। हेले आजि त बहुत खरा।

इसलिए पसीना ज्यादा आ रहा है।	ଏଥିପାଇଁ ଝାଳ ପ୍ରବଳ ବହୁଛି। एथिपाइँ झाल प्रबल बहुछि।
मैं मेंढक की टर्र-टर्र सुनना चाहता हूँ।	ମୁଁ ବେଙ୍ଗର ଟର୍ର-ଟର୍ର ଶୁଣିବାକୁ ଚାହୁଁଛି। मुँ बेंगर टर्र-टर्र शुणिबाकु चाहुँछि।
इस साल गर्मी बहुत ज्यादा है।	ଏ ବର୍ଷ ଗରମ ବହୁତ ଅଧିକ। ए बर्ष गरम बहुत अधिक।
बाहर धूप ज्यादा है।	ବାହାରେ ବହୁତ ଖରା। बाहारे बहुत खरा।

45. वर्षा ऋतु ବର୍ଷା ଋତୁ बर्षा ऋतु (Rainy Season)

मुझे बारिश अच्छी लगती है।	ମୋତେ ବର୍ଷା ଭଲ ଲାଗେ। मोते बर्षा भल लागे।
बारीश आने से झरने बहते रहते हैं।	ବର୍ଷା ଆସିଲେ ଝରଣା ବହିବାକୁ ଲାଗେ। बर्षा आसिले झरणा बहिबाकु लागे।
पक्षी पेड़ों पर सोते हैं।	ପକ୍ଷୀ ଗଛରେ ଶୁଅନ୍ତି। पक्षी गछरे शुअन्ति।
बादलों को देख सकते हैं।	ବାଦଲକୁ ଦେଖି ହୁଏ। बादलकु देखि हुए।
इन्द्रधनुष दिख रहा है।	ଇନ୍ଦ୍ରଧନୁ ଦେଖାଯାଏ। इन्द्रधनु देखाजाए।

मुसलधार बारिश हो रही है।

ମୂଷଳଧାରାରେ ବର୍ଷା ହେଉଛି।

मुषलधारारे बर्षा हेउछि।

पिछले साल ज्यादा बारिश गिरी थी।

ଗଲା ବର୍ଷ ବହୁତ ବର୍ଷା ହୋଇଥିଲା।

गला बर्ष बहुत बर्षा होइथिला।

लेकिन इस साल बारिश ज्यादा नहीं होगी।

ହେଲେ ଏ ବର୍ଷ ବର୍ଷା ବେଶୀ ହେବ ନାହିଁ।

हेले ए बर्ष बर्षा बेशी हेब नांहि।

आप कयों कांप रहे हैं?

ଆପଣ କାହିଁକି କଂପୁଛନ୍ତି ?

आपण कांहिकि कंपुछन्ति ?

मैं पुरी तरह भींग गया हूँ।

ମୁଁ ପୂରା ଭିଜି ଯାଇଛି।

मुँ पूरा भिजि जाइछि।

बारिश कम होने के बाद बाहर जायेंगे।

ବର୍ଷା କମିଲା ପରେ ବାହାରକୁ ଯିବେ ।

बर्षा कमिला परे बाहारकु जिबे।

तुम्हारे पास बर्फ गिर रहा है क्या?

ତୁମ ଆଡେ ବରଫ ପଡୁଛି କି ?

तुम आड़े बरफ पडुछि कि ?

46. ऋतुयें ଋତୁ ऋतु (Seasons)

हमारे यहाँ छ: ऋतुयें होती हैं।

ଆମର ଏଠି ଛଅଟି ଋତୁ ହୋଇଥାଏ।

आमर एठि छअटि ऋतु होइथाए।

उसमें सबसे पहले वसंत ऋतु है।

ସେଥି ମଧ୍ୟରୁ ପ୍ରଥମଟି ହେଉଛି ବସନ୍ତ ଋତୁ।

सेथि मध्यरु प्रथमटि हेउछि बसन्त ऋतु।

सबसे आखिरी शिशिर ऋतु हैं।

ଶେଷରେ ଶୀତ ଋତୁ ହୋଇଥାଏ।

शेषरे शीत ऋतु होइथाए।

बचे हुए ऋतुओं के नाम ग्रीष्म, वर्षा, शरद, तथा हेमंत ऋतु हैं।

ଅନ୍ୟ ଋତୁମାନଙ୍କର ନାମ ହେଉଛି ଗ୍ରୀଷ୍ମ, ବର୍ଷା, ଶରତ ତଥା ହେମନ୍ତ ଋତୁ।

अन्य ऋतुमानंकर नाम हेउछि ग्रीष्म, बर्षा, शरत तथा हेमन्त ऋतु।

श्री राम नवमी वसंत ऋतु में आनेवाला त्योहार है।

ଶ୍ରୀ ରାମ ନବମୀ ବସନ୍ତ ଋତୁରେ ପଡୁଥିବା ଏକ ଉତ୍ସବ।

श्री राम नबमी बसन्त ऋतुरे पडुथिबा एक उत्सब।

वसंत ऋतु में आनेवाला उगादी मुझे पसंद है।

ବସନ୍ତ ଋତୁରେ ପାଳିତ ହେଉଥିବା ଉଗାଡି (କର୍ଣ୍ଣାଟକ ବା ଆନ୍ଧ୍ର ପ୍ରଦେଶର ନୂଆ ବର୍ଷ) ମୋତେ ବହୁତ ଭଲ ଲାଗେ।

बसन्त ऋतुरे पालित हेउथिबा उगाडि मोते बहुत भल लागे।

कोयल गाती है।

କୋଇଲି ଗୀତ ଗାଏ।

कोइलि गीत गाए।

इस मौसम में सर्दी भी नहीं रहती है।

ସେହି ପାଗରେ ଥଣ୍ଡା ବି ନଥାଏ।

सेहि पागरे थण्डा बि नथाए।

पेड़ और पौधे हरे रहते हैं।

ଗଛ-ଲତା ସବୁଜିମାରେ ପୂର୍ଣ୍ଣ ରହିଥାଏ।

गछ-लता सबुजिमारे पूर्ण रहिथाए।

वसंत ऋतु के बाद ग्रीष्म ऋतु आती है।

ବସନ୍ତ ଋତୁ ପରେ ଗ୍ରୀଷ୍ମ ଋତୁ ଆସିଥାଏ।

बसन्त ऋतु परे ग्रीष्म ऋतु आसिथाए।

उस मौसम में धूप ज्यादा रहता है।

ସେହି ପାଗରେ ବହୁତ ଖରା ହୋଇଥାଏ।

सेहि पागरे बहुत खरा होइथाए।

बदन पर कपड़े रखने का मन नहीं करता है।

ଦେହରେ ବସ୍ତ୍ର ରଖିବାକୁ ଇଚ୍ଛା ହୁଏ ନାହିଁ।

देहरे बस्त्र रखिबाकु इच्छा हुए नांहि।

गरमी में शरीर और मन चिड़चिड़ा हो जाता है।

ଗରମରେ ଶରୀର ଓ ମନ ଚିଡଚିଡା ହୋଇଯାଏ।

गरमरे शरीर ओ मन चिड़चिड़ा होइजाए।

बारिश के मौसम में मन खुश रहता है।

ବର୍ଷା ଦିନେ ମନ ଖୁସୀ ରୁହେ।

बर्षा दिने मन खुसी रुहे।

मेंढक की टर्र-टर्र सुनकर लोगों की जिंदगी खिल उठती है।

ବେଂଗର ଟର୍ର-ଟର୍ର ଶୁଣି ଲୋକମାନଙ୍କ ଜୀବନ ନାଚି ଉଠେ।

बेंगर टर्र-टर्र शुणि लोकमानंक जीबन नाचि उठे।

47. सांत्वना ସାନ୍ତ୍ୱନା सांत्वना (Console)

वहाँ कैसा शोर है ?	ସେଠାରେ କାହିଁକି ପାଟିତୁଣ୍ଡ ହେଉଛି ? सेठारे कांहिकि पाटितुण्ड हेउछि ?
वहाँ दुर्घटना हुई है।	ସେଠି ଧକ୍କା ହୋଇ ଯାଇଛି। सेठि धक्का होइ जाइछि।
ओह भगवान! यह बड़े अफसोस की बात है।	ହେ ଭଗବାନ! ଏହା ତ ଅତି ଦୁଃଖର କଥା। हे भगबान! एहा त अति दु:खर कथा।
गलती किसकी है ?	ଭୁଲ କାହାର ? भुल काहार ?
इसमें आपका दोष नहीं है।	ଏଥିରେ ଆପଣଙ୍କର ଦୋଷ ନାହିଁ। एथिरे आपणंकर दोष नांहि।
हमें बहुत दु:ख हुआ है।	ମୋତେ ବହୁତ ଦୁଃଖ ଲାଗୁଛି। मोते बहुत दु:ख लागुछि।
भगवान के निर्णय को कोई टाल नहीं कर सकता है।	ଭଗବାନଙ୍କ ନିର୍ଣ୍ଣୟକୁ କେହି ଟାଳି ଦେଇ ପାରିବେ ନାହିଁ। भगबानंक निर्णयकु केहि टालि देइ पारिबे नांहि।
वह सुनकर मुझे दु:ख हुआ है।	ତାହା ଶୁଣି ମୋତେ ଦୁଃଖ ଲାଗିଲା। ताहा शुणि मोते दु:ख लागिला।
कोई सहायता नहीं कर सकते हैं।	କୌଣସି ସାହାଯ୍ୟ କରି ହେବ ନାହିଁ। कौणसि साहाज्य करि हेब नांहि।

हमें आपसे सहानुभूति है।	ମୋର ଆପଣଙ୍କ ପ୍ରତି ସହାନୁଭୂତି ରହିଛି। मोर आपणंक प्रति सहानुभूति रहिछि।
क्या कर सकते हैं आप ?	କଣ ଆମେ କରି ପାରିବା ? कण आमे करि पारिबा ?
हम कुछ भी नहीं कर सकते हैं।	ଆମେ କିଛି ବି କରି ପାରିବା ନାହିଁ। आमे किछि बि करि पारिबा नांहि।
आप जितनी भी सहायता कर सकते थे उतनी सहायता की।	ଆପଣ ଯେତିକି ସହାୟତା କରି ପାରିଥାନ୍ତେ ସେତିକି ସହାୟତା ଆପଣ କଲେ। आपण जेतिकि सहायता करि पारिथान्ते सेतिकि सहायता आपण कले।
इससे ज्यादा आप नहीं कर सकते हैं।	ଏହାଠାରୁ ଅଧିକ ଆପଣ କରି ପାରି ନ ଥାନ୍ତେ। एहाठारु अधिक आपण करि पारि न थाआन्ते।
भगवान भला करेगा।	ଭଗବାନ ମଙ୍ଗଳ କରନ୍ତୁ। भगबान मंगल करन्तु।

48. बचपन ପିଲାଦିନ पिलादिन (Childhood)

बचपन सबको पसंद है। | ପିଲାଦିନ ସମସ୍ତଙ୍କୁ ପସନ୍ଦ।
पिलादिन समस्तंकु पसन्द।

उसकी उम्र कितनी है? | ତାହାର ବୟସ କେତେ ?
ताहार बयस केते ?

वह तुमसे छोटा है। | ସେ ତୁମଠାରୁ ସାନ।
से तुमठारु सान।

मैं नहीं मानता हूँ। | ମୁଁ ସ୍ୱୀକାର କରି ପାରୁନାହିଁ।
मुँ स्वीकार करि पारुनांहि।

यह तुम्हारी मर्जी है। | ସେଇଟା ତୁମର ଇଚ୍ଛା।
सेइटा तुमर इच्छा।

हम दोनों बचपन के दोस्त हैं। | ଆମେ ଦୁହେଁ ପିଲାଦିନର ସାଥୀ।
आमे दुंहे पिलादिनर साथी।

बचपन में तुम क्या करते थे, तुम्हें मालूम है? | ପିଲାଦିନେ ତୁମେ କଣ କରିଥିଲ ଜାଣିଛ ?
पिलादिने तुमे कण करिथिल जाणिछ ?

हम तीनों एक ही उम्रवाले हैं। | ଆମେ ତିନିଜଣ ଏକା ବୟସର।
आमे तिनिजण एका बयसर।

उसकी बचपन में ही शादी हो गई है। | ତାହାର ପିଲାଦିନରୁ ବାହାଘର ହୋଇ ଗଲା।
ताहार पिलादिनरु बाहाघर होइगला।

बचपन की यादें और भी है।

ପିଲାଦିନର ସ୍ମୃତି ଆହୁରି ବି ଅଛି।

पिलादिनर स्मृति आहुरि बि अछि।

वे स्मृतियाँ भुलने से नहीं भुलाई जाती।

ସେହି ସ୍ମୃତିକୁ ଭୁଲିବାକୁ ଗଲେ ମଧ୍ୟ ଭୁଲି ହେଉନାହିଁ।

सेहि स्मृतिकु भुलिबाकु गले मध्य भुलि हेउनांहि।

वह ब्रह्मचारी भी हैं।

ସେ ପୁଣି ବ୍ରହ୍ମଚାରୀ।

से पुणि ब्रह्मचारी।

बचपन को कोई भी नहीं भूल सकता।

ପିଲାଦିନକୁ କେହି ବି ଭୁଲି ପାରିବେ ନାହିଁ।

पिलादिनकु केहि बि भुलि पारिबे नांहि।

वह उम्र में छोटा दिखता है।

ସେ ବୟସରେ ଛୋଟ ଜଣା ପଡୁଛନ୍ତି।

से बयसरे छोट जणा पडुछन्ति।

बचपन के दिन अच्छे होते हैं।

ପିଲାବେଳର ଦିନ ଭଲ ଥାଏ।

पिलाबेलर दिन भल थाए।

49. यौवन ଯୌବନ जौबन (Youth)

यौवन सबको पसंद है।

ଯୌବନ ସମସ୍ତଙ୍କୁ ପସନ୍ଦ।

जौबन समस्तंकु पसंद।

यौवन का मतलब बीस से साठ साल तक की उम्र है।

ଯୌବନର ଅର୍ଥ କୋଡିଏରୁ ଷାଠିଏ ବର୍ଷ ପର୍ଯ୍ୟନ୍ତ ବୟସ।

जौबनर अर्थ कोडिएरु षाठिए बर्ष पर्ज्यन्त बयस।

यौवन में कोई भी कुछ कर सकता है।

ଯୌବନରେ କେହି ବି କିଛି କରି ପାରିବେ।

जौबनरे केहि बि किछि करि पारिबे।

यौवन में कोई पाप या पुण्य कर सकता है।

ଯୌବନରେ କେହି ପାପ ବା ପୁଣ୍ୟ କରି ପାରନ୍ତି।

जौबनरे केहि पाप बा पुण्य करि पारन्ति।

इसलिए हमें यौवन काल में जागरुक रहना चाहिए।

ଏଥିପାଇଁ ଆମକୁ ଯୌବନ କାଳରେ ସତର୍କ ରହିବା ଦରକାର।

एथिपाइँ आमकु जौबन कालरे सतर्क रहिबा दरकार।

सभी लोग यौवन में ही रहना चाहते हैं।

ସମସ୍ତ ଲୋକମାନେ ଯୌବନରେ ରହିବାକୁ ଚାହାନ୍ତି।

समस्त लोकमाने जौबनरे रहिबाकु चाहान्ति।

यौवन में शरीर में ज्यादा शक्ति रहती है।

ଯୌବନରେ ଶରୀରରେ ଅଧିକ ଶକ୍ତି ରହିଥାଏ।

जौबनरे शरीररे अधिक शक्ति रहिथाए।

बुद्धि भी तेज होती है।

ବୁଦ୍ଧି ମଧ୍ୟ ପ୍ରଖର ଥାଏ।

बुद्धि मध्य प्रखर थाए।

यौवन में शरीर और आँखे चमकती हैं।

ଯୌବନରେ ଶରୀର ଓ ଆଖି ଚମକୁ ଥାଏ ।

जौबनरे शरीर ओ आखि चमकु थाए।

देश की आशाएँ हमेशा युवा जनता के उपर ही टिकी रहती है।	ଦେଶର ଆଶା ସର୍ବଦା ଯୁବାବର୍ଗଙ୍କ ଉପରେ ନିର୍ଭର କରିଥାଏ। देशर आशा सर्बदा जुबाबर्गंक उपरे निर्भर करिथाए।
यौवन काल में यह दुनियाँ बहुत सुंदर लगती है।	ଯୌବନ କାଳରେ ଏହି ଦୁନିଆଁ ବହୁତ ସୁନ୍ଦର ଲାଗିଥାଏ। जौबन कालरे एहि दुनिआँ बहुत सुंदर लागिथाए।
दोस्ती और दुश्मनी करने का असली समय यौवन है।	ବନ୍ଧୁତ୍ୱ ଓ ଶତ୍ରୁତାର ପ୍ରକୃତ ସମୟ ହେଉଛି ଯୌବନ। बंधुत्व ओ शत्रुतार प्रकृत समय हेउछि जौबन।
यौवन में जीवन वसंत ऋतु की तरह है।	ଯୌବନରେ ଜୀବନ ବସନ୍ତ ଋତୁ ପରି। जौबनरे जीबन बसन्त ऋतु परि।
इस पवित्र समय को व्यर्थ बर्बाद नहीं करना चाहिए।	ଏହି ପବିତ୍ର ସମୟକୁ ବୃଥାରେ ନଷ୍ଟ କରିବା ଉଚିତ ନୁହେଁ। एहि पबित्र समयकु बृथारे नष्ट करिबा उचित नुंहे।

50. बुढ़ापा ବାର୍ଦ୍ଧକ୍ୟ बार्द्धक्य (Old Age)

बुढ़ापा यौवन के बाद आता है।	ବାର୍ଦ୍ଧକ୍ୟ ଯୌବନ ପରେ ଆସିଥାଏ। बार्द्धक्य जौबन परे आसिथाए।
बुढ़ापा का मतलब साठ से सौ साल के बीच की आयु है।	ବାର୍ଦ୍ଧକ୍ୟ ଅର୍ଥ ଷାଠିଏରୁ ଶହେ ବର୍ଷ ପର୍ଯ୍ୟନ୍ତ ବଂଚିବାରେ ରହିଥାଏ। बार्द्धक्य अर्थ षाठिएरु शहे बर्ष पर्ज्यन्त बंचिबारे रहिथाए।
बुढ़ापा में शरीर बलहीन हो जाता है।	ବାର୍ଦ୍ଧକ୍ୟରେ ଶରୀର ଦୁର୍ବଳ ହୋଇଯାଏ। बार्द्धक्यरे शरीर दुर्बल होइजाए।
रोग पकड़ कर तकलीफ देते हैं।	ରୋଗ ଆକ୍ରାନ୍ତ କରି କଷ୍ଟ ଦେଇଥାଏ। रोग आक्रान्त करि कष्ट देइथाए।
इसका मतलब बुढ़ापा एक शाप है क्या ?	ଏହାର ଅର୍ଥ ବାର୍ଦ୍ଧକ୍ୟ କଣ ଏକ ଅଭିଶାପ ? एहार अर्थ बार्द्धक्य कण एक अभिशाप ?
मैं ऐसा नहीं बोल रहा हूँ।	ମୁଁ ଏପରି କହୁନାହିଁ। मुँ एपरि कहुनांहि।
बुढ़ापे में बाल सफेद हो जाते हैं।	ବାର୍ଦ୍ଧକ୍ୟରେ ବାଳ ଧଳା ହୋଇଯାଏ। बार्द्धक्यरे बाल धला होइजाए।
बाल टूटकर गिर जाते हैं।	ବାଳ ଝଡି ପଡିଥାଏ। बाल झड़ि पड़िथाए।
दाँत टूट जाते हैं।	ଦାନ୍ତ ପଡ଼ି ଯାଏ। दान्त पड़ि जाए।

मगर मन हर चीज के उपर लगा रहता है।	ହେଲେ ମନ ପ୍ରତ୍ୟେକ ଜିନିଷ ଉପରେ ଲାଗି ରହିଥାଏ। हेले मन प्रत्येक जिनिष उपरे लागि रहिथाए।
यह सभी को मालूम है।	ଏହା ସମସ୍ତଙ୍କୁ ଜଣା। एहा समस्तंकु जणा।
फिर भी कोई कम उम्र में मरना नहीं चाहता है।	ତଥାପି କେହି କମ ବୟସରେ ମରିବାକୁ ଚାହାନ୍ତି ନାହିଁ। तथापि केहि कम बयसरे मरिबाकु चाहान्ति नांहि।
लेकिन आजकल कई लोग यौवन में ही बुढ़े हो जाते हैं।	ହେଲେ ଆଜିକାଲି କେତେକ ଲୋକ ଯୌବନରେ ହିଁ ବୁଢା ହୋଇ ଯାଉଛନ୍ତି। हेले आजिकालि केतेक लोक जौबनरे हिँ बुढ़ा होइ जाउछन्ति।
बुढ़ापा कष्टदायक है तो भी वह अनुभवों की अमूल्य निधि हैं।	ବାର୍ଦ୍ଧକ୍ୟ କଷ୍ଟପ୍ରଦ ହେଲେ ମଧ୍ୟ ତାହାଅନୁଭବମାନର ଏକ ଅମୂଲ୍ୟନିଧି। बार्द्धक्य कष्टप्रद हेले मध्य ताहा अनुभबमानर एक अमूल्य निधि।

51. योगा ଯୋଗ जोग (Yoga)

प्रत्येक मनुष्य को रोज योगा करना चाहिए।	ପ୍ରତ୍ୟେକ ମନୁଷ୍ୟଙ୍କୁ ପ୍ରତିଦିନ ଯୋଗ କରିବା ଦରକାର। प्रत्येक मनुष्यंकु प्ततिदिन जोग करिबा दरकार।
सुबह योगा करना अच्छा है।	ସକାଳେ ଯୋଗ କରିବା ଭଲ। सकाले जोग करिबा भल।
योगा से रोग दूर होता है।	ଯୋଗ ଦ୍ୱାରା ରୋଗ ଦୂର ହୋଇଥାଏ। जोग द्वारा रोग दूर होइथाए।

योगा से नुकसान नहीं है।

ଯୋଗ ଦ୍ୱାରା କୌଣସି କ୍ଷତି ହୋଇ ନଥାଏ।

जोग द्वारा कौणसि क्षति होइ न थाए।

योगा से कमजोर भी बलवान हो जाता है।

ଯୋଗ ଦ୍ୱାରା ଦୁର୍ବଳ ମଧ୍ୟ ଶକ୍ତିଶାଳୀ ହୋଇ ଯାଏ।

जोग द्वारा दुर्बल मध्य शक्तिशाली होइथाए।

हर दिन योगा करने से सभी प्रकार के रोग खत्म हो जाते हैं।

ପ୍ରତିଦିନ ଯୋଗ କରିଲେ ସମସ୍ତ ପ୍ରକାର ରୋଗର ପରିସମାପ୍ତି ଘଟେ।

प्रतिदिन जोग करिले समस्त प्रकार रोगर परिसमाप्ति घटे।

शरीर में रोग निरोधक शक्ति बढ़ती है।

ଶରୀରରେ ରୋଗ ପ୍ରତିରୋଧକ ଶକ୍ତି ବୃଦ୍ଧି ପାଏ।

शरीररे रोग प्रतिरोधक शक्ति बृद्धि पाए।

डरपोक भी साहसी बन जाता है।

ଡରକୁଳା ମଧ୍ୟ ସାହସୀ ହୋଇ ଉଠିଥାଏ।

डरकुला मध्य साहसी होइ उठिथाए।

योगा से कितने फायदे हैं कि बता नहीं सकते हैं।

ଯୋଗ ଦ୍ୱାରା କେତେ ଲାଭ ତାହା କହି ହେବ ନାହିଁ।

जोग द्वारा केते लाभ ताहा कहि हेब नाँहि।

योगा ज्यादा उम्र वाले भी कर सकते हैं।

ଯୋଗ ବୟସ୍କ ଲୋକମାନେ ମଧ୍ୟ କରି ପାରିବେ।

जेग बयस्क लोकमाने मध्य करि पारिबे।

छोटी उम्र में योगा शुरु करने से अच्छा होता है।

ଅଳ୍ପ ବୟସରେ ଯୋଗ ଆରମ୍ଭ କଲେ ବହୁତ ଭଲ।

अल्प बयसरे जोग आरंभ कले बहुत भल।

योगा से बुरी जिन्दगी भी अच्छी बन जाती है।

ଯୋଗ ଦ୍ୱାରା ଖରାପ ଜୀବନ ମଧ୍ୟ ଭଲରେ ପରିଣତ ହୋଇଥାଏ।

जोग द्वारा खराप जीबन मध्य भलरे परिणत होइथाए।

भाग - ५

ଭାଗ - ୫

PART - 5

Scan me

पृष्ठ संख्या 263 से 272 की विषय-सामग्री ऑनलाइन https://www.dropbox.com/scl/fi/ruc5b5nff8wygeb2ix9y6/60102S-9789350571620-LEARN-ODIA-THROUGH-HINDI-PART-5.pdf?rlkey=grfn96l2ypp4obtnoe3mztiu8&st=5ffy3biy&dl=0 पर उपलब्ध है।

भाग - ६

ଭାଗ - ୬

PART - 6

व्याकरण पद्धति में हिन्दी-ओडिआ बोलना सीखें का यूट्यूब स्क्रिप्ट

ବ୍ୟାକରଣ ପଦ୍ଧତି ଅନୁଯାୟୀ ହିନ୍ଦୀ-ଓଡ଼ିଆ କଥାବାର୍ତା ଶିଖନ୍ତୁ

Learn Odia through Hindi in Grammatical Way on Youtube Script

Youtube Link: https://www.youtube.com/watch?v=XYKdx_daLA4

मित्रों !

भारत देश जैसे विशाल देश में संविधान के अनुसार लगभग **20** भाषाएँ है। अभी तक बहुत सारी भाषाएँ गिनती में भी नहीं आई हैं। सभी भाषाएँ बोलना बहुत मुश्किल है। लेकिन इन्सान सामाजिक प्राणी है। बदलते जा रहे जमाने के साथ समाज में जिस प्रांत के लोग उसी प्रांत में और जिस भाषा के लोग उसी भाषा में बात करके नहीं रह सकते। इसलिए उनका दूसरे लोगों के साथ मिलना और बात करना जरूरी है। सभी लोगों को विभिन्न भाषाओं में संपर्क करना पड़ रहा है। इसलिए लोगों को अन्य भाषा सीखना पड़ता है। सभी भाषाएं सीखना तो संभव नहीं है। इसलिए हम **60%** से **70%** तक लोग जो भाषा बोलते हैं उसमें हिन्दी भाषा को हमने पहला दर्जा दिया है। उसके बाद ओड़िआ भाषी लोग हैं इसलिए हमें ओड़िआ सीखना चाहिए। हिन्दी से ओड़िआ भाषा कैसे सीखी जाये ? कैसे बात करें, उस भाषा के शब्दों को कैसे उच्चारण करें ? इस विषय पर हम इस किताब में आपको जानकारी दे रहे है। कौन सा शब्द कैसे उच्चारण किया जाता है इसके बारे में आपको अच्छी तरह मालूम हो जायेगा।

क्योंकि लिखने, पढ़ने, सुनने, बोलने और समझ लेने के बीच मे बहुत अन्तर होता है।

उदा : आप कहाँ जा रहे है ?

वाक्य बोलते समय

आप काँ जा रे ? कहते हैं।

इसि तरह ओड़िआ में भी लिखना और बोलना में काफी अंतर होता है। जैसे :

ରାସ୍ତାର ବାମ ପଟେ ଯାଅ। (रास्तार बाम पटे जाअ।) लिखने को पढ़ने के वक्त हम बोलते हैं, ऐसे:

ରାସ୍ତାର ବାଁ ପଟେ ଯା। (रास्तार बाँ पटे जा।) अथबा

ମୁଁ ଓଡ଼ିଆରେ କହୁଛି। (मुँ ओडिआरे कथा कहुछि।) को पढ़ने के वक्त हम बोलते हैं,

ମୁଁ ଓଡ଼ିଆରେ କଉଛି। (मुँ ओडिआरे कथा कउछि) हो जाता है।

यह बात मन में रख कर आप अभ्यास करें तो, थोड़ी ही देर में आपको ओड़िआ में बात करना आसान लगेगा इसमें कोई संदेह नहीं है।

अभ्यास 1 : अभिवादन (**wishing**) : किसी से मिलने पर और कोई काम करते समय सबसे पहले हमें कुछ शुभ बोलना चाहिए ऐसा हमारे बुजुर्ग लोगों का कहना है, ताकि सामने वाले का मन खुश हो जाये। जब हम किसीको शुभकामनाएँ देते हैं तब सामने वाला भी हमें पलटकर हमको शुभकामनाएँ देता है। इस तरह एक अच्छा वातावरण तैयार होता है। और ओड़िआ में किस तरह अभिवादन दिये जाते हैं, यहाँ प्रस्तुत किया गया। उसके लिए क्या शब्द होते हैं। उसे नीचे दिया गया है, उसे सावधानी से सीखें।

1	नमस्ते / नमस्कार	ନମସ୍ତେ / ନମସ୍କାର	नमस्ते / नमस्कार
2.	शुभ रात्रि	ଶୁଭ ରାତ୍ରୀ	शुभ रात्री
3.	फिर मिलेंगे	ପୁଣି ଦେଖାହେବ	पुणि देखा हेब
4.	अलविदा	ରହୁଛି।	रहुछि
5.	क्या हाल है ?	କଣ ସବୁ ଭଲ ତ ?	कण सबु भल त ?
6.	कुछ नहीं	କିଛି ନାହିଁ।	किछि नांहि।
7	आपसे मिलकर खुशी हुई।	ଆପଣଙ୍କ ଭେଟି ଖୁସି ହେଲି।	आपणंकु भेटि खुसि हेलि।
8.	यह मेरा सौभाग्य है।	ମୋର ତ ବଡ ସୌଭାଗ୍ୟ।	मोर त बड़ सौभाग्य।
9.	नये साल का शुभकामनाएँ।	ନବବର୍ଷର ଅଭିନନ୍ଦନ	नब बर्षर अभिनन्दन।
10.	त्योहार की शुभकामनाएँ।	ଉତ୍ସବ ପାଇଁ ଶୁଭକାମନା	उत्सब पाइँ शुभकामना।

अपने से छोटे उम्र वालों को आशीर्वाद देते समय :

11.	आशीर्वाद / चिरंजीव	ଆଶୀର୍ବାଦ / ଚିରଞ୍ଜିବୀ ହୁଅ	आशीर्बाद / चिरंजीबी हुअ।

याद रखें ମନେ ରଖ मने रख (Remember)

हम बात करते समय हमारी जीभ के साथ दाँत, होंठ, गाल, आँखें, दिमाग और कान वगैरह का इस्तेमाल करते हैं। यदि इन सभी अंगों से हमें सहयोग मिले तो हम अच्छी तरह बात कर सकते हैं। जैसे तैरना सीखना है तो सबसे पहले पानी में उतरना और अंग हिलाने का अभ्यास करना पड़ता है वैसे ही ओड़िआ में बात करने के लिए भी अभ्यास करना पड़ता है।

मर्यादा ମର୍ଯ୍ୟାଦା / ଶିଷ୍ଟାଚାର मर्यादा / शिष्टाचार (Courtesy)

1.	कृपया बैठिए	ଦୟାକରି ବସନ୍ତୁ	दयाकरि बसन्तु
2.	कृपया प्रतीक्षा करें	ଦୟାକରି ଅପେକ୍ଷା କରନ୍ତୁ	दयाकरि अपेक्षा करन्तु
3.	कृपया माफ कीजिए।	ଦୟାକରି କ୍ଷମା କରନ୍ତୁ।	दयाकरि क्षमा करन्तु
4.	मैं आप की थोडा कष्ट दे रही हुं।	ମୁଁ ଅପାଣଙ୍କୁ ସାମାନ୍ୟ କଷ୍ଟ ଦେଉଛି।	मुँ आपणंकु सामान्य कष्ट देउछि।

अनुरोध ଅନୁରୋଧ अनुरोध (Request)

1.	आज्ञा दीजिए	ଆଜ୍ଞା ଦିଅନ୍ତୁ	आज्ञा दिअन्तु
2.	कृपया हस्ताक्षर करिए	ଦୟାକରି ଦସ୍ତଖତ କରନ୍ତୁ	दयाकरि दस्तखत करन्तु
3.	कृपया अंदर आइए	ଦୟାକରି ଭିତରକୁ ଆସନ୍ତୁ	दयाकरि भितरकु आसन्तु
4.	ऐसा न करें।	ଏପରି କରନ୍ତୁ ନାହିଁ।	एपरि करन्तु नाहिँ।
5.	मैं आपकी सहृदयता का आभारी हुँ।	ମୁଁ ଆପଣଙ୍କ ସହୃଦୟତା ନିକଟରେ ଋଣୀ ।	मुँ आपणंक सहृदयता निकटरे ऋणी।

आदेश ଆଦେଶ आदेश (Orders)

1. मेरे आने तक इधर ही इंतजार करें। — ମୋ ଆସିବା ପର୍ଯ୍ୟନ୍ତ ଏଇଠି ଅପେକ୍ଷା କର।
   मो आसिबा पर्यन्त एइठि अपेक्षा कर।
2. इस पत्र को भेज दो। — ଏହି ଚିଠିକୁ ପଠାଇ ଦିଅ।
   एहि चिठिकु पठाइ दिअ।
3. इन किताबों को संभाल कर रखो। — ଏହି ବହିଗୁଡ଼ିକୁ ଯତ୍ନରେ ରଖ।
   एहि बहिगुडिकु यत्नरे रख।
4. वैसा मत करो। — ସେପରି କର ନାହିଁ।
   सेपरि कर नाहिँ।
5. मेरे लिये एक चाय लेकर आओ। — ମୋ ପାଇଁ ଗୋଟିଏ ଚାହା ନେଇ ଆସ।
   मों पाइँ गोटिए चाहा नेई आस।

ଅନୁମତି अनुमति ଅନୁମତି (Permission)

1.	क्या आप मेरे साथ आ सकते है ।	ଆପଣ କଣ ମୋ ସହିତ ଆସି ପାରିବେ ? आपण कण मो सहित आसि पारिबे ?
2.	आप मुझे अंदर आने देंगे क्या ?	ଆପଣ ମୋତେ ଭିତରକୁ ଆସିବାକୁ ଦେବେ କି ? आपण मोते भितरकु आसिबाकु देबे कि ?
3.	क्या आप मुझसे बात कर सकते हैं ?	ମୋ ସହିତ ଆପଣ କଥାବାର୍ତା କରିବେ କି ? मो सहित आपण कथाबार्त्ता करिबे कि ?
4.	कृपया आप मुझे एक किताब देंगे क्या ?	ଦୟାକରି ମୋତେ ଖଣ୍ଡେ ବହି ଦେବେ କି ? दयाकरि मोते खण्डे बहि देबे कि ?

अभ्यास - 2 : मित्रों अभ्यास 1 में आपने अभिवादन, शिष्टाचार, अनुरोध, आज्ञा और अनुमति के बारे में जान लिया । अब आप अपने मनोभाव, सांत्वना, नाराजगी, क्षमा वगैरह वाक्य अच्छी तरह सीखकर उसका अभ्यास करिए । आप अपने मित्रों और दूसरे लोगों से बात करते समय इन शब्दों का प्रयोग करिए । यदि किसीने मजाक उड़ाया या लोग हँसे तो उसकी तरफ ध्यान नहीं देना चाहिए ।

ସାନ୍ତ୍ୱନା सांत्वना ସାନ୍ତ୍ୱନା (Cosole)

1.	है भगवान!	ହେ ଭଗବାନ !	है भगवान!
2.	यह शर्म की बात है।	ଏତ ଲଜ୍ଜାର କଥା।	एत लज्जार कथा।
3.	यह अफसोस की बात है।	ଏହା ପରିତାପର କଥା।	एहा त परितापर कथा।

4.	आप फिजुल परेशान हो रहे हैं।	ଆପଣ ଅଯଥାରେ ବ୍ୟସ୍ତ ହେଉଛନ୍ତି। आपण अजथारे ब्यस्त हेउछन्ति।
5.	तुम चुपके से क्यों रोते हो।	ତୁମେ ତୁନି ତୁନି କାହିଁକି କାନ୍ଦୁଛ ? तुमे तुनि तुनि काहिँकि कान्दुछ ?
6.	इस में फिकर की कोई बात नहीं है।	ଏଥିରେ ବ୍ୟସ୍ତ ହେବାର ଦରକାର ନାହିଁ। एथिरे ब्यस्त हेबार किछि दरकार नांहि।

7. घबराओ मत। | ଛାନିଆଁ ହୁଅ ନାହିଁ।
छानिआँ हुअ नाहिँ।

8. मुझे आप पर यकिन / विश्वास है। | ମୋର ଆପଣଙ୍କ ଉପରେ ବିଶ୍ୱାସ ଅଛି।
मोर आपणंक उपरे बिश्वास अछि।

9. सब ठीक हो जाएगा। | ସବୁ ଠିକ ହୋଇଯିବ।
सबु ठिक होइजिब।

10. भगवान पर आस्था रखो। | ଭଗବାନଙ୍କ ଉପରେ ଭରସା ରଖ।
भगबानंक उपरे भरसा रख।

11. हमें तुम से सहानुभूति है। | ମୋର ତୁମ ପ୍ରତି ସହାନୁଭୂତି ରହିଛି।
मोर तुम प्रति सहानुभूति रहिछि।

नाराजगी ଅସନ୍ତୋଷ असन्तोष (Anger)

1. तुम काम जलदी नहीं कर सकते क्या? | ତୁମେ କଣ କାମଟାକୁ ଚଂଚଳ କରି ପାରୁନ?
तुमे कण कामटाकु चंचल करि पारुन?

2. तुम अपनी बातों को महत्व नंही देते क्या? | ତୁମେ ନିଜ କଥା ଉପରେ କଣ ଜୋର ଦିଅନାହିଁ?
तुमे निज कथा उपरे कण जोर दिअनाहिँ?

3. मैं तुम्हें कभी क्षमा नहीं कर सकती हूँ। | ମୁଁ ତୁମକୁ କେବେହେଲେ କ୍ଷମା କରି ପାରିବି ନାହିଁ।
मुँ तुमकु केबे क्षमा करि पारिबि नाहिँ।

4. तुम हर बात पर मजाक करते हो। | ତୁମେ ସବୁକଥାରେ ଥଟ୍ଟା କରୁଛ।
तुमे सबु कथारे थट्टा करुछ।

କ୍ଷମା / क्षमा (Sorry)

1. यह गलती से हुआ। | ଏହା ଭୁଲରେ ହୋଇଗଲା।
एहा भुलरे होइगला।

2. ऐसा सब के साथ हो सकता है। | ଏମିତି ସମସ୍ତଙ୍କ ସହିତ ହେଉଛି।
एमिति समस्तंक सहित हेउछि।

3. मोते ब्यस्त लागिलाणि जे, आपणंकु कष्ट देबाकु पडिला। — ମୋତେ ବ୍ୟସ୍ତ ଲାଗିଲାଣି ଯେ ଆପଣଙ୍କୁ କଷ୍ଟ ଦେବାକୁ ପଡ଼ିଲା। मोते ब्यस्त लागिलाणि जे आपणंकु कष्ट देबाकु पड़िला।

4. अनजाने में वैंसा हो गया। — ଅଜାଣତରେ ଏପରି ହୋଇଗଲା। अजाणतरे एपरि हेबाकु पडिला।

6. इसमें आपकी कोई गलती नही है। — ଏଥିରେ ଆପଣଙ୍କ କୌଣସି ଦୋଷ ନାହିଁ। एथिरे आपणंक किछी दोष नाहिँ।

7. फिर भी में शर्मिंदा हुँ। — ତଥାପି ମୁଁ ଲଜ୍ଜିତ। तथापि मुँ लज्जित।

8. इसमें शरमाने की कोई बात नंही है। — ଏଥିରେ ଲଜ୍ଜିତ ହେବାର କିଛି ନାହିଁ। एथिरे लज्जित हेबार किछी नांही ।

9. तुम अपना वादा भूल गये क्या? — ତୁମେ ତୁମର ଜବାବ ଭୁଲି ଗଲ କି ? तुमेतुमर जबाब भुलि गल कि ?

10. मुझे माफ कीजिए। — ମୋତେ କ୍ଷମା କରନ୍ତୁ। मोते क्षमा करन्तु।

अभ्यास 3 : मित्रों आपको मालूम होना चाहिए । घृणा से कुछ भी नहीं कर सकते । लेकिन प्यार से कुछ भी हो सकता है । लोगों से शिष्टाचार से, विनम्रता से बात करें तो हमारा सभी सगे संबंधियों के साथ सम्बन्ध बढ़ता है । इसके लिए इन शब्दों को सीख कर इनका प्रयोग करने की आदत डालिए ।

काम जल्दी करना है तो बोलिए जल्दी-जल्दी कीजिए। — ଜଲଦି ଜଲଦି କରନ୍ତୁ। जल्दी जल्दी करन्तु।

काम धीरे-धीरे करना है तो बोलिए - धीरे-धीरे कीजिए । — ଧୀରେ ଧୀରେ କରନ୍ତୁ । धीरे धीरे करन्तु।

और धीरे-धीरे करना है तो बोलिए - धीरे-धीरे कीजिए । — ଆହୁରି ଟିକେ ଆସ୍ତେ କରନ୍ତୁ। आहुरि टिके आस्ते करन्तु।

आपकी बात किसी को बतानी हो तो बोलिए - सुनिए-सुनिए ।

ଶୁଣନ୍ତୁ ଶୁଣନ୍ତୁ।
शुणन्तु शणन्तु।

आपको किसी की सहायता चाहिए तो बोलिए - थोड़ी सहायता किजिए ।

ଟିକିଏ ସହାୟତା କରନ୍ତୁ।
टिकिए सहायता करन्तु।

आपको किसी से मदद चाहिए तो बोलिए - मदद कीजिए ।

ଦୟା କରନ୍ତୁ।
दया करन्तु।

किसी को बैठाना हो तो बोलिए - कृपया बैठिए । .

ଦୟାକରି ବସନ୍ତୁ।
दयाकरि बसन्तु।

किसी को बताना हो तो - बताइए ।

କୁହନ୍ତୁ।
कुहन्तु।

किसी को याद रखना हो तो - याद कर लो ।

ମନେ ପକାନ୍ତୁ।
मने पकान्तु।

अभ्यास - 4 : मित्रों ! रोजाना की जिंदगी में कई लोगों से बात करते हैं । अभिवादन करते हैं । वे भी कुछ न कुछ पूछते हैं इस संदर्भ में इस अभ्यास में दिये गये वाक्यों को अच्छी तरह याद रख कर लें ।

किसी से मिलते समय बोलिए - कैसे हैं ।

କିପରି ଅଛନ୍ତି ?
किपरि अछन्ति?

सामने वाले को जवाब देते समय बोलिए - ठीक हूँ ।

ଭଲ ଅଛି।
भल अछि।

कहाँ जा रहे हैं ।

କୁଆଡେ ଯାଉଛନ୍ତି ?
कुआडे जाउछन्ति?

किधर नहीं इधर ही कहने के लिए बोलिए - कहीं नहीं इधर ही ।

କୁଆଡ଼କୁ ନୁହଁ, ଏଇଠିକୁ।
कुआडकु नुहँ, एइठिकु।

क्यों अकेले जा रहे हैं ?

କାହିଁକି ଏକେଲା ଯାଉଛ ?
काहिँकि एकेला जाउछ?

अभ्यास - 5 : मित्रों ! अभी तक आपने सीखा है कि किस मौके पर किस प्रकार बात करना चाहिए, उसके संबंधी प्रश्न और समाधान । अब आप इसमें और एक चढ़ाव चढ़िए । तालियाँ और संभाषण । दोनों एक ही है । क्योंकि तालियाँ बजाने के लिए दो हाथ जरूरी है । वैसे - संभाषण के लिए भी दो आदमी जरूरी है । इसलिए अब आप इस तरह संभाषण अभ्यास करिए । इसको हम अब देवकार्य से प्रारंभ करेंगे - हाँ ।

संभाषण - 1

भास्कर जी: माँ मैं मन्दिर जा रहा हूँ। — ମା ମୁଁ ମନ୍ଦିରକୁ ଯାଉଛି।
माँ मुँ मन्दीरकु जाउछि ।

माँ : ठीक है। — ଠିକ୍ ଅଛି।
ठिक अछि।

भास्कर : भाई साब! मंदिर कहाँ है? — ଭାଇ ମନ୍ଦିର କେଉଁଠି ?
भाइ! मन्दिर केउँठि?

दुसरा व्यक्ति : सीधा जाकर दायें मुड़िए। — ସିଧା ଯାଇ ଡାହାଣକୁ ବୁଲିଯିବ।
सिधा जाइ डाहणकु बुलिजिब।

पंडित जी : पैर धोकर अंदर आइए। — ଗୋଡ ଧୋଇ ଭିତରକୁ ଆସନ୍ତୁ।
गोड धोइ भितरकु आसन्तु।

भास्कर जी :मैंने पैर धोए पंडित जी। अब क्या करुँ? — ମୁଁ ପାଦ ଧୋଇ ସାରିଛି ପଣ୍ଡିତେ ! ଏବେକଣ କରିବି ?
मुँ पाद धोइ सारिछि पंडिते! एबे कण करिबि?

पंडित जी : तीन बार भगवान की प्रदक्षिणा करिए। — ତିନିଥର ଭଗବାନଙ୍କ ଚାରିପାଖରେ ବୁଲି ଆସନ୍ତୁ।
तिनी थर भगबानंक चारीकडरे बुलि आसन्तु।

भास्कर जी: प्रदक्षिणा कर लिया पंडित जी। — ଚରିପାଖରେ ବୁଲି ଆସିଲି ପଣ୍ଡିତ ଜୀ।
चारि पाखरे बुलि आसिलि पंडित जी।

पंडित जी: आप जो लाए है इस थाली में रखिये। — ଆପଣ ଯାହା ଆଣିଛନ୍ତି ତାକୁ ଏ ଥାଳିରେ ରଖନ୍ତୁ।
आपण जाहा आणिछन्ती ताहाकु ए थालीरे रखन्तु।

भास्कर जी:: मेरे पिताजी के नाम से पूजा कीजिए। — ମୋ ବାପାଙ୍କ ନାମରେ ପୂଜା କରନ୍ତୁ।
मो बाबांक नामरे पूजा करन्तु।

पंडित जी: मैं जैसा बोलता हूँ वैसा बोलिए। ମୁଁ ଯେପରି କହୁଛି, ସେହିପରି କୁହ।
मुँ जेपरि कहुछि सेहिपरि कुह।

भास्कर जी: ठीक है पंडित जी। ଠିକ୍ ଅଛି ପଣ୍ଡିତେ।
ठिक है, पंडिते।

पंडित जी: आरती लीजिए। ଆରତୀ ନିଅନ୍ତୁ।
आरती निअन्तु।

संभाषण - 2

अब आप एक कार्यालय में कैसे बातचीत शुरू करेंगे है इसका अभ्यास करिए ।

वीरेन्द्र : शुभोदय साहब! ଶୁଭୋଦୟ ମହାଶୟ ! शुभोदय साहब!

मैनेजर : शुभोदय! ଶୁଭୋଦୟ ! शुभोदय!

वीरेन्द्र : क्षमा करिए साब! थोड़ी देर हो गई। କ୍ଷମା କରିବେ ଆଜ୍ଞା। ସାମାନ୍ୟ ବିଳମ୍ବ ହୋଇଗଲା।
क्षमा करिबे आज्ञा! सामान्य बिलम्ब होइगला।

मैनेजर : ठीक है। कल का काम कहाँ तक हुआ? ଠିକ ଅଛି। କାଲିର କାମ କେତେ ଦୂର ଗଲା ?
ठिक अछि। कालिर काम केते दूर गला?

वीरेन्द्र : आधा हो गया साब! बच गया सो मैं अभी करता हूँ।
ଅଧା ହୋଇ ଯାଇଛି ଆଜ୍ଞା। ଯାହା ରହି ଯାଇଛି ତାହାକୁ ଏବେ ସାରି ଦେଉଛି।
अधा होइ जाइछि आज्ञा! जाहा रहि जाइछि ताहाकु एबे सारि देउछि।

मैनेजर : जल्दी जल्दी करो। बहुत देर हो गया। ଶିଘ୍ର କର। ବହୁତ ଡେରି ହୋଇ ଗଲାଣି।
शिघ्र कर। बहुत डेरि होइ गलाणि।

वीरेन्द्र : कल ही पूरा करने की कोशिश की साब! मगर बिजली नहीं थी।
କାଲି ପୂରା କରିବାକୁ ଚେଷ୍ଟା କରୁଥିଲି ଆଜ୍ଞା ! ହେଲେ ବିଜୁଳୀ ନଥିଲା।
कालि पूरा करिबाकु चेष्टा करुथिलि आज्ञा! हेले बिजुली नथिला।

मैनेजर : बिजली नहीं थी तो बिजली वालों को फोन करना था।
ବିଜୁଳୀ ନଥିଲା ତ ବିଜୁଳି ବାଲାଙ୍କୁ ଫୋନ କରିଥାଆନ୍ତ।
बिजुली नथिला त बिजुलि बालांकु फोन करिथान्त।

बीरेन्द्र साब! यह काम होने के बाद क्या करना है? ଆଜ୍ଞା ! ଏଇ କାମଟା ସରିଲେ କଣ କରିବି ?
आज्ञा! एइ कामटा सरिले कण करिबि?

मैनेजर : दिल्ली फोन करके हमारे तरफ का काम पूरा हो गया समाचार दे दो।
ଦିଲ୍ଲୀକୁ ଫୋନ କରି ଆମ ତରଫରୁ କାମ ହୋଇଗଲା ବୋଲି ଖବର କରି ଦିଅ।
दिल्लीकु फोन करि आम तरफरु काम होइगला बोलि खबर करिदिअ।

संभाषण - 3

शाम में घर वापस जाते समय सड़क के बाजू में मिर्ची भज्जी की गाड़ी के पास संभाषण का अभ्यास करिए।

शिवा : एक प्लेट मिर्च दो। ଗୋଟିଏ ପ୍ଲେଟ ମିର୍ଚ ଦିଅ। गोटिए प्लेय मिर्च दिअ।

भाजीवाला : एक प्लेट मिर्च वज्जी सोलह रूपये है। ଗୋଟିଏ ପ୍ଲେଟ ମିର୍ଚର ଦାମ ଷୋଳ ଟଙ୍କା।
गोटिए प्लेट मिर्चर दाम षोल टंका।

शिवा : प्लेट में कितने आते हैं? ପ୍ଲେଟରେ କେତେ ଆସୁଛି ? प्लेटरे केते आसुछि?

भाजीवाला : चार आते हैं। ଚରିଟା ଆସୁଛି। चारिटा आसुछि।

शिवा : ठीक है। दे दो। ଠିକ ଅଛି। ଦେଇ ଦିଅ। ठिक अछि। देइ दिअ।

भाजीवाला: पकौडी भी गरम है साब। ପକୁଡି ମଧ୍ୟ ଗରମ ଅଛି ଆଜ୍ଞା।
पकुडि म्ध्य गरम अछि आज्ञा!

शिवा : पकौडी गरम है। मगर उसका रंग अच्छा नहीं है।
ପକୁଡ଼ି ଗରମ ଅଛି। ହେଲେ ତାହାର ରଂଗ ଭଲ ନାହିଁ।
पकुडि गरम अछि। हेले ताहार रंग भल नाहिँ।

भाजीवाला : रंग मत देखना साब। उसका स्वाद देखना।
ରଂଗ ଦେଖନ୍ତୁ ନାହିଁ ଆଜ୍ଞା। ତାହାର ସ୍ୱାଦକୁ ଦେଖନ୍ତୁ।
रंग मत देखना आज्ञा। ताहार स्वादकु देखन्तु।

शिवा : आलू भाजी, बैगन भाजी, अंडा भाजी भी एक-एक पार्सल करो।
ଆଲୁ ଭଜା, ବାଇଗଣ ଭଜା, ଅଣ୍ଡା ଭଜା ମଧ୍ୟ ଗୋଟିଏ ଗୋଟିଏ ପ୍ଲେଟ ପାର୍ସଲ କର।
आलु भजा, बाइगण भजा, अंडा भजा म्ध्य गोटिए गोटिए प्लेट पार्सल कर।

भाजीवाला : हमारी भाजीयाँ एक बार खायेंगे तो बार-बार इधर ही आयेंगे साब।
उनका स्वाद ही वैसा उम्दा रहता है।
ଆମର ଭାଜୀ ଥରେ ଖାଇଲେ ତ ବାରବାର ଏଇଠିକି ଆସିବେ ଆଜ୍ଞା।
ତାହାର ସ୍ୱାଦ ସେହିଭଳି।
आमर भाजी थरे खाइले त बारबार एइठिकी आसिबे आज्ञा!
ताहार स्वाद सेहिभलि।

संभाषण - 4

नए आए एक सिनेमा के बारे में बातचीत का अभ्यास करिए।

शरत : यह सिनेमा कैसा है मालूम है क्या?
ଏ ସିନେମାଟା କେମିତି ହେଇଛି ଜାଣିଛ କି?
ए सिनेमा केमिति होइछि जाणिछ कि?

कोटेश : वाल पोष्टरर्स देखकर तो अच्छा लग रहा है।
କାନ୍ଥ ପୋଷ୍ଟର ଦେଖି ଲାଗୁଛି ତ ଭଲ ହୋଇଥିବ।
कान्थ पोष्टर देखि लागुछि त भल होइथिब।

शरत : कुछ टिकट उपलब्ध है क्या?
କିଛି ଟିକେଟ ମିଳିବ କି?
किछि टिकेट मिलिब कि?

କୋଟେଶ : बालकोनी बिना सब हो गये।
ବାଲକୋନୀକୁ ଛାଡ଼ି ଦେଲେ ସବୁ ହୋଇ ଯାଇଛି।
बालकोनि कु छाडि देले सबु होइ जाइछि।

शरत : कृपया तीन टिकट देंगे क्या?
ଦୟାକରି ତିନୋଟି ଟିକେଟ ଦେବେ କି?
दया करि तिनोटि टिकेट देबे कि?

कोटेश : लोग कह रहें है कि यह सिनेमा बहुत अच्छा है।
ଲୋକମାନେ କହୁଛନ୍ତି ଏହି ସିନେମାଟି ବହୁତ ଭଲ ହୋଇଛି।
लोकमाने कहुछन्ति एहि सिनेमाटि बहुत भल होइछि।

शरत: लोग कह रहें हैं, मतलब अच्छा ही होगा।
ଲୋକ କହୁଛନ୍ତି ମାନେ ଭଲ ହିଁ ହୋଇଥିବ।
लोग कहुछन्ति माने भल हिँ होइथिब।

कोटेश : वैसा नहीं है। इसमें कई अभिनेता और अभिनेत्रीयाँ है।
ତାହା ନୁହେଁ। ଏଥିରେ ବହୁତ ଅଭିନେତା ଆଉ ଅଭିନେତ୍ରୀମାନେ ରହିଛନ୍ତି।
ताहा नुहेँ। एथिरे बहुत अभिनेता आउ अभिनेत्रीमाने रहिछन्ति।

शरत : वह तो ठीक है, लेकिन कहानी मुख्य है।
ତାହା ତ ଠିକ୍, କାହାଣୀ ହେଉଛି ମୁଖ୍ୟ କଥା।
ताहात ठिक, काहाणी हेउछि मुख्य कथा।

कोटेश : इसकी कहानी अच्छी है। यह एक आवार्ड पाने वाला पारिवारिक सिनेमा है।
ଏହାର କାହାଣୀ ଭଲ। ଏହା ଗୋଟିଏ ପୁରସ୍କାର ପ୍ରାପ୍ତ ପାରିବାରିକ ସିନେମା।
एहार काहाणि भल। एहा गोटिए पुरस्कार प्राप्त पारिबारिक सिनेमा।

संभाषण - 5

मित्रों ! अब होटल में चल रहे बातचीत का अभ्यास करिए ।

वेटर :	साब! क्या चाहिए आपको?	ଆଜ୍ଞା! ଆପଣଙ୍କୁ କଣ ଦରକାର? आज्ञा! आपणंकु कण दरकार?
सोमनाथ:	टिफिन क्या है?	ଟିଫିନ କଣ ଅଛି? टिफिन कण अछि?
वेटर :	इडाली, दोसा पुरी	ଇଡଲୀ, ଦୋସା, ପୁରୀ। इडलि, दोसा, पुरी
सोमनाथ :	एक प्लेट पुरी लाओ	ଗୋଟାଏ ପ୍ଲେଟ ପୁରୀ ଆଣ। गोटाए प्लेट पुरा आण।
वेटर:	यह लीजिए साब	ଏଇ ନିଅନ୍ତୁ ଆଜ୍ଞା। एइ निअन्तु आज्ञा।
सोमनाथ :	पूरी गरम नहीं है	ପୁରୀ ଗରମ ନାହିଁ। पुरी गरम नाहिँ।
वेटर :	मौसम ठंडा है साब। इसलिये वेसा हुआ।	ଥଣ୍ଡା ପାଗ ଆଜ୍ଞା। ସେଇଥିପାଇଁ ସେମିତି ଲାଗୁଛି। थण्डा पाग आज्ञा। सेइथिपाइँ सेमिति लागुछि।
सोमनाथ :	चाय कैसा है? ठंडा या गरम?	ଚାହା କେମିତି ଅଛି? ଥଣ୍ଡା ନା ଗରମ? चाहा केमिति अछि? थण्डा ना गरम?

वेटर : संदेह नहीं साब। बिलकुल गरम है साब।

ସନ୍ଦେହ ନାହିଁ ସାର। ବିଲକୁଲ ଗରମ ଅଛି।
सन्देह नाहिं सार! बिलकुल गरम अछि।

सोमनाथ : अच्छा, एक चाय लाओ।

ଆଚ୍ଛା, ତାହାଲେ ଗୋଟାଏ ଚାହା ଆଣ।
आच्छा: ताहाले गोटिए चाहा आण।

संभाषण - 6

मित्रों ! अब पुस्तक की दुकान में बातचीत में चल रहे संभाषण का अभ्यास करिए ।

श्याम : क्या आपके पास वी. एण्ड एस. पब्लिशर्स की किताब मिलती है ?
ଆପଣଙ୍କ ପାଖରେ ବି.ଏଣ୍ଡ ଏସ୍. ପବ୍ଲିଶର୍ସଙ୍କ ବହି ଅଛି କି?
आपणंक पाखरे बि. एण्ड एस. पब्लिशर्सक बहि अछि कि?

सेल्समेन : मिलती है साब।

ଅଛି ଆଜ୍ଞା।
अछि आज्ञा।

श्याम : हिन्दी सीखने के लिए किताब चाहिए।

ହିନ୍ଦୀ ଶିଖିବା ପାଇଁ ଗୋଟିଏ ବହି ଦରକାର।
हिन्दी शिखिबा पाइँ गोटिए बहि दरकार।

सेल्समेन : यह लीजिए साब।

ଏଇ ନିଅନ୍ତୁ ଆଜ୍ଞା।
एइ निअन्तु आज्ञा।

श्याम : क्या आप कह सकते हैं कि यह एक उपयुक्त किताब है?
ଆପଣ କଣ କହି ପାରିବେ ଯେ ଏଇଟା ହେଉଛି ଭଲ ବହି?
आपण कण कहि पारिबे जे एइटा हेउछि भल बहि।

सेल्समेन : इसका सेल अच्छा है साब। खबू बिक रही है।
ଏହାର ବିକ୍ରି ସବୁଠାରୁ ଅଧିକ, ସାଙ୍ଗେ ସାଙ୍ଗେ ବିକ୍ରି ହୋଇଯାଉଛି।
एहार बिक्रि सबुठारु अधिक. संगे संगे बिक्रि होइजाउछि।

श्याम : मुझे बिश्वास है कि आप सच बोल रहे है।
ଆପଣ ସତ କହୁଛନ୍ତି ବୋଲି ମୋର ମନେ ହେଉଛି।
आपण सत कहुछन्ति बोलि मोर बिश्वास हेउछि।

सेल्समेन : धन्यवाद साब।

ଧନ୍ୟବାଦ ସାବ।
धन्यबाद सार।

संभाषण - 7

मित्रों अब हॉस्पिटल में होने वाले बातचीत का अभ्यास करिए ।

सौम्या : डाक्टर साब! मुझे सिर में दर्द है।

ଡାକ୍ତର ବାବୁ! ମୋର ମୁଣ୍ଡ ବିନ୍ଧୁଛି।
डाक्तर बाबु! मोर मुंड बिन्धुछि।

डॉक्टर : कब से हुआ ? କେବେଠାରୁ ହେଲାଣି ?
केबेठारु हेलाणि ?

सौम्या : एक हफ्ते से है साब। जा रहा है आ रहा है।
ଗୋଟିଏ ସପ୍ତାହ ହେଲାଣି ଆଜ୍ଞା। କମି ଯାଉଛି ପୁଣି ଜୋରରେ ହେଉଛି।
गोटिए सप्ताह हेलाणि आज्ञा! कमि जाउछि पुणि जोररे हेउछि।

डॉक्टर : क्या आपको सिर्फ सिर का दर्द है या दुसरी भी बीमारी है ?
ଆପଣଙ୍କୁ ଖାଲି ମୁଣ୍ଡବିନ୍ଧା ହେଉଛି ନା ଆଉ କିଛି ରୋଗ ହେଇଛି ?
आपणंकु खालि मुण्डबिन्धा हेउछि ना आउ किछि रोग हेइछि ?

सौम्या: मेरी तबियत आजकल ठीक नहीं है साब।
ମୋର ଦେହ ଆଜିକାଲି ଆଦୌ ଭଲ ରହୁ ନାହିଁ ଆଜ୍ଞା।
मोर देह आजिकालि आदौ भल रहु नांहि आज्ञा।

डॉक्टर : ठीक नहीं है का क्या मतलब है ? ଠିକ ରହୁ ନାହିଁ ମାନେ ?
ठिक रहु नाहिँ माने ?

सौम्या : छोटा काम करने पर भी थकान महसूस कर रहा हुं।
ଛୋଟିଆ ମୋଟିଆ କାମ କଲେ ବି ଥକି ପଡୁଛି।
छोटिआ मोटिआ काम कले बि थकि पडुछि।

डॉक्टर : मैं आपको कुछ गोलियाँ देती हूँ। उनसे ठीक हो जाएगा।
ମୁଁ ଆପଣଙ୍କୁ କିଛି ବଟିକା ଦେଉଛି। ସେହିଥିରେ ଭଲ ହୋଇଯିବ।
मुँ आपणंकु किछि बटिका देउछि। सेहिथिरे भल होइजिब।

....

V&S OLYMPIAD SERIES FOR CLASSES 1-10

MATHS OLYMPIAD (CLASS 1-10)

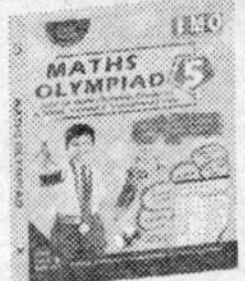

ISBN : 9789357940504 ISBN : 9789357940511 ISBN : 9789357940528 ISBN : 9789357940535 ISBN : 9789357940542

ISBN : 9789357940559 ISBN : 9789357940566 ISBN : 9789357940573 ISBN : 9789357940580 ISBN : 9789357940597

SCIENCE OLYMPIAD (CLASS 1-10)

ISBN : 9789357940405 ISBN : 9789357940412 ISBN : 9789357940429 ISBN : 9789357940436 ISBN : 9789357940443

ISBN : 9789357940450 ISBN : 9789357940467 ISBN : 9789357940474 ISBN : 9789357940481 ISBN : 9789357940498

CYBER OLYMPIAD (CLASS 1-10)

ISBN : 9789357942102 ISBN : 9789357940603 ISBN : 9789357940610 ISBN : 9789357940627 ISBN : 9789357940634

ISBN : 9789357940641 ISBN : 9789357940658 ISBN : 9789357940665 ISBN : 9789357940672 ISBN : 9789357940689

ENGLISH OLYMPIAD (CLASS 1-10)

ISBN : 9789357940696 ISBN : 9789357940702 ISBN : 9789357940719 ISBN : 9789357940726 ISBN : 9789357940733

ISBN : 9789357940740 ISBN : 9789357940757 ISBN : 9789357940764 ISBN : 9789357940771 ISBN : 9789357940788

OLYMPIAD SAMPLE PAPER (CLASS 1-10)

ISBN : 9789357942263 ISBN : 9789357942270 ISBN : 9789357942287 ISBN : 9789357942294

ISBN : 9789357942300 ISBN : 9789357942317 ISBN : 9789357942324 ISBN : 9789357942331

ISBN : 9789357942348 ISBN : 9789357942355

OLYMPIAD COMBO PACK (4 BOOK SET)

ISBN : 9789357942003 ISBN : 9789357942010 ISBN : 9789357942027

ISBN : 9789357942034 ISBN : 9789357942041 ISBN : 9789357942058

ISBN : 9789357942065 ISBN : 9789357942072 ISBN : 9789357942089

ISBN : 9789357942096

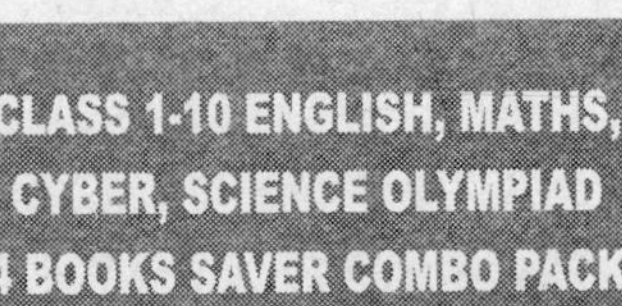

All books available at: **www.vspublishers.com**